本书受浙江大学传媒与国际文化学院及浙江大学数字沟通研究中心资助

喜忧参半的未来

数字技术与儿童成长

Parenting for a Digital Future

How Hopes and Fears about Technology
Shape Children's Lives

[英] 索尼娅·利文斯通（Sonia Livingstone）
[英] 艾丽西亚·布卢姆-罗斯（Alicia Blum-Ross） ◎著

章　宏◎译

ZHEJIANG UNIVERSITY PRESS
浙江大学出版社
·杭州·

图书在版编目（CIP）数据

喜忧参半的未来 : 数字技术与儿童成长 / （英） 索尼娅·利文斯通 (Sonia Livingstone)，（英）艾丽西亚·布卢姆-罗斯 (Alicia Blum-Ross) 著；章宏译. — 杭州 : 浙江大学出版社, 2023.11
书名原文: Parenting for a Digital Future: How Hopes and Fears about Technology Shape Children's Lives
ISBN 978-7-308-24281-3

Ⅰ. ①喜… Ⅱ. ①索… ②艾… ③章… Ⅲ. ①数字技术－应用－儿童教育－家庭教育 Ⅳ. ①G782-39

中国国家版本馆CIP数据核字(2023)第191793号

浙江省版权局著作权合同登记图字：11-2023-382

© Oxford University Press 2020

喜忧参半的未来:数字技术与儿童成长

[英] 索尼娅·利文斯通（Sonia Livingstone）
[英] 艾丽西亚·布卢姆-罗斯（Alicia Blum-Ross） 著
章 宏 译

责任编辑	陈思佳（chensijia_ruc@163.com）
责任校对	宁 檬
封面设计	雷建军
版权支持	谢千帆
出版发行	浙江大学出版社
	（杭州市天目山路148号 邮政编码 310007）
	（网址：http://www.zjupress.com）
排 版	杭州林智广告有限公司
印 刷	杭州宏雅印刷有限公司
开 本	710mm×1000mm 1/16
印 张	21
字 数	325千
版 印 次	2023年11月第1版 2023年11月第1次印刷
书 号	ISBN 978-7-308-24281-3
定 价	98.00元

中文版序

中国和英国在很多方面大不相同，因此，为一本研究伦敦家庭的书写序，并想象其中国读者，对我们来说令人神往。我们从这两个国家和其他地方的父母所面临的相似挑战中得到启发：许多国家的父母正在为他们的孩子投资互联网的连接，在他们力所能及的范围内为孩子的未来着想。无论身在何处，父母们都希望在一个日益数字化的世界中为他们的孩子提供最佳的生活机会；但他们也担心这对他们孩子的福祉，以及对他们的家庭和更广泛社会的价值观的影响。其结果是对技术创新的高度关注，因为它给家庭生活和日常习惯、家庭中的等级结构以及父母为其子女设想未来的方式带来了高度可见的变化。

本书认为，父母密切关注数字技术给他们生活带来的变化，部分原因是数字技术代表了他们和他们的孩子的童年之间最明显的区别。事实上，技术似乎充当了对当下根深蒂固的焦虑的避雷针，这种焦虑被父母对孩子的未来缺乏控制的感觉放大了。理解复杂和日新月异的技术的运作方式的现实困难，以及大众媒体所宣传的道德恐慌和反乌托邦的想象，使这种处境变得更加艰难。

然而，当我们沉浸在各式各样家庭的生活中，我们看到，父母们在维护自己的价值观和适应数字化生活方面是多么"足智多谋"。但是，他们的"足智多谋"就其带来的不平等是有问题的——一些父母比其他父母接受了更多的教育、拥有更多的金钱或专业知识和技能资源，因此，在我们日益竞争激烈和数字化的世界中，一些孩子相比其他孩子获得了更多优势。在中国，关键的不平等似乎必然出现在有机会获得数字技术资源的父母和缺乏数字技术资源的父母之间，包括那些在农村情境中可能留守的儿童，数字技术仍然是支持家庭沟通和团聚的重要纽带。中国的这些远距离家庭（long-distance family）的经验值得分析。

我们的一些结论与那些曾经经历过"福利国家"（welfare state）阶段，但随着时间的推移福利被逐渐削弱的国家相关。我们认为，一方面，由于国家支持的缺乏和日益不确定的经济前景，英国父母的责任更加繁重。然而，另一方面，英国父母有责任尊重其子女的自主权，因为他们正在建立"民主家庭"（democratic family），传统的家长权威正在被削弱以认可儿童的意见和权利。因此，数字技术似乎为那些希望通过提供娱乐和教育来支持孩子兴趣的父母提供了一条前进的道路，这同时也是在新冠病毒大流行期间将儿童与更广泛的社会联系起来的重要和有价值的途径。然而，这些技术也带来了代际斗争，不仅局限于父母和孩子们之间，还包括祖父母们，他们可能会出乎意料地宽容孩子们对数字技术的使用。由于祖父母们自己还在为学习如何应用数字技术而努力，因此几乎不能提供这方面的支持。

本书的读者会比我们更清楚，鉴于中国政府对家庭支持的不同历史，以及中国连接几代人和大家庭的独特的家庭文化，中国父母就数字技术是否具有类似的期望和担忧。一些研究表明，中国儿童花在网上的时间比英国儿童多，而且中国父母采取了更多的限制性的甚至可能是专制的方法来中介化他们孩子的网上活动。这种育儿方式有时被称为"直升机式育儿"（helicopter parenting）[或在中国被称为"虎爸/虎妈式育儿"（tiger parenting）]。来自英国的信息是，采取更多干预和限制性的方法可能会对父母与孩子之间的信任及沟通产生不利影响，并阻碍家庭中数字技术素养和风险抵御能力的发展。在本书中，我们描述了这样一些家庭：父母努力创造一个没有建立在共同的认识和价值观基础上的限制性技术环境，导致孩子反复试图规避规则，并造成家庭冲突。我们很想听听中国读者的意见，他们处在不同的文化背景下，通过阅读这些实例可能会发现相似之处，也会发现不同之处。

学校的作用是另一个潜在的对比。在英国，学校试图通过建立家庭与学校之间的联系以支持家长和孩子获得数字时代所需的技能。像美国的约翰·D. 和凯瑟·T. 麦克阿瑟基金会（John D. and Catherine T. MacArthur Foundation）这样的机构支持我们的研究，将其作为连接性学习倡议的一部分，一直试图证明儿童的非正式教育机会能够促进技术的合作和以儿童为中心的潜力。长期以来，人们一直认为正规学校教育在部署数字技术方面缺乏足够的包容性和创造性，这也是本书的创作动机所在。在关于父母与数字技术学习的一章中，我们表明，在英国，数字技术作为连接家庭和学校的途径在实践中很难维持，而且教师们面临着压力，要以减少创新学习形式的方式来讲授传统课程。在中国，我们的理解是，为了让孩子们为竞争激烈的未来做好准备，学校的压力甚至更大。学校强调考试和职业发展，很难想象建立在同伴文化基础上的更多以兴趣为导向的数字技术将如何被优先考虑，但毫无疑问，它们与其他更注重教学的机会齐头并进是可能的，这些机会可以使儿童在学习中受益。

本书的许多部分都与认真倾听参与社会转型的人们——在此是指父母、孩子和其他家庭成员——的呼声和经验有关。我们认为，不仅研究人员，政策制定者也应该倾听他们的意见，以便更好地了解那些生活在数字世界中并不得不应对其压力的人们的经验，了解为什么有时自上而下的政策和干预措施会失灵，因为父母们对如何为儿童的成长建立一个更美好的世界有许多好主意。我们希望通过这本书，鼓励开展包容性和建设性的对话，支持中国儿童的数字未来。

索尼娅·利文斯通、艾丽西亚·布卢姆－罗斯

2023 年 5 月

致　谢

首先，我们感谢所有为了这本书与我们交谈的家长。正是因为他们慷慨地给予了我们时间，并分享他们的生活，我们才能描绘出数字时代为人父母的挣扎和喜悦。我们努力忠实地呈现他们的观点和关切。我们也在田野调查中认识了许多孩子，并对他们的好奇心深表感谢，因为他们带着我们参观他们的数字创作，并对我们的许多问题表现出耐心。

我们的工作得到了来自我们田野调查的三处数字学习场所的教育工作者的支持。我们承诺不透露这些人的姓名以保护他们的身份，但我们希望记录下他们在接纳我们、分享他们的经验和讨论我们的研究发现方面是多么的重要。

本书的研究是由约翰·D. 和凯瑟·T. 麦克阿瑟基金会为连接性学习研究网络（Connected Learning Reseach Network）提供的资助促成的。这项资助与基金会数字媒体和学习的倡议有关。我们感谢基金会与我们的研究保持联系，譬如组织会议，介绍、推广我们的研究，以种种方式热心支持我们的工作，帮助我们形成本书的分析。

本书是连接性学习研究网络开展的几个研究项目之一，我们的工作从其参与者之间的热烈对话和批判性辩论中获益良多。我们感谢道尔顿·康利（Dalton Conley）、克里斯·古铁雷斯（Kris Gutiérrez）、韦拉·米哈尔契克（Vera Michalchik）、比尔·毗努伊勒（Bill Penuel）、珍·罗兹（Jean Rhodes）、朱丽叶·朔尔（Juliet Schor）和S.格雷克·沃特金斯（S. Craig Watkins），以及网络工作顾问和研究员们，特别是我们杰出的网络主任伊藤瑞子（Mizuko Ito），以及我们在整个过程中的合作者和伙伴，朱利安·塞夫顿－格林（Julian Sefton-Green）。

本书的问卷调查由"童睿"（CHILDWISE）出色地完成，感谢其研究主任西蒙·莱格特（Simon Leggett）。本书中有4个家庭最初是作为欧盟委员会联合研究中心（Joint Research Centre of the European Commission）资助的项目受访者接受采访的。我们感谢"幼儿（0—8岁）和数字技术"项目的负责人史蒂芬·肖德隆（Stephane Chaudron）。有8个家庭是重复受访的，因为他们曾是我与朱利安·塞夫顿－格林合写的《班级：数字时代的生活和学习》（ *The Class：Living and Learning in the Digital Age* ）[①] 一书的受访者，那本书也由约翰·D.和凯瑟·T.麦克阿瑟基金会资助。

我们感谢与我们一起为本书及其博客（www.parenting.digital）工作的研究助理：亚历山德拉·切尔尼亚夫斯卡娅（Alexandra Chernyavskaya）、凯特·吉尔克里斯特（Kate Gilchrist）、凯撒·希门尼斯－马蒂内（Cesar Jimenez-Martinez）、佩奇·穆斯泰因（Paige Mustain）、斯文尼亚·奥托沃－德姆根切特费尔德（Svenja Ottovor-Demgenschentfelde）、让·帕夫利克（Jenn Pavlick）、拉法尔·扎博罗夫斯基（Rafal Zaborowski）和张栋苗（Dongmiao

---

① "class"在英文中还有阶级的意思，但根据作者在这本书引言中的陈述，书名是从和田野调查中的研究对象（一个班级的中学生）的讨论中得来的，这些学生建议以"班级"为书名（Livingstone & Sefton-Green, 2016）。——译者注

Zhang）。你们的见解让我们受益匪浅。

写作可能是一件孤独的事情，但幸运的是，我们每个人都是同一个写作小组的成员，小组其他成员耐心而富有洞察力地评论了本书几章的初稿。我们感谢在伦敦的巴特·卡默茨（Bart Cammaerts）、莉莉·乔利亚拉基（Lilie Chouliaraki）、艾丽·黑尔斯佩尔（Elle Helsper）、彼得·伦特（Peter Lunt）和沙尼·奥加德，（Shani Orgad）以及在加利福尼亚的摩根·埃姆斯（Morgan Ames）、马特·拉法罗（Matt Rafalow）、安特罗·加西亚（Antero Garcia）和安布尔·莱文森（Amber Levinson）。他们所做的友好的而又严厉的智识上的贡献无法替代。我们也很感激厄休拉·道金斯（Urszula Dawkins），她辛苦地编辑了我们的文本，在此一并感谢乔·利文斯通（Joe Livingstone），他在整个写作过程中为我们的论点和表达方式排忧解难。

随着本书的成型，我们的想法在与梅丽尔·阿尔珀（Meryl Alper）、沙库·巴纳吉（Shaku Banaji）、萨拉·巴内特－韦泽（Sarah Banet-Weiser）、维罗尼卡·巴拉西（Veronica Barassi）、布里吉德·巴伦（Brigid Barron）、梅丽莎·布拉夫（Melissa Brough）、安妮·科勒赫（Anne Collher）、迈克尔·杜赞尼（Michael Deuzanni）、克斯滕·德罗纳（Kirsten Drotner）、内森·菲斯克（Nathan Fisk）、理查德·格雷厄姆（Richard Graham）、莱莉娅·格林（Lelia Green）、德沃拉·海特纳（Devorah Heitner）、亚历克西斯·希尼克尔（Alexis Hiniker）、亨利·詹金斯（Henry Jenkins）、艾米·乔丹（Amy Jordon）、安雅·卡梅内茨（Anya Kamenetz）、维基·卡茨（Vikki Katz）、比班·基德伦（Beeban Kidron）、戴维·克莱曼（David Kleeman）、迈克尔·莱文（Michael Levine）、克莱尔·利利（Claire Lilley）、林珊珊（Sun Sun Lim）、乔治·迈尔（George Maier）、杰基·马什（Jackie Marsh）、杰玛·马丁内斯（Gemma Martinez）、乔凡娜·马斯切罗尼（Giovanna Mascheroni）、罗德里戈·穆诺斯－冈萨雷斯（Rodrigo Munoz-Gonzalez）、杰西卡·彼得罗夫斯基（Jessica Piotrowski）、詹妮·拉德斯基（Jenny Radesky）、维

基·赖德奥特（Vicky Rideout）、迈克·罗伯（Mike Robb）、薇琪·肖特波特（Vicki Shotbolt）、玛丽亚·斯托伊洛娃（Mariya Stoilova）、洛丽·竹内（Lori Takeuchi）、阿曼达·瑟德（Amanda Third）、亚尔达·乌尔斯（Yalda Uhls）、丽贝卡·威利特（Rebecca Willett）、芭比·泽利泽（Barbie Zelizer）等的交流中逐渐清晰。如果我们遗漏了任何一个人，请原谅——谢谢大家！

本书是在伦敦政治经济学院（LSE）媒体与传播学系的支持下撰写的，得到了 LSE 研究部门工作人员的大力帮助。LSE 对我们完成初稿后所做的工作有所影响，但又使得我们的工作具有独立性。

在许多方面，我们自己的经历贯穿本书——因为我们作为母亲的经历（我们的孩子们年龄迥异）无疑影响了我们的采访和分析。索尼娅（Sonia）永远感谢她的伴侣彼得（Peter），以及（现在已经长大的）孩子乔（Joe）和安（Ann）——感谢他们永远有创造性的见解、有力的批评和热情的支持，也感谢她自己的父母，本书经常引导她反思他们了不起的育儿方式。

艾丽西亚（Alicia）深深感谢谢兹（Shez）的合作和支持，感谢亚伯（Abe）和佩妮（Penny）的嬉闹和耐心，即使写这本书有时意味着额外的屏幕时间。也感谢艾丽西亚的父母和兄弟姐妹，他们参与了对孩子们的照顾，并对本书提出了深思熟虑的评论，他们提醒我们，养儿育女作为一件长久之事和身份来源，不会因为孩子们长大而停止。

目录
CONTENTS

I

第一章

| 期 待 |

  当我们进入拉拉（Lara）和帕维尔·马祖尔（Pawel Mazur）[①] 在伦敦郊区的舒适小公寓时，拉拉开始倾诉他们关于 6 岁的托马斯（Tomas）使用数字媒体的分歧，声称他们一直期待着与我们讨论这个问题。拉拉，一位来自巴西的大学行政人员，满脑子都是让托马斯有机会上网的想法——研究教育应用软件，指导他的搜索，"建立他的信心，让他独立"。帕维尔，一位来自波兰的厨师，担心上网的风险，特别是在托马斯的朋友向他介绍一款暴力视频游戏之后。

  拉拉希望托马斯了解这个世界运作的方式，她说："我的想法是在事情发生时和他谈谈……我很开放，也许太开放了。"她批评"其他妈妈"，并隐晦地批评帕维尔的谨慎。帕维尔在家庭笔记本电脑上为所有人设置了密码，他犹豫不决地进行了辩护。他承认：

  我们需要教育他如何使用互联网，这样他就可以……做出正确的选择，但同时你也需要注意安全。我不想控制，我只想在我无法控制的情况下能够查看它。

  托马斯羞涩地告诉我们，他在线上和线下都喜欢足球，也喜欢视频游

[①] 33 号家庭。

1

戏和与邻居的孩子们一起在户外玩耍。他的父母对数字技术的不同态度对这个 6 岁的孩子来说并不陌生。托马斯观察到，当他"玩得太多"时，他的爸爸并不总是让他继续玩他心爱的 FIFA[①] 游戏，但妈妈通常会同意。

父母应该如何管理数字设备和体验，他们应该对它们有什么期待？为什么这些问题在家庭、政策制定者和媒体中都有争议？在本书的田野调查中，焦虑、热情、防备或疲惫不堪的父母告诉我们他们的育儿哲学（parenting philosophy）[②]，以及他们从哪里获得灵感或支持。一些父母（我们指的是那些在家庭中主要承担照顾孩子职责的父母）[③]回答了这些问题，而另一些父母似乎不太在意，这是因为他们对其他方面有更多的关注，或者设法避免对所有和数字技术相关的事物的焦虑。就像拉拉和帕维尔一样，母亲和父亲在关注点上经常有所不同，社会阶层和族裔也使家庭出现差异，但并不总是以可预测的方式。这种多样性很重要，因为它使公众和政策制定者对数字技术在家庭生活中的作用的假设复杂化并受到质疑。

拉拉和帕维尔的分歧说明了我们在本书中经常会提到的一个观点：看似与孩子们的数字生活有关的谈话或行动，其实根植于父母对家庭生活和孩子未来的深层期望与担忧。基于 4 年来对父母、子女和教育工作者的研究，我们探讨了不同家庭的生活，这些家庭享受着数字技术带来的乐趣，也在与数字技术带来的挑战做斗争。我们认为，当父母努力理解他们正在经历的深刻变化时，数字困境成为当代关于价值观、身份认同和责任的争论的避雷针。虽然养育子女的实践看起来很平凡，但在日益个体化的社会中，父母的身份认同正在被有力地重新协商。具体而言，我们将在本书中

---

① FIFA 是国际足球协会联合会（Fédération Internationale de Football Association）的缩写。托马斯正在玩一款基于足球协会的视频游戏。
② Clark（2013）所说的"育儿哲学"是指父母与孩子分享他们的生活故事、警示故事以及经过考验的经验，以此作为传达他们价值观的一种方式。
③ 认识到并非所有儿童和青少年都与亲生父母住在一起，我们所说的"育儿"指的是各种形式的照料，例如由年长的兄弟姐妹、祖父母或养父母提供的照料（Gillies, 2008; Webb, 2011）。

揭示，正是通过他们的日常实践，家庭在当前的欲望和物质限制之间寻找方向。① 在介绍育儿文化研究（parenting culture study）这一新兴领域时，艾莉·利（Ellie Lee）、简·麦克瓦里什（Jan Macvarish）和珍妮·布里斯托（Jennie Bristow）指出：

> 曾经被认为是平庸的、相对不重要的儿童和家庭日常生活中的私人常规（吃饭、睡觉、玩耍、阅读童谣和故事）已经成为关于父母的行动对下一代和整个社会会产生何种影响的激烈辩论的主题（Lee et al.，2014）。

家庭、健康、财务、教育、社会关系——这些曾经是由传统的权威机构规定的，但现在更多的是一个选择的问题，个体同时被赋予权利和负担，拥有新的机会和风险。同时，个体的选择会产生社会后果，政治家、教育家和政策制定者正在努力处理育儿问题，尽管这个议题一直没有得到应有的重视。② 简而言之，养育子女一方面涉及对一个或多个孩子的个人照顾，另一方面涉及文化、社会和经济方面的实践，这使其具有政治性。因此，我们对父母的日常行为和有争议的育儿（parenting）概念——一个最近才在日常话语中流行的术语——进行了分析性的区分。除了对父母所作所为的描述之外，"育儿"作为一个动词已经成为一种流行的、指出甚至构建了晚期现代性（late modernity）③ 中父母一系列苛刻的任务的方式。这

---

① 正如 Postill（2010）所解释的，实践的概念有不同的定义和争论，一个最基本的定义是以人体为纽带的"活动阵列"，从而引起人们对强大组织的战略与普通人在日常时间、空间和社会关系背景下的战术之间展开的不平等协商的关注。

② Beck & Beck-Gernsheim（2002）指出，一方面，个体化意味着以前存在的社会形式的瓦解——例如阶级和社会地位、性别角色、家庭、邻里等类别的重要性日益被削弱。另一方面，新的要求、控制和约束正被强加给个体。另见：Jessop（2002）。

③ 晚期现代性是社会学中的一个术语，指的是我们当前生活的充满不确定的、流动迅速的和全球化的社会。使用这个术语的学者通常认为我们生活的时代是现代社会的一个阶段，而非后现代等崭新的时代（Giddens，1991）。——译者注

就要求父母承担起养育好子女的道德义务，不断询问自己是否符合"育儿有方"的标准。

虽然我们的田野调查以家庭的日常经验为基础，但我们更关注的是，关于育儿的争论如何成为社会探讨紧迫困境的关键手段，包括如何生活、什么是幸福以及希望获得什么美好生活等。我们将育儿与晚期现代性和风险社会理论联系起来，这将在本章后面讨论。正如斯蒂维·杰克逊（Stevi Jackson）和苏·斯科特（Sue Scott）所观察到的，"父母对孩子更多的投资发生在一个似乎更难预测和更不安全的世界里（Jackson & Scott，1999）"[①]。这种投资关系到每个人，因为"孩子是未来"，而社会为优化不确定的未来而进行的焦虑计算常常使人们把目光投向儿童和育儿。

因此，人人都关注父母是否行使了责任。所以，公众随时准备评判父母对子女使用数字技术的管理，并不是偶然的。作为媒体学者，我们感到好奇的是，正是数字转型使现代生活的困境具体化，数字创新带来了不确定性和复杂性，而儿童养育在其后果中又是如此关键，两者的结合似乎特别具有爆炸性。来自他人的相互矛盾的建议增加了人们的焦虑。大量的头条新闻源源不断地劝说父母学习数字技能或购买最新的电子产品以跟上时代，但同时也要密切关注他们的孩子，以避免网络风险，并限制孩子在游戏和社交媒体等"盲目的活动"上花费时间。尽管技术创新远不是当今时代的唯一变化，但我们的研究使我们反复观察到，技术创新如何引发了对机构、价值和传统的（丧失的）基本焦虑。

我们邀请与我们交谈的父母回顾他们的童年，反思他们是如何被养育的，然后展望他们的孩子在未来可能的育儿条件。许多父母告诉我们，数字技术代表了他们自己和他们的孩子的童年之间最明显的差异，所以当然

---

① 也可以说，晚期现代性从传统中脱离出来，重新嵌入对身份或社群（相对脆弱甚至有风险的）新形式的承诺中（Beck et al.，1994；Giddens，1999），为儿童的社会化和生活带来机会与风险（James，2013；Livingstone，2009）。

会引起他们的关注。这并不是说技术变革是我们这个时代的首要或唯一的优先事项，甚至不是说所有的父母都真的这么想。事实上，在本书中，我们批判性地检视了对数字技术的关注所带来的问题，以及还有哪些其他的，也许是更深层次的问题被掩盖了。

帕维尔希望对数字技术保持控制，这是我们在田野调查中反复听到的观点，拉拉对数字机会的乐观态度也是屡见不鲜。拉拉兴奋地告诉我们："正在实施一项重大政策，所有的妈妈们都很关心——他们将在这个学期学习编程。"① 当我们问道："（妈妈们）是担心还是兴奋？"拉拉现在的回答和她丈夫的观点相符：

> 她们似乎有点困惑，这就是现在正在发生的事情，你不能避免，你知道，政府政策和他们的信息技术课程，无论你是否愿意，他们都会走这条路。因此，需要有一些系统组织或方法才好。

学校教授编程的新计划让拉拉"听天由命"：

> 有很多新的东西正在出现，我不知道家长是否能跟上这个速度，所以我只是希望最好的结果。

帕维尔试图通过承担新的数字负担来应对：

> 我需要继续关注它，以便我在让他放松之前知道他在电脑上能做什么，可以做什么……（所以）我必须学习编程。

---

① 英国大学部部长萨姆·吉马（Sam Gyimah）说："世界级的数字技能研发系统对英国塑造未来的能力至关重要。"（Department for Education，2018）从早年开始，对一系列编程相关活动进行资助的计划接踵而至（如Dredge，2014）。当然，自20世纪70年代以来，英国中小学就开始教授编程，但如今重申对编程的投资受到公众的广泛关注。

没过多久，"自由主义者"拉拉就呼吁政府加强对媒体的监管，因为托马斯身边存在着安全和商业威胁。但她怀疑这是否有效，她也感到有风险管理的任务。拉拉和帕维尔将他们为数不多的资源——主要是他们的精力和决心——倾注在教育他们的儿子身上，以让托马斯在他们所认为的，也是我们将论证的，一个充满风险和不确定的世界中获得成功。像我们采访的许多父母一样，他们相信，虽然只有 6 岁，但托马斯的个人选择已经预示着未来，因为他的未来正处于危险之中。

在记忆中的过去和想象中的未来之间

谁能预测 20 年后的世界？谁能预测现今的育儿方式对未来的成年人的影响？虽然这些问题与人类一样古老，但在社会快速变化的时候，特别是在一个日益个体化和竞争激烈的社会中，它们变得特别紧迫。在塑造当今社会的众多变化中，对数字技术的广泛接受显然是其中之一。正如经济合作与发展组织（OECD）提出的：

> 2018 年入学的儿童将在 2030 年成为成年人。学校可以为他们准备尚未创造的工作、尚未发明的技术和解决尚未预料的问题。[①]

这为有关育儿的古老问题提供了一个新的和独特的前沿优势。父母如何为他们的孩子在 2030 年或 2040 年成为成年人做准备？或者为尚未出现的工作做准备？在技术变革和未来劳动力市场不可预测的情况下，他们

---

① 戴尔技术未来研究所同意以上观点："新兴技术将……与强大的人口、经济和文化力量交织在一起，颠覆日常生活的条件，在 2030 年重塑许多人的生活和工作方式。"（Institute for the Future for Dell Technologies，2017），另见：UK Digital Skills Taskforce（2014）；Nesta（2019）。关于批判性的观点，参见：Brown et al.（2012）；Prince's Trust（2018）。

如何预测在未来发展所需的数字技能？在一个信息超载、"假新闻"和"黑客"选举泛滥的时代，他们如何支持子女的发展？或者，面对"技术进步和人口变化"，如何让他们在未来免于"陷入不安全、低价值和低工资的工作中，或者更糟糕的是，被迫完全失业"（Nesta，2019）？总之，在父母自己难以理解或管理的数字世界中，父母如何提升孩子的能动性和幸福感？[①]

孩子从婴儿期到成年的这段时间，象征性地充满了许多希望和担忧。本书的前提是，父母在当下的行动不仅是由眼前的需求或欲望决定的，而且更重要的是，由对过去的记忆和对未来的憧憬决定的。虽然父母回顾自己的童年是可以理解的，但养儿育女本质上是面向未来的。每一个育儿行为都有双重意义——既是对现在的干预，也是为特定未来的努力。即使这个未来不能被完全命名，实现它的道路也不确定。时间社会学认为，人们在协商他们的"预计的未来"（Tavory & Eliasoph，2009）时，正如文珊·亚当斯（Vincanne Adams）、米歇尔·墨菲（Michelle Murphy）和阿黛尔·克拉克（Adele Clarke）提出的，发现自己不断地"在未来、过去和现在之间来回穿梭，为未来制定模板"（Adams et al.，2009）。

对多数人来说，这种想象性的回忆和投射可以追溯到祖父母，并延伸到他们的孙辈。因此，人们体验变化和做出决定的时间框架大约为一个世纪。当我们要求父母反思他们自己的生平时，我们经常看到他们密集地进行想象，即使是危险的，从他们已知的过去跳跃

[①] 毫无疑问，这样的问题存在于父母的脑海中。卡梅伦（Cameron）——两个孩子的中产阶级父亲（48号家庭）——告诉我们："我认为现有的一些工作20年后就不复存在了。"他阐述道："我希望看到他们接受技术，一些一直在发展和变化的工作领域始终需要他们，他们总是被需要的。"孩子们可能比他们的父母更热衷于数字职业，或者正如《独立报》（*The Independent*）2018年1月23日的标题所言：英国"数字一代"的孩子以技术职业为目标（Children of Britain's "digital generation" aiming for careers in technology）。研究显示，成为下一个YouTube明星或软件开发人员的理想与父母的偏好相悖。《人力资源评论》（*HR Review*）2019年1月3日报道的一项调查甚至表明，五分之一的英国儿童希望成为社交媒体的影响者。

到他们关于未来的谈话中，他们试图预测他们孩子的未知和不可知的未来（Alper，2019）。

在描述他们的日常生活时，包括让他们自己感到羞愧的享乐、婚姻的紧张关系、对他人的评判以及对孩子未来的焦虑，父母们不可避免地反映了更广泛的文化叙事。我们发现，这些叙事往往是固定在技术创新如何标志着过去的变化和未来的前景。父母在育儿杂志或大众媒体上阅读关于"网络成瘾"的每日头条新闻，以及关于限制屏幕时间的建议。他们对"自由的童年"的浪漫描述感同身受，对人们被机器人取代或由人工智能而非人类做出改变生活的预测感到害怕。因此，在评估什么对他们的孩子最好时，父母和其他人一样，受到流行意象的影响。

中产阶级的莉娜·乌邦（Lena Houben）[①]不情愿地辞去了学术界的工作，以便更多地陪伴她的孩子。但是，像其他一些留在家里的母亲一样，她随后感到孤立无援，不确定自己在这个世界上的地位，"不断地感觉到自己在歇斯底里的海洋中漂浮"[②]。她谈到自己被家里的设备"海啸"所淹没，这促使她回顾自己小时候父母如何管理她看电视：

> 我的父母非常严格，我不能收看别人正在看的电视节目，不能参加相关的讨论。我开始意识到，（我的女儿）米丽娅姆（Miriam）可能会在没有我过度保护的情况下生存，所以我需要稍微放手，让她去尝试。当她还只有 11 岁的时候，一切还好，但是像滚雪球一样，我们突然在很短的时间内就拥有了三个设备。我所有的焦虑回来了。

她回顾了自己小时候的挫折感，这让她尝试在养育孩子的过程中更加放松。但是，她沮丧地观察到，摆脱焦虑是不可能的，所以她对米丽娅姆

---

① 6号家庭。
② 另见：Orgad（2019）。

的网络使用施加了严格的规则——通过使用谷歌电子数据表格进行跟踪，以控制其影响。然而，纯粹的抵制策略太有限了：米丽娅姆也在学校使用 Scratch 学习编程。莉娜认为这是积极的，她意识到官方的观点，即编程对数字未来至关重要：

> 这是新的拉丁语，不是吗？这就像，如果你在 600 年前不会读写，你就出局了，你就是个农民。所以在新的世界里，你应该知道如何浏览网页，或者你应该能够构建你自己的网站，你应该知道一些工具，你不应该只是一个被动的用户。

像其他父母一样，莉娜告诉我们，她记得自己的童年是如何自娱自乐或在外面的新鲜空气中玩耍的，而对未来的想象则激发了关于高科技工作、持续的监视、每个人都被他们的个人屏幕分开的科幻世界的讨论。她补充说：

> 与我小时候相比，这感觉是一个全新的东西，以前的父母没有应对过……我是最后一代没有在网络环境中成长的人。[1]

解释现在以"塑造新的未来"是一种极富想象力的活动（Appadurai，2013）。这不是纯粹的个人行为，而是经过社会协商、政治争论和中介化的行为。罗宾·曼塞尔（Robin Mansell）借鉴了查尔斯·泰勒（Charles Taylor）的观点，即"社会想象力是广泛共享的理解，已经取得了普遍的合法性"，但她认为，社会对互联网的想象是矛盾的，通常优先考虑其经济驱动力和市场逻辑，但仍然希望"在信息共享的情况下建立共享文化"（Mansell，2012；Taylor，2003）。与此相关的是，在想象更美好的未来方面，

---

[1] 关于媒介在代际变化中的作用，参见：Colombo & Fortunati（2011）；Fortunati et al.（2017）；Vittadini et al.（2013）。

大量相互竞争的来自专家的主张和预测在公众的想象中争夺合法性。

　　由于关于使用数字技术是否或如何带来更美好的未来的问题没有一个简单的答案，父母们会沉浸在对不确定的结果的权衡中。在平凡的每一天，焦虑的父母都在试图弄清他们孩子的哪些行为可能在未来产生好处或坏处，哪些新产生的兴趣可以开辟出一条通往成年的有利之路，哪些错过的机会以后会后悔，哪些容易被忽视的问题预示着麻烦即将到来。如果不是彻头彻尾的怀旧，父母对自己童年的记忆是模糊的，而当他们将自己的童年与孩子的童年进行比较时，恰恰是当时没有而现在家里和口袋里存放着的多种数字设备标志着两者的差异，将成年人与他们自己的童年隔开，阐明了他们为控制而进行的私人斗争。

　　数字技术在区分差异的同时，也为家庭生活的协商开辟了关键领域，有时甚至是战场。它们是否也会产生差异性后果是一个单独的问题，我们将在第七章回到这个问题。

接受，平衡，抵制

　　最新的媒体技术总是引起人们的希望和担忧，需要改变家庭习惯和公共政策。最好的情况是被视为浪费时间，最坏的情况是被视为传播淫乱和暴力（Critcher，2003）。在电视机刚出现的时候，人们担心它会"对家庭关系和家庭的有效运作产生破坏性影响"，并担心它会毁坏孩子的眼睛和大脑，甚至导致癌症。[1] 同时，社会对技术的投资和乐观态度也是毫不松懈的，人们一直希望它能通过创造新的机会来改变儿童的教育前景，并

---

[1]　Spigel（1992）将采纳电视机描述为拓展了家庭团聚的空间，然而流行媒体也将这种"新机器描述为一种现代的弗兰肯斯坦（Frankenstein），它有可能反对它的创造者并破坏传统的家庭生活模式"。另见：Marvin（1988）。

通过减少包容的障碍来实现机会的民主化。尽管社会科学家长期以来一直在争论这种潜力是否能够实现，以及为谁实现。关于最新数字技术的争论重复了类似的夸张说法（Livingstone，2012；Luckin，2018；Williamson et al.，2005）。一方面，智能手机"毁了一代人"，社交媒体"结束了对话"（Turkle，2011；Twenge，2017）。另一方面，父母被要求帮助他们的孩子获得智囊团强调的、雇主需要的、政府提倡的"21世纪的技能"，否则就有可能被甩在后面（Institute for the Future for Dell Technologies，2017；Nesta，2017；Qualtrough，2018；Tkachuk，2018；UNESCO，2015）。[①]莉齐·科里亚米（Lizzie Coriam）[②]是埃米莉（Emily）（6岁）和托比（Toby）（5岁）的母亲，对网络安全和暴力非常焦虑，因此一直密切关注她的孩子。她道出了许多父母所面临的困境，她告诉我们：

> 我不想被认为是一个不花时间做艺术和手工、不坐下来阅读、不去自然界散步的母亲，你知道，所以……这就是为什么我说，我很关注他们能在电脑上玩多久……有些人确实在评判父母……但我很矛盾，因为孩子们在南非有很多表兄弟，他们在IT领域赚了很多钱。所以我也觉得，这应该是我们积极鼓励的事情吗？我不知道……这就是矛盾所在。我的意思是，我不希望他们落后于其他人。我有时确实在想，也许我们应该多学习，这样他们就能更快地学习，并在这场比赛中遥遥领先。

了解父母如何应对这些两极化的愿景是本书的核心动机。我们遇到了许多父母，他们试图按照自己的价值观和偏好制定自己的路线，得到很多或很少的支持，有些还面临着非常特殊的挑战。对有些人来说，数字技术

---

① 欧盟委员会的数字机构的一份典型声明警告说："迫切需要提高欧洲的数字能力，并改善教育中对技术的吸收。"（European Commission，2018）
② 31号家庭。

提供了支持，以应对这些愿景；对其他人来说，挑战远远超出了技术的能力范围。

与托尔斯泰的名言"幸福的家庭都是相似的，不幸的家庭各有各的不幸"（Tolstoy，1886）相反，我们在所有家庭中都发现了复杂性和矛盾性。因此，本书不会支持普遍存在的家庭疏离的公共话语——父母和孩子被认为与他们的个人屏幕"连接"，失去了家人们应有的团结友爱和家庭内部的纪律或道德（Putnam，2000；Turkle，2011）。事实上，我们反对这种论述，因为它本身就增加了父母每天面临的评判负担。我们很高兴观察到家长们以不同的方式尝试改变社会对他们的不切实际的要求，因为他们既被要求跟上数字媒体的发展，又被批评拥有太多屏幕时间。

但我们确实赞同对不平等的关注，发现父母对教育技术和资源的投资未能消除持久的贫富差异，并在某些方面还加剧了这种差异（Katz et al.，2001；Robinson et al.，2015；Selwyn，2014；Selwyn & Facer，2007）。事实上，我们将证明，对数字机会的许多承诺是脆弱的，经常被打破，可以被理解为加剧了隐性（或显性）的阶级伤害（Sennett & Cobb，1993）。同时，我们采取了一种交叉的方法，自始至终关注阶级、性别、族裔、残疾和其他因素在塑造家庭资源、想象力和结果方面的相互关系。以下观点将变得逐渐清晰：特权和压迫并不遵循简单的加法模型，而是根据不断变化的背景变量进行的个人阐释（Alper et al.，2016；Crenshaw，1991）。

反思婴儿和青少年的父母——那些生活在价值数百万英镑的个人住宅或市政产权住房中的父母的经验，我们确定了数字育儿的三种不同类型。我们所说的类型是指由特定的价值观、信仰和想象（社会、数字和未来）使之有意义的实践集群，其方式并不总是有意识或一致的。[①] 这些类

---

① 建立在对文化（以及某种程度上的意识形态）参与类型的研究之上，这些类型"为生成、解释以及通过媒体参与嵌入式实践规定了特殊但可识别的社会和符号学惯例"（Livingstone & Lunt，2013；Ito et al.，2010）。

型包括：

接受。父母为自己或孩子寻找数字技术，以减轻家庭生活的压力，或获得有价值的专业技能，或对某些人来说，是"为未来做好准备"的身份认同和生活方式。

平衡。父母试图通过鼓励一些数字实践而不是其他的实践来对冲他们的赌注，这通常是临时的，要权衡现在或未来突出的机会和风险。

抵制。父母明确表示，至少在某些时候，他们试图阻止数字技术对家庭生活看似不可阻挡的入侵。对于一些人来说，当技术似乎给他们的孩子带来问题时，抵制是一种回应方式，以应对某一事件或行为。然而，抵制有时与其说是反应性的，不如说是价值驱动的，反映出对其他活动或未来的优先考虑，或作为抵制社会压力和商业主义的一种方式。

这些类型贯穿本书，提供了一种调和家庭的共性与多样性的方法。它们提醒我们，尽管个人情况导致父母以不同的，甚至是相反的方式对技术和社会做出反应，但仍然可以发现和分析共同的模式。例如，在拉拉和帕维尔的希望与关注中，蕴含着对数字技术的不同价值观和实践，这些价值观和实践既得到其他人的响应，也引起了争议。 一方面，尽管每天的通勤和工作常常让他们筋疲力尽，但拉拉和帕维尔还是努力管理托马斯每天的屏幕时间，将其限制在一个小时左右。另一方面，由于他们在英国没有亲戚，帕维尔曾试图让托马斯用 Skype 和他的祖父母通话。但这并不奏效：祖父母对这种技术并不适应，由于托马斯几乎不认识他们，也不会说波兰语，他也感到不自在（Share et al.，2017）。

技术既象征着他们的担忧，也象征着他们的希望，但这并不意味着技术容易被协商或管理。拉拉更渴望接受技术带来的新机会，而帕维尔则通过寻求与传统价值观的连续性来抵制。然而，他们的取向远非静态。帕维尔在找到一个不情愿的平衡之前进行了抵制。拉拉接受了技术，但后来发现自己正在抵制。在不断发展的动态中，双方都与对方协商并围绕对方进行调整。随着时间的推移，这有助于他们适应他们越来越认为是不可避免的事情。正如拉拉所评论的，"一切都被媒体和电脑所渗透，在各种工作中，真的，所以没有办法避免它"。莉娜·乌邦以焦虑的矛盾心态进行平衡。她担心过多的屏幕时间会影响米丽娅姆的"手眼协调和精细运动技能……她表达自己的能力可能会退化"。这是因为，尽管她有顾虑，莉娜还是鼓励她的女儿记录诗歌，这引起了与米丽娅姆的父亲艾弗里·达尔（Avery Dahl）的一些冲突，他在经历了考验这个中产阶级家庭经济状况的失业期后，最近又回到了媒体制作领域工作。

艾弗里担心米丽娅姆的"少年时代作品"会损害她未来的"口碑"，而莉娜则把她的博客看作未来收益的开始。尽管结果不确定，但艾弗里对新技术更加重视。他告诉我们，他"希望孩子们在头脑可塑性强的时候，尽可能熟练地掌握编程"，并担心在数字化的未来，"会出现一道鸿沟……能者上，庸者下"。也许这是因为，尽管这个家庭现在已经获得了经济上的稳定，但曾经的岌岌可危并没有被忘却。

因此，我们的接受、平衡和抵制等类型是指文化上共有的实践、价值与想象的组合，而不是个人或家庭的自然分类。我们经常看到父母在寻求适合他们家庭的平衡时，有时接受，有时抵制。每种类型都会带来焦虑，因为父母会问自己：我做对了吗？会有回报吗？接受意味着"超前定位"，因此可能会感到不受保护，因为需要在社会规范和资源到位、提供支持之前采取行动。平衡是一个积极和努力的过程，就像站在一个滚动的木头上。这不是简单的妥协，它需要不断地自我质疑和调整：这是对的吗？我怎么知道？抵制可能意味着担心在专业或个人生活上错失机会，或者担心自己在冒险，没有与时俱进。

由于养育子女的做法不断被评判为超前、落后或符合似乎是新兴的规范，这些类型嵌入了一种规范性的目光，可以将父母彼此隔离开来，因为每个人在确定自己的方法之前都会观察和评估对方的情况。在数字技术方面，这一点尤其让人头疼，因为几乎没有先例可循，家长们必须从头思考如何解决这些问题。莉娜描述了她在游乐场寻找其他志同道合的家长的努力：

> 询问其他人做什么和分享信息是如此令人沮丧，我只是不想参与其中。我想这就是我感到非常孤单的原因。我觉得我走进了一个流沙坑，每走一步都会有人评判我对孩子的所作所为，这意味着我在很大程度上只能靠自己。[①]

无论他们是否带着焦虑来解释数字技术，我们发现许多家长在回答这些问题时都带着一种深深的个人责任感和对彼此的评判。家长们在此基础上相互评价和评判，一位家长被评判为懒惰或对屏幕时间过于放任，另一位家长则被评判为过于僵化和限制，孩子们因此被淘汰或落后。父母自主性在西方晚期现代社会中受到推崇，我们认识到，它带来了多样性，以反击对家长或育儿的单一化描述。[②] 但是，自主性和多样性对个人来说是有代价的，因为父母现在做出的决定可能会让他们的孩子在未来付出沉重的代价；对集体来说也是有代价的，因为当规范被削弱，个人感受到威胁时，就会出现相互评判甚至是羞辱的情况。难怪在被邀请讨论他们的孩子时，家长们都热衷于向我们敞开心扉，说出他们对数字技术的担忧或推论，以及他们选择接受、平衡或抵制什么。

---

① Douglas & Michaels（2005）认为，母性在表面上似乎是被赞美的，但有一套被指责的标准："新母亲主义（new momism）是一种高度浪漫化但又要求很高的母性观点，其中的成功标准是不可能达到的。"

② 无论是学术界还是流行的育儿话题，都倾向于将所有的父母视为相同的，掩盖了父母可以利用的资源的真正差异（Cooper，2014；LeVine & LeVine，2016）。

变化的时代，变化的家庭

　　父母对数字技术的关注，包括是否接受、平衡或抵制它们，让我们不禁要问，这在多大程度上是值得的，以及在多大程度上掩盖了其他也许更棘手的问题。正如全球化理论家阿琼·阿帕杜莱（Arjun Appadurai）所说，我们正生活在金钱、人、技术、媒介和思想的长期变化中，它们相互交织的历史正在产生难以预测的后果。像拉拉和帕维尔这样的家庭的生活就是这种情况的证明，它们被移民、不稳定的工作、脆弱的社群形式和不确定的资源所塑造。对拉拉和帕维尔来说，育儿加剧了他们在不同大洲、语言和文化之间重新协调的需要，而在一个高要求、高成本的全球性城市中，在他们自己的父母远在他乡的情况下，安排家庭生活并不轻松。当他们试图给儿子提供他们自己小时候拥有的机会时，他们认为数字技术提供了一种手段，使他们能够让儿子追求自己的理想，这似乎很重要。

　　相比之下，莉娜和艾弗里的困境需要一个性别化的视角，莉娜是一个受过教育的女性，由于她不得不放弃自己的事业和公众地位，她容易怀疑自己。虽然莉娜支持她的孩子们走向数字化的未来，但她责怪自己没有跟上。她说：

> 我的生活起初有很多优势……但我知道在我的人生中，就现代技术而言，我已经滑落到了农民的地位。

　　也许莉娜专注于数字技术，是因为社会告诉她，比起职业或婚姻，这是她可以而且应该控制的事情。

　　另一些家庭则面临着其他挑战，他们被家庭破裂、疾病或贫困所困扰，或者正在照顾有特殊教育需要或残疾的孩子。显而易见，我们所有的受访家庭都生活在伦敦，与其他全球性城市一样，社会学家萨斯基亚·扎森（Saskia Sassen）将其描述为位于多种跨境动态和张力的密集交叉点。此外，扎森写道：

> 全球性城市的概念非常强调网络经济，因为具备网络经济性质的产业往往位于全球性城市：金融和专业服务、新的多媒体部门和电信服务（Sassen，1991）。[1]

与英国其他地方相比，伦敦在其多元文化和多语言家庭的比例方面很有特色，因为它提供了工作机会——特别是在技术行业，以及最近在学校成绩方面的大幅提高，促进了一定程度的社会流动。[2] 还值得注意的是它的社会经济冲突，因为父母们在城市中寻找创造性的、有趣的或只是实用的工作机会，挤在他们不能完全负担得起的房子里以便住在"更好的"街区，更靠近"好学校"。

在更普遍的意义上，家庭生活正在被这些和其他的转变所重新配置，包括家庭生活、性取向、工作、宗教信仰、教育系统和移民模式等（Cunningham，2006；Livingstone，2009，2018；Parker & Livingston，2018）。[3] 结果是传统和创新之间出现了新的张力，这主要是由于人员和思想的全球化流动反过来又重新配置了各代人之间的关系。特别重要的是，经济变化意味着现在在西方长大的孩子是人们记忆中第一代被预测不如他们自己的父母富裕的人群。对于二战后的几代人来说，代际社会流动的总体比例一直很稳定，正如约翰·戈德索普（John Goldthorpe）所解释的那样：

---

[1] 另见：Appadurai（2013）；Beck-Gernsheim（1998）；Leurs & Georgiou（2016）。

[2] 英国国家统计局指出，与英国人口相比，伦敦人口中的移民比例明显偏高（The UK Office for National Statistics，2016）。此外，"与其他地方相比，首都为其居民——包括最贫穷的居民——提供了更多的机会"（Sutton Trust，2017），尽管最贫穷的人仍然生存艰难（Boston Consulting Group，2017）。

[3] Hill & Tisdall（1997）指出，"家庭在某种程度上是一个流动的概念，其核心是各种概念的混合——直接的生理关系、父母的照顾角色、长期同居和永久归属"。

年轻一代的男性和女性现在面临的流动前景不如他们的父母或祖父母。也就是说，他们不太可能经历向上的流动，而更有可能经历向下的流动（Goldthorpe，2016）。[①]

这是因为尽管过去几十年来受教育机会增加了，但工作却变得更加不确定。工作场所越来越灵活，但要求也越来越高，渗透性越来越强，而且不稳定（Graham et al.，2017；Luckman & Thomas，2018）。与二战后几代人相比，青少年的青春期延长了，他们花在教育上的时间更多，而进入劳动力市场或独立生活的时间却推迟了。再加上退休时间同样延长，老龄化人口的健康状况越来越好，许多父母被"夹在"照顾孩子和老人的责任之间（Hamilton，2016；Jones et al.，2007；Twenge，2017）。

特别是自二战以来，西方已经看到了"私人领域的民主化"（a democratization of the private sphere）（Giddens，1992）。安东尼·吉登斯（Anthony Giddens）认为，亲密关系越来越少地根据亲属关系、义务或宗教来界定，而越来越多地依赖于纯粹关系的内在质量。纯粹关系不再由传统的权力不平等所决定，而是"以一种开放的方式自反性地组织起来，并建立在一个连续的基础上"（Giddens，1991）。[②] 因此，人们对家庭生活的期望大大增加，尽管实现这些期望的手段更加不确定。吉登斯对性别关系的重塑更感兴趣，但伊丽莎白·贝克－盖恩斯海姆（Elisabeth Beck-Gernsheim）的观察更具有普遍意义：

日常家庭生活的特点正在逐渐改变。人们过去可以依靠运作良好

---

① 关于美国父母对孩子无法复制他们的社会经济地位的焦虑，参见：Cooke（2018）。
② 另见：Reese & Lipsitt（1978）。与家庭作为一个缓冲区或与外界隔绝的浪漫愿景相反，Giddens（1991）认为，纯粹关系完全被来自大规模抽象系统的中介影响所渗透。这些系统——政策、福利、经济、媒体——可能不（事实上，经常不）符合家庭的利益，它们的影响也不平等，部分原因是自反性自我（reflexive self）的资源本身是按社会阶层分层的（Threadgold & Nilan，2009）。

的规则和模式，但现在……越来越多的事情必须通过协商、计划和个人来促成（Beck-Gernsheim，1998）。

她认为，特别是当孩子们观察到他们的父母开展无休止的"平衡和协调的杂技"（Beck-Gernsheim，1998）时，他们自己也融入了个体化的文化。这反过来让儿童的能动性得到认可。但是，当孩子们获得了"决定和调节他们的关系条件"的权利（Giddens，1993）时，父母们也获得了让他们参与关键决策的责任，甚至在一种越来越少地建立在维护权威、而越来越多地建立在相互尊重基础上的关系中对其子女负责。事实证明，在数字技术方面，父母很难做到这一点。

在风险社会中为人父母

当代家庭生活的研究者们描述了不断增强的焦虑和"密集化"育儿的逻辑，在充满风险、不确定性和社会快速变化的条件下，父母们试图管理他们孩子的成长（Nelson，2010）。[1] 同时，越来越多的人警告说，童年的危机已经出现了（Aynsley-Green，2019；Putnam，2015）。为回应社会对他们的要求，一些父母通过用"棉絮"包裹孩子来保护他们，像"虎妈"（tiger mom）一样行事，用"直升机式的育儿方式"保护他们不受伤害，或者用技术作为数字纽带（digital tether）来保护他们（Chua，2011；Cooper，2014；Honore，2008；Villalobos，2014）。[2] 其他人则采取了截然

---

[1] Hays（1998）表示，这些占主导地位的、被广泛接受的父母密集投入的逻辑是自然化的，而不是规定的。

[2] 关于直升机式的育儿问题，另见布里斯托（Bristow）在《育儿文化研究》（*Parenting Culture Studies*）一书（Lee et al.，2014）中的一篇文章、劳拉·汉密尔顿（Laura Hamilton）的《非常育儿》（*Parenting to a Degree*）（Hamilton，2016）以及 Hofer et al.（2016）。

不同的策略，希望通过让孩子接触危险，使他们对危险产生"免疫"，通过"自由放任"的育儿理念来培养他们的适应力。[①] 技术为这种谨慎的校准提供了新的挑战，也为其提供了新的可见性（visibility）——不仅是通过引发社交媒体育儿群体中的羞辱性辩论，而且还通过承诺提供新方法"优化"育儿的结果（Faircloth et al.，2013）。

但是技术只是当今父母面临的众多挑战之一。在一个个体化的、日趋新自由主义的社会中，随着福利安全网的缩减或私有化，人们被赋予了一项任务（可被理解为赋予了权利或增加了负担）：在完全不确定和相互矛盾的专家建议下做出决定。用乌尔里希·贝克（Ulrich Beck）的话说，当代真实的和可感知的威胁之间的矛盾凝聚成了一个风险社会，与自然威胁相比，"风险可以被定义为处理现代化本身所引起的和带来的危险与不安全的一种系统方式"（Beck，1992）[②]。面对各种风险，父母为他们的行为和由此产生的后果承担了新的责任，从而产生了越来越多的不安全感和焦虑感。正如贝克和贝克-盖恩斯海姆所观察到的，这种负担，包括其不平等的成本和结果，并不是社会经济变化的偶然结果，而是一个意识形态的问题 [他们称之为制度化的个人主义（institutalized individualism ）]，在一个竞争性的、"成败全靠自己"的文化中，社会支持正在减少（Beck & Beck-Gernsheim，2002）。对于弗兰克·富里迪（Frank Furedi）来说，现代育儿的方式越来越"偏执"，部分原因是"处于危险之中被视为一种永久的条件，与任何特定的问题无关"（Furedi，1997，2008）。作为回应，家庭本身正在发生变化：菲利普·韦布（Philip Webb）将其描述为"从一个需要保护以免受外界变化无常影响的情感场所 [到] 一个现代的交易机构"（Webb，

---

① Jensen（2016）称，适应力（resilience）已被作为一种新自由主义的策略，其中个体的家庭被期望迅速振作，将批评的注意力从有问题的社会结构上转移开（Hoffman，2010；Kohn，2016；Nelson，2010；Steiner & Bronstein，2017）。关于新自由主义在西方社会的崛起，参见：Davies（2014）。

② 另见：Livingstone & Sefton-Green（2016）.

2011）。我们认识到家庭所面临的压力，但并不完全同意富里迪和韦布对家庭生活的暗淡的预言。

尽管为人父母的焦虑常常被称为和中产阶级相关，但我们将证明，不同的父母或多或少都被当今的育儿文化所吞没，他们努力参与家庭生活并保持警惕，寻求更好地塑造现在，以便在一个风险社会中优化他们孩子的未来（Dermott & Pomati，2015；Faircloth et al.，2013；Furedi，2008；Nelson，2010）。我们对"只有中产阶级的育儿文化才是令人着迷和焦虑的根源"这一观点进行了批判。中产阶级的父母可能会更多地表达他们的焦虑，但我们将论证，正是因为父母认为自己（也被别人认为）有责任培养孩子未来的生活机会，风险社会中育儿文化的个体化也影响了弱势家庭（Clack，2013；Lareau et al.，2016）。[1] 同时，我们的田野调查使我们对公共领域中关于父母焦虑的极端说法提出疑问，这是因为我们发现了家庭的多样性，也因为对许多人来说，我们可以称之为育儿哲学的东西给他们提供了一些保证。

我们可以参考安娜·迈克尔斯（Anna Michaels）的例子来说明这些论点，她在十几岁的时候就成了一个单身母亲。[2] 安娜在伦敦南部一个保守的基督教西印度群岛家庭长大，她既反对又复制了小时候对她提出的要求。她有些自豪地描述自己是13岁的德里克（Derrick）和10岁的迪翁（Dionne）的"强势母亲"，她说，"我是一个单身的年轻妈妈，我是一个年轻的同性恋妈妈，所以我处于社会很多负面的类别中"。虽然经常为钱而苦恼，但她宣称她希望她的孩子"拥有最好的东西……［但］我不希望他们认为最好的东西是他们应得的"。安娜因此努力对抗她所说的"贫困家

---

① 必须指出的是，在建构这一论点时，晚期现代性和风险社会的理论、育儿文化研究以及新的儿童社会学都没有帮助我们。尽管所有这些都影响了我们的思考，但它们并没有完全解决社会不平等的问题，特别是社会阶层（Beck，1992；Furedi，1997；Hoffman，2010；Lee et al.，2014；Livingstone & Haddon，2017）。我们在第三章中发展了这一观点，我们发现我们必须更加强调既定（可能正在发生变化的）社会结构和持续的社会不平等的重要性。
② 22号家庭。

庭"或"单亲父母"不负责任的刻板印象。通过拒绝社会分配给她的位置，她专注于学习，包括使用数字技术，说明了在风险社会中试图突破自己的困难处境的不确定承诺和要求。

安娜将她的家塑造成一个利于学习的环境，通过购买所需的书籍来支持孩子们的功课，给他们提供测验，充当老师，并制定严格的每日时间表，同时培养他们的独特兴趣：迪翁参加跳舞比赛；德里克参加陆军军官学校的学习和跆拳道课程。每一个选择都是在仔细考虑了利弊之后做出的，目的是引导孩子们远离风险，走向一个有意义的未来。作为一位有工作的母亲，她担心如果他们不上课，"他们会流落街头，自身自灭"。她补充道："这里有很多帮派势力，我很担心我儿子……他做得很好。目前还是规规矩矩的。"对于德里克来说，作为一名黑人少年，生活在其他同龄人曾经经历过暴力的地区，风险是真实的，因此安娜也接纳他对电脑和游戏的兴趣，因为这让他在无事可干的时候安全地待在家里。她自豪地告诉我们，她如何让他拆开她的旧手机，说他喜欢"拆解东西，他只是想知道它们是如何工作的"。与其他许多家长一样，安娜面临的挑战是多方面的，正是在这种情况下，她认为数字转型可以带来好处。她的希望——正如我们在许多其他家庭看到的那样——引导了她在家里配备各种技术设备，鼓励她儿子的极客实验，并寻求在家庭和学校的学习之间建立一座桥梁。在这方面，尽管她对学校这个机构并不那么挑剔，安娜非专业的学习理论与约翰·D. 和凯瑟·T. 麦克阿瑟基金会资助的连接性学习研究网络开发的连接性学习理论是一致的，本书就是其中的一部分。[①] 然而，安娜的做法与其说是接受技术，不如说是一种平衡，她的热情有所收敛，因为她说，迪翁

---

① 连接性学习研究网络假设，当学习是由兴趣引导、同伴支持、合作和生产导向时，学习就会成为可能。以青少年为中心，以社会文化为方法，连接性学习的研究和实践批判了传统的学校教育，因为这种教育往往是以课程为主导而不是以兴趣为主导，以考试为中心而不是以实践为中心，被单独对待，并在学校这个封闭的世界里建立了教师和学生之间的等级关系（Ito et al.，2013，2020）。

在被一位小学同学网络欺凌时经历了"一段可怕的时光"。安娜在告诉我们她有多愤怒时，沮丧地回忆道："你无法改变技术的发展，你必须适应它，但你也必须有适应它的心态。"

在某种意义上，安娜接受了自反性现代性（refiexive modernity）①的文化，在这种文化中，除了不平等、不安全和疏远的风险之外，还有自我定义的潜力——在她看来，这包括对抗社会强加给她的负面期望的机会。当代许多社会和技术变革正在为社会流动、灵活工作、重新想象的生活方式和自我选择的价值观提供新的希望，以及实现这些目标的新途径。安娜对自己生活的反思表明，她为自己塑造了一个更加开放的身份认同，并且她也试图根据孩子们的个人需求和优势为他们开辟这样的道路。她突破了自己成长过程中的种种束缚，摒弃了社会对年轻的黑人、同性恋单身母亲的负面看法，她创造了自己的育儿哲学，将这些经历视为一种资源，而不是一种障碍。②为了避免社会对她自己或她的孩子进行潜在的惩罚性"监管"，她承担了自律的重任。③就我们上述的数字时代育儿的三种类型而言，她通常会接纳技术，把自己描述为"苹果迷"，但她在接纳的同时也进行了一些限制。在反思她为德里克和迪翁的独立所做的努力时，她说："技术是未来，但技术并不可靠。你应该能够阅读和写作，而不是让技术为你做每一件事，自己动手吧。"

虽然安娜对数字化的未来显得很乐观，但批判性的学术研究对如此个体化和努力的策略所带来的风险——特别是对弱势家庭的风险——表示担忧（Atkinson，2007；Skeggs，2015；Woodman，2009），因此，作为研

---

① 自反性现代性是西方现代化的重要理论，最初由Beck et al.（1994）提出，指的是在工业社会的后期，工业社会自身产生的系统性风险。该风险会影响政治、公共和私人领域的争论与冲突。简而言之，自反性现代性体现了西方学者对于工业社会后期呈现的现代性的内在冲突问题的关注和反思。——译者注
② 直到最近，LGBT父母都被视为是有缺陷的，安娜明确反对这种观点。另见：Goldberg（2010）；Hrek（2010）。
③ 另见：Donzelot & Hurley（1997）。

究者，我们不仅要接收到她的乐观情绪，还要将其置于结构性不平等和低社会流动性的大背景中（见第三章）。同样，尽管父母们乐于重述媒体关于年轻一代的所谓失败的故事，但重要的是我们要认识到这些故事有可能助长对他者的道德恐慌。毕竟，近几十年来，儿童的福祉得到了大幅度的改善，甚至他们的学习成绩也得到了提高，尽管在此期间出现了数字技术（Livingstone，2018）。

在风险社会中，父母是第一个受到指责和羞辱的人，如果事情出了差错，或者他们的孩子落后了，他们会首先责备自己。日常的育儿行为被灌输了一种结果导向，导致父母采取安娜·维拉罗伯斯（Ana Villalobos）所说的"安全策略"，他们承担了试图为孩子"让事情变得更好"的责任（Villalobos，2010，2014）。[1] 尽管事实上，许多重大的社会转变导致其子女在未来需要面临的不安全因素远远超出了他们的控制。技术已经同时成为对儿童安全的威胁和确保其安全的途径。

在莉娜·乌邦的家庭中，父母和他们12岁的女儿米丽娅姆都在追求数字化的未来，但随之而来的风险带来了焦虑和不和谐。莉娜·乌邦禁止她的女儿向YouTube上传任何东西，当米丽娅姆在没有母亲同意的情况下，以流行的博主佐拉（Zoellaos）[2] 的风格分享自己的视频时，莉娜感到非常生气。米丽娅姆的父亲同意莉娜的决定，但还是将YouTube视为"最令人惊讶的资源……这是我从未关注过的东西，它的存在是一种奇迹，我现在只是将其视为理所当然的"。然而，尽管她强烈地保护着米丽娅姆，特别是在"她学校的一些男孩发现了[这对母女一起制作的第二个YouTube视频]并开始发辱骂性的电子邮件之后"，莉娜自己也转向了技术，写了一个博客，讲述她作为母亲的经历，特别是她不希望离开学术界、她在工作和

---

[1] 另见：Cooper（2014）；Lareau（2011）。
[2] 佐伊·萨格（Zoe Sugg）又名佐拉，是一位著名的英语YouTube博主，她创造了美容、时尚和生活方式类的视频博客内容。

做母亲之间的生活平衡，以及"为人父母是多么困难"。[①]

为了帮助父母应对在数字时代优化机会和减少风险的双重挑战，政策制定者、教育工作者、卫生专业人员和新兴的"育儿专家"在主流与社交媒体上提供了大量的育儿建议（Furedi，2008；Hulbert，2003）。[②]事实上，父母们几乎不缺乏对其"神圣"育儿工作的建议（Zelizer，1985）。可以说，政府赞助的和出于商业动机的育儿建议与"干预措施"的大幅增长，是为了填补风险社会中机构和社群支持的消失所造成的空白，指导父母或如批评者所说的那样，在人们可能认为的私人生活中监视和监督父母们（Daly et al.，2016；Dermott & Pomati，2015；Nelson，2010；Villalobos，2010；Barassi，2017；Macvarish，2016）。[③]其中一些援引了"道德恐慌"，将数字技术作为当今儿童疾病的所谓原因，并将使用数字技术的人作为替罪羊。[④]有些建议是出于商业动机（销售最新的数码产品和服务），据称是为了家庭的最佳利益，或促进对数字未来的憧憬，而这些憧憬是高度规范性的，符合中产阶级的愿望。

尽管这些关于"问题"的流行观点很有说服力，但它们并不能帮助父母解决眼前的实际问题：我的孩子什么时候应该拥有智能手机？在社交媒体上分享多少才算太多？使用平板电脑会对我的孩子的大脑造成什么影响？什么是编程，我们是否应该报名参加一个课程？更有问题的是，许多建议是惩戒性的，充满了禁令，让父母感到负担沉重或受到评判。许多建

---

① 在我们的项目中包括了一些父母博主，我们对这种建立网上同伴支持社群的努力感到好奇。

② Hardyment（2007）概述了育儿建议的历史，解释了它如何一直是矛盾的，有其自身的议程。

③ 批评者认为，这种趋势正在将育儿从"以爱和关怀为特征的关系纽带"重塑为一项"需要特殊技能和专业知识的工作，必须由具有正式资格的专业人士教授"（Gillies，2008）。另见Lareau（2011）关于"科学做母亲"的论述，以及Furedi（2008）和Faircloth & Murray（2014）关于"育儿专家的崛起"的论述。

④ 请注意，道德恐慌理论（Critcher，2003）强调，对技术伤害的焦虑主要集中在工人阶级家庭，所以他们的表达不仅仅是对媒体负面影响的断言，更重要的是对其他人缺乏标准和需要约束的（错误）判断。

议还低估了父母在技术方面日益增长的专业知识，将父母视为一无所知，或提供平淡无奇的简单规则（例如限制屏幕时间、安装过滤程序、将设备放在父母的房间），未能解决现代家庭生活的各种现实问题，在这种情况下，父母面临着越来越大的压力，支持家庭的公共服务正在减少。而且，很少有人帮助父母把目光投向数字技术之外。他们的问题可能有相当不同的原因，但替代的应对策略——个人的或集体的——很容易被流行的数字技术焦点所忽视。

本书概述

本书的标题具有一定的争议性。理想情况下，我们会在整本书里把"育儿"和"数字未来"都放在引号中，因为我们研究的是围绕它们的争论以及由这种争论所形成的生活现实。事实上，尽管谈论父母是相对直接的，但"育儿"作为一个动词（和一种积极的干预）只是最近才出现的，它不仅是指养育孩子的任务，而且是指涉个人、文化，甚至是意识形态的"工程"。[①] 在这本书中，我们的目标是在密切关注育儿经验的同时，以更广泛的批判性视角看待育儿所处的社会背景。与此相关的是，尽管我们听到了很多关于数字技术对家庭生活的影响，但我们试图避免对当代育儿困境的技术决定论的描述，即使我们在探索这种言论在公共领域和政策制定者的推动下所产生的影响。我们的主要论点是，数字技术带来的困境使家庭面临的许多不同挑战所产生的根深蒂固的焦虑具体化。[②] 这些挑战包括但远远超过数字技术带来的困境。由于这些挑战分布不均，父母应对数字技术

[①] 在介绍他们的育儿文化研究时，Lee et al.（2014）发现近几十年来，关于育儿（而不是父母，后者的兴趣比较稳定）的图书急剧增加，这种增加在学术和大众出版中都可以看到。
[②] 另见：Tilly & Carré（2017）。

带来的困境的方式以及他们需要的支持形式也不尽相同。正如我们所发现的，父母的反应经常使大众的期望落空，而这本身就很重要，因为大众的期望通常表现为对父母的批评——不仅倾向于低估父母，而且还致力于指导政策制定者。

无论他们的斗争是什么——无论其根源是结构性的还是人际的困难，长达数十年的育儿工程对父母提出了挑战，他们可能会因为正生活在一个前所未有的数字创新时期而受到帮助或阻碍。我们所说的"数字"（the digital）不仅仅是指涌入我们日常生活的数字设备和内容，还包括社会对由专有和广泛的网络系统组成的复杂的数字基础设施的日益依赖，这反过来又推动了新颖但不稳定的工作和生活形式的出现（Lievrouw & Livingstone，2009；Lundby，2009）。[①] 无论历史最终如何评判，对于父母来说，在此时此刻，这无疑具有深刻的意义，是一个重要的问题。我们采访了许多家长，他们认为自己在数字时代的育儿过程中正在开辟新的领域。由于数字已经成为今天个人、公共和政治斗争展演的场所，我们不禁要问，无论从父母们自己的角度，还是从不断为父母发声和谈论父母的社会的角度来看，这给现代育儿的"斗争"带来了什么独有的特征。

为了完成这本书的研究，我们在2015—2016年探索了伦敦73个家庭的育儿实践、价值观和想象，并在2017年底对英国各地2000名家长进行了问卷调查。我们招募了育有未成年子女（18岁以下）的家庭，这些家庭在社会经济地位、家庭组成、族裔和子女年龄方面高度多样化，如附录所述。在努力了解父母自己的观点和经验的过程中，我们进行了一些带有强烈情绪的访谈，这个过程本身就说明了数字时代的育儿经验。家长们告诉我们，他们试图通过建立旨在改善孩子生活机会的家庭价值观和实践来优

---

① 这种依赖已经到了这样的地步：儿童权益倡导者、常识媒体（Common Sense Media）的创始人吉姆·斯蒂尔（Jim Steyer）认为，媒体本身已成为儿童的"另一个家长"（Steyer，2002）。

化他们想象中的未来，并利用各种高度不平等的资源来这样做。① 在这一努力中，"数字"似乎提供了一个独特的途径，儿童的任务是将社会的希望带到未来，尽管控制未来的努力反过来又产生了新的风险——无论是现在还是未来，加剧了父母对今天的孩子与明天的成年人的焦虑。②

我们还寻找那些以这样或那样的方式，以独特的目的或从独特的角度来面对数字未来概念的父母。我们在学校的家长会上，在儿童中心，通过家长组织，或通过他们孩子的课后项目——包括编程俱乐部和媒体艺术或数字制作项目，与他们见面。我们的研究包括有特殊教育需要和残疾儿童的家庭——因为他们经常被排斥在外，也因为许多受访者对数字媒体可能为他们的孩子提供的东西表示了更大的希望和担忧，或者认为数字媒体是未来社会或经济包容的所急需的解决方法。我们的研究还包括自诩为极客的父母，以及在博客上发表育儿文章的父母，有些人有成千上万的粉丝，有些人只有零星几个粉丝。

在本章中，我们已对研究的背景和重点进行了说明。在第二章中，我们将使用一天的框架揭示父母在一天中在上述数字育儿类型之间转换的多种方式。通过协商现在已中介化的活动，包括起床、家庭作业、家庭时间和睡觉时间，父母们阐明了他们对数字技术的价值观，以及重要的是，他们对家庭生活的价值观。我们将敦促父母监督他们孩子的屏幕时间的有问题的公共政策与父母努力维持一种更民主的家庭生活模式——尊重他们的孩子对数字技术的兴趣——进行对比。我们摒弃了父母对数字技术无知的神话，揭示了他们自己对数字技术的兴趣和期望是如何引导他们寻求新的养育模式的，令人惊讶的是，这些模式往往侧重于共享数字乐趣。

第三章对比了生活在非常不同环境中的家庭的经验。不仅是特权

---

① Giddens（1999）称其为"对未来的殖民"（colonising the future）。

② Hoover & Clark（2008）讨论了父母如何将养育子女，特别是通过媒体育儿视为他们要特别"解释"的事情，因此他们的叙述总是"带有他们对与媒体有关的恰当和理想的父母行为的假设"。

家庭，事实上，来自社会各阶层的家庭，现在都在投资于各种协作培养（concerted cultivation）实践（包括接受数字的实践）。通过这些实践，父母试图实现他们为孩子想象的未来。认识到像伦敦这样的全球性城市中存在的文化和经济资本的独特交集后，我们在研究中使用了社会学家的标准家庭线性分类。受过教育但低收入的家庭的处境特别有趣，因为他们寻求具有创造性或替代性的方式参与数字技术。然后，我们追溯了阶级如何在区分育儿方式方面仍然很重要，因此，在塑造数字技术带来的不平等机会方面也很重要。

在第四章中，我们转向那些最积极地"用脚投票"（接受数字未来理念）的家庭，重点考虑那些自称极客的儿童和父母。尽管这些家庭在某些方面是例外的，但他们的生活揭示了公共和私营部门大力推动的"未来是数字化"的前提所需要的大量情感、金钱和时间投资。但结果仍不为人知，而且就其长期结果而言，可以说比更传统的路线更有风险。我们认为，这些家庭接受这些条件，是因为他们认为采用极客身份认同为他们提供了一条可信的途径来克服一些独特的人生挑战。然而，我们避免赞美他们，因为他们的未来是未知的：他们可能会从成为先锋中受益，但也可能不会。

有特殊教育需要和残疾儿童的父母往往要经历激烈的挣扎，以减少数字技术的带来的风险，同时接受机遇。第五章认为，这些家庭不是例外，而是更强烈地说明了许多家庭在不同程度上感受到的数字时代的困境。我们注意到，这些困境来自父母在高度不确定和风险增加的条件下努力规划个性化的道路，往往是在结构性支持减少的情况下。简而言之，数字技术似乎暗示了一条通向社会认可的创新未来的清晰道路，以及一些解决国内资源或能力不足问题的创造性变通方法。然而，本章所讨论的一些家庭因数字技术而产生的希望可能是虚幻的，而国家提供更优质的服务肯定会产生良好的效果。

　　我们认识到，正是数字学习对数字未来的承诺引导许多家庭投资于数字技术以及数字技能和学习机会，而第六章探讨了父母为实现这一承诺所做的实际努力。这些努力跨越了儿童生活中的主要学习场所——家庭、学校和课外活动。由于课外活动结合了资源、灵活性和实验数字学习的经验，我们的田野调查对比了三个课外学习场所的价值和想象，汇集了教育工作者和父母的观点，以了解每个人如何看待与数字技术有关的学习潜力。尽管我们选择的学习场所在资源上有很大的不同，但每一个场所都倾向于低估父母在培养孩子的数字兴趣方面的重要性，并通过一系列看似微小但重要的障碍，使父母与孩子的学习脱离关系。

　　我们在第七章中得出结论：在晚期现代性中，父母陷入了一种两难境地。一方面，由于国家支持的削弱和日益不确定的社会经济未来，他们的责任更加沉重；另一方面，他们得尊重他们孩子的能动性，在今天的"民主家庭"中，有许多需要协商之处。在寻求处理他们生活中经常出现的困境时，父母们发现自己在回忆童年，并展望想象中的、经常是数字化的未来。通过父母讲述的、经常被公共和媒体话语所呼应与放大的代际故事，数字技术将父母更深层次的希望和担忧具体化。这导致父母以各种方式接受、平衡或抵制技术，从而有利地或有问题地塑造了他们家庭的现在以及他们孩子的未来。

　　虽然管理数字风险和机会通常具有挑战性，但父母面临着更严峻的挑战，这与当前固有的不确定性有关。他们不仅必须决定——往往是自己决定——是接受、平衡还是抵制数字技术，尽管他们对数字决策的后果（可能）知之甚少，而且，数字技术已经成为展演多种类型的代际变化的领地，包括移民、社会流动、家庭破裂、经济不安全等。通过日常的数字决策，父母与他们的孩子，甚至与他们自己的父母，面对面地或在他们的记忆中，协商权威、价值和身份认同。鉴于当代生活的特点是风险和不平等，各个家庭的结果会有很大的不同。反思这些发现，以及父母们告诉我们的担忧，本书在最后一部分为负责改善家庭生活及其未来的主要机构提出了数字和其他方面的行动建议。

第二章

数字时代的家庭生活

迎接新的一天

伦敦的清晨。从表面看，这些家庭似乎毫无生气，但里头却有迹象表明，新的一天正在开始。一些父母强迫自己迎接早晨，而另一些父母则被热情的孩子们强行拉进黑暗和寒冷的早晨。在床头柜上，依偎在毯子里，在早餐桌上，在客厅里，黑暗被数以千计的大大小小的屏幕发出的光亮所点缀。

在伦敦郊区的一栋排屋里，妮科尔·桑德斯（Nicole Saunders）一直在与令人崩溃的失眠做斗争，因为她要照顾一个刚出生的婴儿和一个经常在夜里醒来的 3 岁孩子。① 幼儿埃洛伊塞（Eloise）早上一爬上床，妮科尔就帮她打开网飞（Netflix）（已经设置了埃洛伊塞的个人资料）或英国儿童台（CBeebies）应用程序，试图多睡一会儿。她告诉我们，她对此感到"内疚"并认为自己"懒惰"，因为她知道自己在违反关于屏幕时间的规定，但她也认识到，额外的休息（和咖啡）有助于她生存。妮科尔的黑眼圈点缀着她的雀斑皮肤和姜黄色的头发，她讲述了自己如何放弃了全职的公关工作，留在家里照顾她的女儿们。甚至在埃洛伊塞出生之前，妮科尔就已经

---

① 37 号家庭。

开始在博客上写她的怀孕经历，现在每个月都有几十万的读者。周六，轮到丈夫杰夫（Jeff）陪女儿早起，父女俩穿着睡衣依偎在沙发上，他兴高采烈地向埃洛伊塞介绍《星球大战》（Star Wars）里头的乐趣。妮科尔很高兴能躺在床上，但对杰夫有点反感——"他会把电视打开，感觉他只想方便了事"。此前，她花了一星期时间为埃洛伊塞寻找值得做的事情。

哈比芭·贝克莱（Habiba Bekele）几十年前从埃塞俄比亚移民到伦敦，住在市中心一间 20 世纪 60 年代的政府产权的公寓里，每天日出前就起床开始做晨祷。[①]哈比芭告诉我们，祈祷结束后，她启动家庭笔记本电脑，给她在埃及的阿拉伯语老师打电话，而她的丈夫斯蒂芬（Stephen）则准备去做保安。当她的 4 个孩子（4—10 岁）吃早餐时，家里的电视被调到 GuideUS.tv 卫星频道，这是一个来自美国的穆斯林频道，在布道的同时，还播放家长发来的孩子们背诵《古兰经》诗篇的片段。她说，她的孩子们使用一个名为"让我们和扎基与他的朋友们一起学习《古兰经》"（"Let's Learn Quran with Zaky & Friends"）的应用软件练习背诵，该应用软件已下载到家庭 iPad 上。

哈比芭是一名儿童保育员[②]。她告诉我们，一旦她自己的孩子去上学，她就会迎来当地其他家庭的孩子，并小心翼翼地限制屏幕时间，以迎合她所照顾的孩子们的父母。她也担心她自己的孩子，她描述了 4 岁的德杰内（Dejen）由于对《恐怖历史》（Horrible Histories）的喜爱，似乎产生了戾气。而当 9 岁的达维特（Dawit）在朋友家看到色情内容时，她也深感不安。她说，她不敢掉以轻心，并开玩笑说："当你让他们拥有这些东西时，他们就不想有家庭关系。"当她认为孩子们要求太多时，她会迅速采取行动进行纠正，把设备拿走一两天，安排一个家庭日的活动。

---

① 25 号家庭。
② 她在家里开托儿所。

在伦敦市中心的一个精英社区，斯文·奥尔森（Sven Olsson）[1] 是一位来自瑞典的繁忙的企业高管，通常会通过他的 iPhone 闹钟来唤醒自己以进行工作前的锻炼。他告诉我们，在床上检查完工作邮件后，他会在跑步机上运动，并查看股票市场，为一天的工作做准备。他的 10 岁和 14 岁的儿子，肖恩（Sean）和乔治（George），起床很慢。有时——他们的父母并不知道，他们把闹钟调到夜里两点，闯进他们父母存放 iPad 和笔记本电脑的"安全屋"里玩游戏。肖恩告诉我们："有时我们一起进去，所以不容易搞清楚到底是谁干的……真的很搞笑他们居然不知道究竟是谁干的。"

在绿树成荫的郊区，斯韦塔·弗莱彻（Sweta Fletcher），两个孩子的母亲[2]，经常努力让挑食的尼基尔（Nikhil）吃早餐，以便她能在市中心上班。她告诉我们，她在放学后与其他母亲交换了意见，发现有些妈妈让孩子们在早餐时看电视以激励他们吃东西。尽管说这话时隐含着震惊，但斯韦塔还是很快宣布："这不是评判！"不过，当 4 岁的尼基尔要求使用家里的 iPad 时，斯韦塔还是小心翼翼地设置了一个 10—15 分钟的计时器。她指出，"关于屏幕时间的对话是一件大事，因为我认为很多父母首先担心多长时间合适，其次是担心影响"。

梅托克（Metok）和卓玛·赞巴（Dolma Zangpo）[3] 分别为 5 岁、8 岁，他们告诉我们，他们知道最好不要要求在早上看电视，因为上学日的早上是禁止看电视的。他们说，他们知道，他们如果早上不听话，就会在放学后牺牲掉他们梦寐以求的玩 Fire[4] 的时间。但不要紧：梅托克很乐意玩他的乐高和摩比世界（Playmobil）玩具，卓玛喜欢阅读，而且在繁忙的上学日，也没有多少空闲时间可以利用。

---

[1] 59 号家庭。

[2] 8 号家庭。

[3] 23 号家庭。

[4] Fire 是由亚马逊制造的平板电脑，使用的是定制版的安卓操作系统。它的功能与 iPad 类似，但一般尺寸都比较小。一些 Fire 被贴上"儿童版"的标签，并预装了和儿童相关的一些功能。

当太阳在城市的上空升起时，数以百万计的家庭开始了他们的晨间例行之事，其中许多都涉及关于技术的协商，有时甚至是争吵。通过体验数字时代家庭生活中的一天，我们探讨了父母如何受到他们对数字未来的希望和担忧的影响，并不同程度地接受、平衡或抵制数字技术融入他们的生活。在此过程中，我们介绍了我们的研究方法和我们采访的家庭（见附录），从实质上讲，我们认为这些协商的关键不仅在于围绕技术的崭新的和不确定的任务，而且在于新近出现的非等级化的"民主家庭"的挑战，以及它对能动性、公平和发言权的高度期望。我们将进一步论证，这两者都被屏幕时间这一具有压制性的公共话语所破坏。因为这使得父母无法对数字技术的具体使用做出自己的判断，不管是积极的还是消极的，并将近几十年来的文化变革试图使父母摆脱的传统权威主义角色重新强加给他们。

数字技术在"民主家庭"中的应用

"民主家庭"是近几十年来社会经济和政治发展的一个明显结果，正如第一章所讨论的那样。贝克认为，"协商逐渐变为主导模式，是一种需求"而非选择，而"传统的权威关系"受到了个人和政治上的拷问（Beck，1997）。家庭历史学家霍华德·加德林（Howard Gadlin）特别关注亲子关系，他指出，"当代儿童抚养的最重要特征是父母的权威和责任不断减少"，以至于现在人们普遍期待"家庭决策和亲子互动方面的民主"（Gadlin，1978）。但是，对于父母应该如何以及在多大程度上与孩子们进行协商，按照什么样的规则，取得什么样的结果等新问题，却没有什么答案。儿童专家和流行媒体（至少在工业化的西方）所倡导的育儿话语，"强调了以儿童为中心的育儿方式的可取性，［这些方式］为儿童提供了行使选择权的机会，以发展个人的能动性"（Faircloth et al.，2013）。

在数字世界中，儿童和童年的流行概念与数字环境的流行概念之间存在着特别丰富的协同作用，这种协同作用既有趣又富有表现力，既自由又离经叛道。这助长了流行的"数字原住民"（digital native）的概念［同时父母也是"数字移民"（digital immigrant）］。因此，父母喜欢讲述他们孩子使用技术的聪明方法，即使他们发现其损害了他们的权威。事实上，在这方面，数字技术在历史上是与众不同的，儿童在过去很少因任何有社会或经济价值的能力而受到赞扬。因此，从儿童的角度来看，数字技术为行使能动性和挑战权威提供了有趣的前景。但是，这种优先考虑儿童能动性的做法（Lansdown，2014；Livingstone & Third，2017），尽管受到欢迎，也值得称赞，但它不仅对父母的权威提出了挑战，正如人们经常注意到的那样，也对父母的能动性提出了挑战，包括他们的价值观、理念和愿望，以及他们所信奉的传统或创造的传统的替代品。

在这一章中，我们提出了两个相互关联的论点。首先，数字技术已经成为家庭协商的一个突出焦点，因为数字环境的变化使父母和子女的差异如此之大。其次，对这种协商的强烈需求——尽管这是有利的——不仅来自数字技术的出现，而且更根本地，来自类似时期的"民主家庭"的崛起。前几代人的策略——"母亲最清楚""等你父亲回家"，以及最著名的"因为我这样说"——已经不受欢迎了。今天，人们期待父母与子女进行协商并倾听他们的意见，尊重所有参与者的权利和利益；他们被期望扮演新的角色——不仅是权威人物，而且是指导者、朋友、学习伙伴或知己（Jamieson，2007）。

民主的家庭协商，无论是与青少年还是更小的孩子，都会让人精疲力尽、士气低落。数字技术本身的显著性似乎导致父母们抓住它们作为一种手段，以协商他们冲突的愿望和期待。更简单地说，许多父母不惜提供或收回数字技术来结束这种协商，实际上是恢复了过去的胡萝卜和大棒策略。

但是，在数字领域里对愿望或纪律进行协商会带来问题，并恶化而不是缓解家庭的紧张关系。毕竟数字活动的价值是不确定的——推广这些活动的公司提出了竞争性的、往往是夸大的主张，学者们彼此意见不一，政策制定者不知道该走哪条路（支持数字经济还是限制危险的创新），父母不能等到他们的孩子长大成人后再定夺他们的决定是否正确。也许因此，尽管父母在经济上以及在家庭空间、时间和精力上都对数字技术进行了投资，希望这些技术能带来真正的好处，但父母发现自己屈服于公众看似简单的期望，即他们应该限制、管理孩子的屏幕时间。[1]

我们认为，屏幕时间的概念似乎为父母提供了一个官方认可的、看似直接的育儿的成功标准，它将家庭成员的竞争性利益以及技术利益或损害的不确定性归纳为一个直接的经验法则。[2]但在实践中，屏幕时间规则远没有提供一条合理的前进道路，而被证明为是家长们的一个新麻烦。例如，利亚·克劳斯（Leah Crowels）[3]描述了为她的大儿子里斯（Reece）（12岁）找到合适的媒介接触程度而"绞尽脑汁"的情况，他和第一章中的托马斯[4]一样，都是真实的足球和足球游戏 FIFA 的爱好者。利亚把后者比作"令人上瘾"的"A 类毒品"似乎有些夸张，因为里斯是和朋友们一起玩足球和游戏的。但利亚最近离婚了，实际上要独自抚养里斯和他的两个弟

---

[1] 数字未来的育儿调查（The Parenting for a Digital Future Survey）显示了英国父母对新技术的投资程度，包括智能家居设备，如亚马逊音箱（Amazon Echo）、谷歌家居（Google Home）、机器人和虚拟现实设备。然而，它也表明，一旦他们在家庭中引入新的数字通信和学习可能性，父母就会对他们自己和他们的孩子对它们的兴趣提出批评（Livingstone et al.，2018）。

[2] 许多家长向我们提到了美国儿科学会（American Academy of Pediatrics，AAP）以前的"两两"准则（两岁以下儿童不能有屏幕时间，较大的儿童每天不超过两小时），尽管他们很少能准确说出这些准则。美国儿科学会在 2011 年和 2016 年重写了它的规则，强调更多的环境判断和更少的计时（American Academy of Pediatrics，2011；Blum-Ross & Livingstone，2018；Evans et al.，2011；Radesky & Christakis，2016a，2016b），但这种更细致的建议还没有获得广泛的接受。

[3] 40 号家庭。

[4] 33 号家庭。

弟，所以放学后允许其参与足球游戏 FIFA 是与里斯"达成协议"的一种方便的方式，以帮助他在学校好好学习。在她和其他人的案例中，我们看到对屏幕时间的关注会同时令人产生内疚感（让孩子接触"有问题的兴奋剂"），并在面临实际压力时提供试图与孩子协商的方案。

正如我们在本章中所展示的，父母在屏幕时间上的斗争掩盖了一些更根本的问题，这些问题从内部重塑了现代家庭。它对"民主家庭"的新规范做出了回应，也从外部重塑了家庭，因为它受到了各种社会风险和压力的冲击。家庭生活经常在数字环境中进行，这一事实既帮助了父母，也伤害了父母。

随着一天的展开

吃完早餐后，斯韦塔·弗莱彻把尼基尔送到学校，并确认尼基尔的老师已经收到了她的电子邮件，其中包括周末在当地农场进行冒险活动的照片。老师定期请家长们发送家庭照片，这样她就可以把它们投影到教室的互动白板上，这是一种"展示和讲述"（Glover et al., 2005）的形式。奥利·赞巴（Holly Zangpo）收到了孩子学校的自动短信，提醒她为校庆捐款。这条短信来自一个无法回复的号码，所以她没法回应，即使她有疑问。

日常生活中越来越多的数字中介化使得学校和家庭生活之间的相互依存程度越来越高，因此，父母的责任也随之扩大和复杂化了（Livingstone, 2009）。① 斯韦塔负责记录家庭的周末休闲活动，并确保及时传达给尼基

---

① 这种中介化（mediation）并不总是受到家庭的欢迎，特别是当学校对家庭行为提出要求时（通过电子邮件或学校内部网或教师博客）（Livingstone & Sefton-Green, 2016）。这种趋势被 Buckingham（2000）称为休闲的"课程化"（"curricularisation" of leisure），经常受到儿童的抵制，他们寻求在学校之外保留他们的自主性和能动性。

尔的老师，这是一种机会还是一种负担呢？或者，学校随时可以联系到奥利，但缺乏反馈的渠道。一些家长通过数字媒体组成家长－教师联盟（PTA）的 Facebook 小组、一年级家长的 WhatsApp 小组，以填补沟通的空白。[①] 越来越多的学校也尝试进入家庭，组织家长和孩子支持学校。蓝铃小学（Bluebell Primary School）曾一度尝试推出数字家庭作业平台，但受到密码丢失、功能有限以及家中没有平板电脑或电脑等问题的阻碍，该平台从未真正流行起来。[②] 我们从迪克兰（Declan）和马修·巴尔德姆（Matthew Bardem）[③] 那里听说了类似的平台更大的成功，他们非常喜欢学校家庭作业平台——Purple Mash——提供的游戏。

有时，即使技术起作用，它也会以自己的方式令人厌烦，如家长－教师联盟不断地发来长篇大论。具有讽刺意味的是，算术家庭作业应用程序被描述为"令人上瘾的"。对于一些家庭来说，这种数字中介化的联系似乎太具有入侵性，让他们不得不尝试断开一些联系。[④] 雅各布·巴尔德姆（Jacob Bardem）评价说，学校使用班级博客鼓励孩子们发布他们在节假日期间所做的事情，"我不太高兴"，而且黛西（Daisy）抱怨说这些博客很耗时，但没有明显的好处。简而言之，数字连接提供了很多便利，以及加强学习和家长参与的机会，但有时会给家庭生活带来不受欢迎的干扰（Carolan & Wasserman，2014；Hollingworth et al.，2011；Livingstone & Sefton-Green，2016）。

数字技术也与父母的工作延伸到家庭有关。这可以使他们在工作时间

---

① 旨在使家长更清楚学校生活（和负责任）的家庭参与平台（famliy engagement platform）正在激增。这些平台引发了隐私问题，因为它们让家长（和其他教师）看到纪律处分记录，并收集（和货币化）数据（Williamson，2010）。然而，这些平台可能受到家长和教师的欢迎，因为它们为家庭和学校之间分享见解创造了更便利的途径，即使它们有时是累赘。

② 蓝铃小学是我们进行研究的小学的化名，详见附录。类似的挑战在"每个孩子拥有一台电脑"（Ames，2019）等倡议中也有记载。

③ 30号家庭。

④ Livingstone & Sefton-Green（2016）表明，连接性学习（Ito et al.，2013）的压力和期望可能会超过许多青少年在他们生活的不同领域保持精确的断开连接的愿望。

上有更强的灵活性和控制力，但也需要应对新的压力和限制。斯文·奥尔森在清晨用手机发送电子邮件的做法既让人反感又让人赞赏：是的，他还在床上就查看工作邮件，但他还可以锻炼并与儿子们共进早餐。一方面，斯韦塔·弗莱彻请假与尼基尔在一起，但社交媒体帮助她与同事和朋友保持联系，方便她之后重返工作岗位。另一方面，她也在平衡中纠结，沮丧地回忆说，有一次在公园里，当她在查看 Instagram 时，尼基尔要求她不要只是抬眼瞥他，要求她："妈妈，看久一点！"在妮科尔·桑德斯完成了与埃洛伊塞的校外活动，并最终让婴儿科拉（Cora）躺下来小睡之后，她会在厨房的桌子上拿出她的笔记本电脑，写一篇关于她的疲惫的幽默的博客文章。在为自己的博客培养粉丝的同时，她还兼职担任社交媒体经理——一个 21世纪特有的工作头衔——并为越来越多的品牌服务。妮科尔在科拉午睡时伺机工作，强调了连接工作和家庭的新方式带来了新的灵活性，但也带来了"永远在路上"，即准备回应、生产和 24 小时执行的压力。

对于年龄较大的孩子来说，父母对技术的这种使用使他们能够了解父母的工作。我们听说奥卢·大同（Olu Datong）[①] 来自尼日利亚，现在是伦敦一家大型医院的信息技术支持人员，他在伦敦南部政府廉租公寓的小卧室里安装了多台电脑显示器。当奥卢"随叫随到"时，9 岁的布雷顿（Braydon）注意到了，他的母亲萨曼莎·温斯顿（Samantha Winston）想知道这是否影响了她儿子报名参加蓝铃小学的编程俱乐部的意愿。她知道奥卢的信息技术技能成就了他现在的工作，她希望编程俱乐部可以帮助布雷顿达到"下一个阶段，不仅仅是字面上的打字和搜索，而是真正地做出一些东西"。

在整个研究过程中，我们看到数字技术手段在中介化家庭、学校、工作和其他方面的关系上发挥了多种作用，包括在家庭成员之间。像许多父母一样，达亚·塔库尔（Daya Thakur），在伦敦南部出生和长大，与她的孟

---

① 13号家庭。

加拉国大家庭关系密切，他们也住在当地。① 她告诉我们，当她的儿子卡瓦（Kaval）（14岁）开始上中学时，她给了他第一部手机，让他更独立，但仍然允许他在需要时与母亲联系，并能被她联系到。梅根（Megan）和罗莎·布卢斯通－索拉诺（Rosa Bluestone-Solano）姐妹，分别为18岁和23岁②，她们已经到了晚上可以独自外出的年龄，但是她们通过一个可以显示地理位置的应用程序将她们的手机连接起来，这样她们就可以保持彼此之间的联系。爸爸蒂姆（Tim）喜欢梅根在她从地铁走回家的路上给他打电话，或者他可以带着自己的手机去睡觉，他告诉他的女儿，"不管什么时候，给我打电话，不要给我发短信，给我打电话，我会去接你"。安全和数字技术的问题交织在一起，一些家长认为数字技术带来了新的风险，还有一些人，比如安娜·迈克尔斯（我们在第一章中提到过她）③，发现在她所在的街区存在帮派犯罪的情况后，能够利用数字技术在工作时查看她的孩子，这让她感觉更安全。

与"数字原住民"（Bennett et al., 2008；Helsper & Eynon，2010；Livingstone，2009；Prensky，2001）的概念所带来的观点相反，像文比·卡扎迪（Wembe Kazadi）④，刚果的难民和有理想的电影制片人，这样的父亲并不只是因为他们的孩子的热情而使用技术。他们往往喜欢用数字媒体来促进团结、便利、专业发展和学习，即使他们会因此感到内疚。文比在妻子怀着马尼的时候离开了他的祖国，5年来，他们一家只能通过 Vibe 和 WhatsApp 等免费应用进行交流。最近，宾图（Bintu）（10岁）和马尼（Mani）（5岁）来到了伦敦，留下了他们的母亲，因为他们家需要攒钱把她带过来。马尼第一次见到了她的父亲。文比热衷于开展数字活动，如查询信息或与孩子们分享他自己的电影，寻求以各种方式重新设置家庭的边

---

① 10号家庭。
② 71号家庭。
③ 22号家庭。
④ 12号家庭。

界和可能性。但技术并不总是能帮助人们建立所期望的联系。文比告诉我们，他担心马尼在被送到蓝铃小学后在班上的表现，因为她的英语水平有限，但他说他没有找到一种方法来让老师看到安静的马尼在语言上的努力。

父母正在获得或已经拥有一系列技术上的富有创造性和批判性的、数字化的技能，尽管这些技能并不总是平等的（Livingstone et al.，2018；Wallis & Buckingham，2016）。然而，到目前为止，他们的孩子的学校很少认识到或利用这一点，也许是担心将家庭之间的不平等引入课堂文化，但也可能是由于学校不愿意更广泛地探究家庭生活。在文比告诉我们他自己的电影的制作和放映情况之后，我们问他学校是否想过借用他的作品，一部关于一名在刚果抵抗殖民压迫的妇女的电影，用于庆祝黑人历史月（这是英国学校的常规活动）。他告知我们学校不了解他的专业，暗示他无法找到告知学校的方式。

即使是那些从事非数字工作的人也发现，他们的日常生活要求他们有基本的数字知识水平。塞西莉·阿帕乌（Cecilia Apau）[1] 和利拉·默罕默德（Leila Mohammed）[2] 分别担任低薪超市收银员与家庭健康助理。塞西莉的工作要求她在收银台操作电脑，利拉每天晚上必须登录工作中心的网站，以证明她正在寻找更多的工作，如果需要，女儿纳琳（Nareen）偶尔也会帮忙。然而，这并没有使她们与我们研究中的其他父母处于平等的地位，那些父母是 IT 专家或数字创意人，或已经具备了不同种类的专业知识。因此，虽然将父母概括为"数字移民"没有意义，但正如我们将在第三章中讨论的那样，对数字技术的依赖并没有消除长期存在的社会不平等，在某些情况下，它还加强了这些不平等。

然而，虽然数字技术被证明是有吸引力的和赋权的，但它们也会催生

---

[1]　34号家庭。

[2]　35号家庭。

焦虑。数字技术既是自由的关键，也是（自我）谴责的来源。斯韦塔·弗莱彻讲述了这种不和谐的现象：她从自己的工作中抽出时间来抚养儿子，当儿子要求她"看久一点"时，她感到非常羞愧。随着父母的育儿压力越来越大，能够在网上参与一个支持性的母亲社群，为斯韦塔和我们采访的其他人提供了生命线。可以说，这也有助于使育儿本身更加引人注目，在一个将育儿置于私人领域的社会中，这是一种激进的行为。然而，网络社群让父母们更容易看到彼此，也更容易受到社会批判的关注，从而可能会增强竞争和不安全感（Lopez，2009）。

价值协商

起床、放学回家、上床睡觉——这些都是父母和孩子在一起的时间，所以它们在家庭生活的叙述中占了很大的比重。在这些时间前后，家庭成员会前往不同的地方，然后在一周内以不同的方式重新团聚。在繁忙的家庭生活中，我们发现许多父母试图管理他们在一起的时间，无论是否使用数字技术。这本身就是一种重要的价值，正如我们在开头的小故事中看到的杰夫·桑德斯，他向他的小女儿介绍一部最喜欢的电影，这也是一种传递价值的手段，正如我们看到哈比芭·贝克莱利用技术为在伦敦多元文化环境中成长的孩子们创造了一个伊斯兰文化环境。事实上，对哈比芭来说，她的家庭深深地参与了宗教实践，技术在协调她和她的孩子们的宗教实践方面深受欢迎，因其能使他们与全世界大量的穆斯林以及邻近街区中分散的穆斯林一起进行宗教活动。

与今天的数字媒体在很大程度上将家庭成员相互隔离的可怕假设（Turkle，2015）相反，在我们的研究中，许多父母子女都提到使用电视或电影来创造一种有价值的"共同的媒体参与"（Takeuchi & Stevens，2011；Valkenburg et al.，2013），特别是观看具有代际吸引力的节目，如《舞动奇迹》（Strictly Come Dancing）、《英国烘焙大赛》（The Great British Bake Off）或《爱情岛》（Love Island）。周末，可以通过 Netflix 或点播流媒体等数字服务，一起分享媒体的乐趣。这可能伴随着多屏——家庭成员在观看大屏幕时也会查看自己的手机，但结果是以一种有时看起来令人满意的方式平衡了共同和个人需求。数字未来的育儿问卷调查证实了定性研究的这一发现：数字媒体通过电视、电影和视频游戏（最后一项是父亲们喜欢的方式）将家庭成员聚集在一起，而且，主要是在中产阶级中，一起创作音乐、照片或视频（Livingstone et al.，2018）。[①]

在描述她与 9 岁和 2 岁孩子的完美家庭周末时，萨曼莎·温斯顿将不同形式的媒体乐趣与其他活动放在一起，没有特别区分它们。她说：

> 我们去看电影。我认为我们都喜欢技术，我们都喜欢游戏，你知道的，我们拥有几台 Xbox，我们有 Wii，布雷顿有 DS，我也有 DS。我儿子有一台 APS Vita。[②] 我们喜欢游戏和类似的东西，所以我们都坐在一起。我们大约有六个控制板，我们会坐在一起，像青少年一样，我们会玩游戏。或者我们会去看电影。我们会去公园和电影院，我们会一起阅读。我周五给我女儿买了六本书，她一直坐在地毯上阅读。

在我们的访谈中，父母对某些类型的休闲活动作为"优质时间"的投资，可以被解读为一种良好的育儿方式，即使"优质时间"在不同的家庭看起来截然不同。对萨曼莎·温斯顿来说，重要的是多样性——游戏机和

---

① 另见：Chambers（2019）。
② DS 是任天堂制造的双屏掌上游戏设备，APS Vita 是 PlayStation 制造的类似的掌上游戏设备。

公园，因为这有利于多种方式的相处。① 对于在电信行业工作并拥有媒体研究学位的戴夫·斯克尔顿（Dave Skelton）② 来说，与他 12 岁的女儿埃斯梅（Esme）一起看电视和电影是一种有价值的"政治行为"。他准备了一些具有"强大女性角色"的电影和节目，包括那些基于 DC 漫画创作的电影（他抱怨说，漫威在女性角色上不太一致）和女性主义节目，如《吸血鬼猎人巴菲》（Buffy the Vampire Slayer），以及像霍华德·霍克斯的电影等经典。

尽管罗伯特·科斯塔斯（Robert Kostas）③ 赞赏技术提供了让他两个截然不同的儿子在一起的唯一方式，但他自己对技术的看法却不甚乐观。15 岁的杰克（Jake）患有自闭症，而 12 岁的多米尼克（Dominic）发育正常。这两个孩子经常打闹，但玩《马里奥赛车》（Mario Kart）之类的游戏或通过 YouTube 观看模仿视频使他们的关系变得平稳。虽然他可以欣赏杰克的数字兴趣，认为这有助于他与弟弟的关系，以及培养技能，甚至可能有助于就业（见第五章），但罗伯特还是被担忧所吞噬，并与妻子伊莱恩（他认为她过于放任）就杰克使用技术的问题产生了强烈的冲突。罗伯特特别担心 iPad，他把它描述为杰克的慰藉，以及他"固守"和"沉迷"的东西。④ 罗伯特看到两个儿子，尤其是杰克，"坐在他们的卧室里，像隐士一样"，担心他们最终会因为技术而"浪费生命"。

现在，数字技术以多种方式嵌入家庭生活，不存在一致的冲突，也不存在所有父母都认为的一致的好处。例如，达亚·塔库尔在面对数字技术难题时，既感到困惑又充满信心。像哈比芭·贝克莱一样，她重视孩子的

① Hochschild（1997）批评了"优质时间"的概念，指出通过创建这种独立的分类，"对效率的崇拜从办公室转移到了家里"，从而保留了苛刻的工作场所的时间贫乏逻辑，并将其转移到家庭空间。

② 53号家庭。

③ 3号家庭。

④ 像杰克这样的自闭症青少年，比正常发育的同龄人更有可能把大部分休闲时间花在数字媒体上（Shane & Albert，2008）。一项研究表明，患有自闭症的男孩每周花在玩电子游戏上的时间可能是其他孩子的两倍（Mazurek & Engelhardt，2013）。

宗教社会化，并且很高兴她的四个孩子中，14 岁的卡瓦对探索伊斯兰教感兴趣，会在清真寺与他的叔叔和表兄弟见面，并观看关于先知穆罕默德的 YouTube 视频。然而，她担心卡瓦为他的 Xbox 游戏机而疯狂，这是达亚的前夫给他买的礼物，这样他就可以和他的表兄弟与学校的朋友们一起玩远程游戏。她向卡瓦的父亲明确表示，卡瓦"不能一直使用它。……如果他有家庭作业，那是优先事项"。尽管达亚最终认可了这份礼物，但她也曾表示必须对其进行监管——因为他花在上面的时间太长，并且他在玩游戏时会听到脏话。

　　然而，和萨曼莎·温斯顿一样，达亚也喜欢接触数字媒体所带来的家庭和睦，她高兴地告诉我们，她允许 10 岁的女儿基娅（Kiya）在她的头发上实践她热衷观看的 YouTube 的发型教程。对达亚的采访是在我们田野调查的早期进行的，当时我们并没有意识到这个方面的访谈内容是多么不寻常——她可以说出她女儿观看的 YouTube 博主的名字，她和她女儿一起观看视频，她还参与了让基娅如此着迷的活动。虽然她也有担心，尤其是对卡瓦的担心，但她找到了重视数字媒体并接受它的方法，以便与孩子们在他们感兴趣的领域进行交流。这包括找到讨论困难问题的方法——对达亚来说，这包括网上的性诱骗，这是她在看到新闻报道后所关注的问题，结果是她对孩子的抗风险能力感到更加自信，因为她正面解决了这个问题。[①]研究人员在寻找使用技术的"积极成果"时，并没有对这种共同的联系进行调查，但家长和孩子都非常重视这种联系（Gee et al., 2017）。达亚和罗伯特对其子女媒体生活的参与程度截然不同，这说明父母对屏幕时间的理解和应用具有多样性，这往往是由他们不同的生活环境造成的。正如我们接下来将展示的，屏幕时间的话语淡化了这些差异，对于父母们对屏幕时

---

① 达亚和21号家庭的杰斯·里德（Jess Reid）一样，向我们讲述了她是如何故意让卡瓦和她一起观看新闻报道的，当时一个令人震惊的故事吸引了许多青少年父母的注意——一名14岁的男孩被一个在网上玩多人游戏时遇到的年龄较大的青少年诱杀（Smith，2015）。

间的不同理解熟视无睹。

屏幕时间的麻烦

"你有没有打开你的自我监督应用程序"，苏珊·斯科特（Susan Scott）[1] 在采访中叫住了她 14 岁的儿子乔治，他正在隔壁的房间里做家庭作业。我们不解，请她解释。在乔治昂贵的私立学校里，每位班级成员都获得了一台苹果笔记本电脑（MacBook Air）来完成和提交家庭作业[2]，而且笔记本电脑预装了自我监督应用程序，它可以在设定的时间内由学校和家长决定阻止对某些网站（如社交媒体或游戏）的访问。由于苏珊的丈夫斯文·奥尔森，也就是我们在本章开始时认识的人，是一名企业高管，需要经常出差，她主要负责监管他们的三个儿子，只做兼职，以适应家庭生活。她对孩子们对电子游戏的热爱感到困惑，所以她为家长们（最后来的都是母亲）安排了一次午餐聚会，以便她们能够讨论将儿子们对游戏的痴迷转化为积极的东西的最佳方式。她参考了学校有关数字媒体的政策，并试图谨慎地管理男孩们的屏幕时间，尽管她希望在某些时候他们能发展出"更好的控制冲动的能力"——使人想起苏珊和斯文并不知道他们的儿子会把他们的平板电脑从家庭"安全屋"里拿走的夜间活动。

在描述她的育儿方式时，苏珊不高兴地称自己是家里的"女警察"；事实上，她安装了另一个叫 K9（取自警察的嗅探犬）的应用程序来进一步监控孩子们的设备，并阻止他们访问其他网站。[3] 我们在调研中反复听到

---

[1] 59号家庭。

[2] 学校要求家长参加信息会议，并要求家长和孩子签署一份协议：笔记本电脑只能用于学校作业，不能带入卧室，这样家长就可以监督其使用。

[3] 另见：Fisk（2016）。

这种对儿童数字活动进行监控的比喻。它存在两个方面的问题。

第一，它与推动家庭日益民主化的长期文化趋势相矛盾，而这些趋势通常被家庭所接受。把好父母视为警察（而儿童则被暗示为罪犯）破坏了近代以来父母为重设由"维多利亚时代的父亲"①这一形象所体现的性别化和等级化的家庭权力结构所做的努力。这也逆转了西方社会的努力，即认识到儿童不仅是正在形成的人，而且是有权"过自己的生活"的人，因此，父母的价值观（和其他成人的价值观）不能简单地强加于儿童，而应该相互协商。与此相关的是，就青春期向独立的过渡而言，需要伴随着父母的转变，因此父母发现自己正在重新审视他们的期望和实践，因为他们正在适应孩子们的人格发展以及对他们自己作为父母身份认同的影响（Beck & Beck-Gernsheim，2002；Scabini et al.，2006）。这一点在数字技术带来的困境中非常明显，其中许多技术似乎迫使人们对儿童何时以及如何成为数字设备或服务的独立用户做出二元决定——例如：儿童何时"应该"得到一部手机？13 岁是否真的是使用社交媒体的合适年龄？（Blum-Ross & Livingstone，2017）

第二，几乎没有证据表明，对数字技术的监管对于父母的目的来说实际上是有效的，因为它往往会引发家庭冲突，并导致儿童失去在数字和其他情境中学习、获得技能并变得灵活的机会。② 我们的问卷调查显示，父母对屏幕时间的关注比他们的孩子在网上从事的实际活动的关注要多得多，这无疑是对孩子的疏远，尽管这两者都被围绕着睡眠和行为的冲突所掩盖。它还显示了英国的父母正在努力为儿童提供上网的机会和消除风

---

① Cunningham（2006）讨论了家务的性别分工，并认为父母的态度和对性别平等的支持增加了男性对家务的贡献。

② 研究表明，限制性中介化育儿可以减少对网络风险的暴露，但代价是亲子冲突和不服从，可能导致对技术的逃避或越轨使用（Evans et al.，2011；Lee，2012；Przybylski & Weinstein，2017；Weinstein & Przybylski，2019；Zhang & Livingstone，2019）。

险，而公众对这种努力的认可被屏幕时间的话语抹去了。[①]

这种反思促使我们重新思考关于中介化育儿（parental mediation）的大量研究，因为这些研究在很大程度上将父母定位为管理其子女使用媒体的控制力量，并将"成功的中介化育儿"简单地简化为减少屏幕时间。在健康领域，少吃糖或多运动通常是有用的措施。但在数字技术方面，在一个完全数字中介化的时代，少或多都不是显而易见的答案，需要采取不同的方法。正如我们在别处所写的那样：

> 父母需要从情境（儿童在哪里、如何、何时以及以何种方式接触数字媒体）、内容（他们正在观看和使用的内容）以及联系（数字媒体如何促进或破坏关系）等方面了解他们的孩子对数字媒体的使用，以确定他们的反应。我们的论点是，长期以来对数字媒体安全的关注，以及它向父母传递的信息，即他们的主要作用是监督和限制，是以不利于父母帮助孩子通过数字媒体开展学习、联系和创造为代价的（Blum-Ross & Livingstone，2016a）。[②]

事实上，甚至可以说，关于中介化育儿的传统研究文献对作为一种活动本身的养育工作兴趣不大。也许是因为这种研究借鉴了儿童发展心理学的普遍化说法，而不是更具有历史敏感性的家庭社会学，它狭隘地研究了育儿工作对儿童数字体验的影响，而没有扩大其视角，更广泛地认识父母本身的权利，以及他们的希望、担忧和家庭生活的实际情况（Nathanson，

---

① 母亲和父亲或儿子和女儿之间的差异相对较小，问卷调查显示，父母采取了一系列扶持性（积极交谈）和限制性（制定规则、禁止某些应用程序）的策略，前者多用于年龄较大的儿童，后者用于年龄较小的儿童（Livingstone et al.，2018，2017）。
② 另见：Blum-Ross & Livingstone（2017）；Livingstone et al.（2012）；Livingstone et al.（2017）。社会劝告父母监督数字媒体的做法与劝告学校"禁止手机"的做法如出一辙。这两种做法都是自上而下、甚至是惩罚性的策略，将所有的数字活动视为相同的，并视为同样有问题，都与父母和儿童表达的更细致的观点背道而驰。

1999，2002；Nathanson & Yang，2003；Valkenburg et al.，2013）。[①] 也只是在最近，相关研究不再将中介化育儿视为强加给父母的权威，以消除媒体伤害的概念，并开始承认儿童的观点，以及他们对父母的影响（Barron et al.，2009；Livingstone，2013，Livingstone et al.，2017；Nikken & Jansz，2006）。

正如苏珊·斯科特的经历所表明的那样，关于中介化育儿的研究长期以来一直被家长控制的有时甚至很成问题的市场所利用。[②] 它也被称为屏幕"成瘾"的流行话语，本章讨论的几个家庭就说明了这一点。然而，许多专家质疑使用一个具有精确的心理学和医学定义的术语是否合适，因为绝大多数被指称上瘾的儿童（实际上也包括成人）并不接近这种诊断的标准。尽管如此，"成瘾"一词在公共卫生和互联网安全倡导者中的口语化使用，甚至是父母和儿童的自我诊断，都是公共话语被纳入个人生活的典型。将一些实践（如长期使用）视为问题，而对其他做法则不予处理（因为关注使用程度取代了对哪些内容有益或有害以及对谁有益的判断）。[③]

虽然对屏幕时间的担忧在家庭中很突出，但许多人正在寻找方法在数字和非数字活动之间寻求平衡。奥利·赞巴对技术的严格规定是为了确保她的孩子梅托克和卓玛有机会发挥创造力。她的一天被多个看似平淡的协

[①] 正如我们所看到的，我们不同意传统的媒体效果研究的观点，即假设媒体使用等于伤害（Radesky & Christakis，2016a，2016b；Millwood & Livingstone，2009）。这一方面是因为负面结果的科学证据是有争议的，另一方面是因为效果研究获得了间接的生命，因为父母倾向于重复大众媒体关于"成瘾"、注意力丧失或睡眠不足等的"公共脚本"，从而对数字技术产生了狭隘和负面的看法。我们还对政策制定者、教育工作者和研究人员的倾向表示关注，他们将中介化的经验简化为二元结果（好的或坏的）或者简单化的时间或接触措施，经常混淆或混同于儿童身体健康（视力、视力、睡眠）、认知发展、世界观或社会情感福祉等不同方面有关的结果。
[②] 所提供的工具各不相同，取决于这些工具是让父母单独负责，还是让孩子发挥作用，让孩子们了解父母的控制措施或促进父母与孩子的讨论。在最坏的情况下，这些工具支持父母对儿童的"监视"，而不承认儿童的隐私权或能动性。
[③] 大众媒体将技术的多巴胺刺激比作可卡因（Neri，2018；Nutt et al.，2015），或将科技产业与烟草行业相提并论（Common Sense Media，2018；Kamenetz，2018；Balakrishnan & Griffiths，2018）。

商时刻所分割，这些时刻是关于什么是被允许或不被允许的，什么被认为是值得花费时间的，是好的或有问题的行为。她谈到她担心她的孩子会沉迷于他们的设备或她讨厌的游戏，因为它们吸引了孩子。虽然她欣赏卓玛可以通过互联网为她在校报上的文章迅速研究森林砍伐情况，但她平时把Kindle放在卧室的高架子上，关闭互联网，并确保孩子们从不"在我不在房间的情况下访问［互联网］"。虽然奥利对技术持谨慎态度，但她也觉得，"你不能视而不见，因为它正在发生，你必须与它一起学习，否则它就不受你控制了"。奥利的抵制与另一位母亲尼娜·罗宾斯（Nina Robbins）[①]的接受形成对比（见第五章），尽管她们每个人所说的实质并不那么不同。对尼娜来说，对技术的批评"有点不可思议，就像某种哲学观点反对教孩子骑自行车一样，这是他们世界固有的一部分"。

奥利对技术的看法既反映了她更深层的育儿价值观和风格，也对其提出了挑战。奥利经常在清晨时分和早起的梅托克一起玩乐高，尽管偶尔在梅托克不想玩乐高的时候，她也会让他看一个节目。总的来说，她是一个俏皮而权威的家长，倾向于解释促使她制定规则的价值观，尽管当涉及屏幕时间时，她更可能是专制的，倾向于"封锁"技术。见证了那些在其他方面给予支持的父母所做的巨大努力，我们想问，关于屏幕时间的讨论本身是否已经变得如此压抑，以至于成为一个两难的问题，在给父母带来内疚的同时，却没有提供什么建设性的指导。虽然她的育儿方式是以孩子为中心的，但奥利对了解梅托克和卓玛如何利用技术来帮助他们，或者她如何将她创造性的、合作性的育儿实践应用于数字活动，而不仅仅是非数字活动，表现出很少的兴趣。

对所有的数字活动一视同仁，而不考虑其情境、内容或联系，这种策略太生硬了，最终不可能成功，因为数字媒体和技术是可有可无的、是奢

---

① 65号家庭。

侈品而不是必需品的时代已经过去了。① 相反，它们已经成为日常生活的一部分，使基于时间控制、无情境地限制屏幕时间的努力变得无效，其代价大于收益。从短信群组到家庭财务管理的应用程序、杂货清单、家庭旅行计划、与朋友的社交媒体联系或与远方亲属的视频聊天，数字媒体日益"嵌入式、具体化和日常化"（Hine，2015），已经成为家庭生活中让人习以为常的一部分，尽管常常是矛盾的。

我们的问卷调查发现，至少每月上网一次的父母中，有六分之五的人使用互联网来支持他们的育儿活动，有一半的人将其用于教育目的，有四成的人使用互联网来搜索当地的活动和事件，或者为他们的孩子下载或播放流媒体内容，有三成的人使用互联网来获取与他们的孩子有关的社会安排或健康信息和建议。② 鉴于这种情况，尽管测量屏幕时间比评判儿童数字活动的价值要容易得多，但我们认为，要求父母仅仅关注屏幕时间，就失去了在数字时代为人父母的意义（Blum-Ross & Livingstone，2016a）。

保持对数字技术的关注

我们采访的所有家长都对数字技术有话要说，但有些家长对这些问题的关注度比其他家长要低。了解家庭生活的全部背景，可以避免对屏幕时间建议的"一刀切"模式。父亲迈尔斯·泰勒（Miles Taylor）③ 是他 13 岁儿子杰米（Jamie）的唯一照料者，杰米患有自闭症和罕见的染色体异常疾病，活泼好动，特别是对他的父亲很亲近。我们第一次见到杰米是在伦敦青年

---

① 数据社会研究所提交了一份书面意见陈述（The Data & Society Research Institute，2017），认为当今的移动电话是生活必需品，而不是可有可无的附加物。
② 虽然这种活动往往由母亲、年轻的或中产阶级的父母进行，但它们在大多数家庭中都或多或少存在（Livingstone et al.，2018）。
③ 5号家庭。

艺术协会（London Youth Arts，LYA）的数字媒体艺术课上，他经常是众人的焦点。两人住在一间单室公寓里，很拥挤，因为那时杰米的体型已经有一个完全成年的男人那么大了。迈尔斯希望能有一间更大的公寓，期望杰米：

> 能有一个小的学习区，在那里杰米可以摆放他的电脑和一张桌子。他不会成为火箭科学家或脑外科医生，我明白，但我只想让他明白数学和阅读的基本规则，这样他就能去买东西并收到正确的零钱。

迈尔斯接受了数字技术对杰米的帮助，他热情地告诉我们："他喜欢音乐，在 YouTube 上看到的都是他喜欢的东西。"但他们的挑战比任何技术解决方案所能提供的更大。迈尔斯说，当他成为杰米唯一的照料者时，他承担了很多事情：

> 我要了解杰米有权利得到的政府福利，还要了解相关的心理、情感和社会因素方面的知识。我希望杰米能独立，我要想办法增强他的自尊心，还要搞定医疗预约以及对这些事物的理解，然后才是学校教育和家庭日常生活。所以，照顾他是很大的挑战，比任何事情都要累，是非常耗费精力的，有时是无法承受的。

在他看来，他不仅仅要照顾杰米的身体需求，而且要通过成为一个温暖的和反应积极的父亲，帮助他发展成为一个有独立能力和自我效能感的人。简而言之，"民主家庭"的精神意味着杰米得到了更好的照顾，迈尔斯正在定义新的父亲角色。但是，如果没有支持和资源，这两个人似乎非常孤立，迈尔斯几乎不堪忍受。

在伦敦青年艺术协会的数字媒体课上，我们遇到了杰米，我们还遇到了 15 岁的唐氏综合征患者亚历克斯·里德（Alex Reid）[①]。当我们访问亚历克斯的家庭并采访他的母亲杰斯（Jess）时，我们发现了相当不同的场景。他们住在位于伦敦北部的一个大型、昂贵的维多利亚式住宅里，亚历克斯、他的姐姐和弟弟都有自己的房间与智能手机。杰斯告诉我们，亚历克斯是一个健身爱好者，在睡前会在床上看健身视频。在他睡着后，他的父母偷偷拿起他的手机，在厨房里通宵充电——在几年前的一次令人头疼的欺凌事件后，他们同时也查看他的社交媒体账户。亚历克斯的睡前健身视频不仅仅是一种爱好；杰斯和亚历克斯讨论了如果他要成为一名健身教练，他对健身和技术的兴趣会如何结合，杰斯对亚历克斯说："你或许想通过应用程序记录人们所做的事情，人们能够通过应用程序发送奇怪的电子邮件，并进行预约，等等。"

获得经济资源和其他形式的特权，包括更高水平的数字技能或更多的获得设备的机会，并不能消除跨国流离、残疾或疾病等挑战性情况的影响，但有时确实可以减轻这些影响。父亲文比·卡扎迪，在他的庇护申请被处理期间，他和他的孩子们挤在一个小单间里，同时全家人一起省钱设法把他的妻子从刚果带来。技术帮助这个家庭在遥远的距离上保持联系，但在一个截然不同的环境中抚养孩子仍然是一个巨大的挑战，而且他自己的法律和经济地位是如此不确定。[②] 虽然他对技术有想法，但他忙于谋生和养活孩子，无暇顾及。然而，这并不是说只有资源丰富的人才会被技术之争所困扰。

在收入不同的采访对象中，我们发现有的父母试图逃避测量和监控屏幕时间，并采取更灵活的方法来平衡风险和机会。阿里亚姆·帕克斯

[①] 21 号家庭。

[②] Hoffman（2010）认为，就目前流行的适应力概念而言，它对"鼓励在面对逆境时成功适应的个人力量"的关注是阶级主义的，"因为适应力关注的主要是日常生活中的'碰撞和挫伤'，而不是来自高风险家庭的儿童可能经历的严重创伤或结构限制"。

（Ariam Parkes）^①来自厄立特里亚，嫁给了一个爱尔兰人，是有三个女儿的母亲。她的家庭虽然不富裕，但很舒适，住在一间私有的前地方政府的房子里，坐落于大型市政房产的边缘。阿里亚姆最近为大女儿和二女儿购买了平板电脑，经过一番努力，这些设备给阿里亚姆带来了意想不到的好处，当需要惩罚9岁的艾伦（Elen）的小过失时，阿里亚姆说："我不能把她的书拿走，［但有了平板电脑］我发现它很有效，因为她会不惜一切代价把平板电脑拿回来。"放学后到晚上，女孩们会参加合唱和游泳，做户外活动，并和父母一起玩棋类游戏。然而，大女儿和二女儿偶尔会"一坐就是几个小时，看一个讨厌的家伙做球状甜点"，这些视频让阿里亚姆质疑"恰当的程度"，她们也会看一些她认为"脑残"的儿童节目。然而，阿里亚姆并不认为技术是她"主要的担心"，并"不会为它失眠"。她的这种平和的自信给我们留下了深刻的印象。她解释说：

> 我有一条从我母亲那里学到的育儿法则，那就是要足够信任你的孩子，让孩子们能够做出正确的决定。我必须正确地教育她们，希望她们能做出正确的选择。她们可能会在成长的路上犯一些错误，但你知道，一般来说，你必须让她们学习并信任她们。

这种信心似乎是有道理的。艾伦和她的妹妹汉恩（Hanna）（8岁）告诉我们，对于她们认为不可避免会遇到的和不恰当的YouTube内容，她们学会了忽视，有时甚至会告诉父母。

对于一些家长来说，"一刀切"的屏幕时间建议并不奏效，因为它忽略了这些情境关系，将时间的使用与数字活动的性质和质量割裂开来。^②对阿里亚姆的采访还表明，一些父母确实找到了与历史悠久的育儿实践（鼓

---

① 11号家庭。
② Guernsey（2012）提出了影响屏幕时间的三个因素：环境、内容和儿童个体。

励良好的决策和独立）的共鸣，即使呈现的标志（技术）似乎与他们自己的童年没有什么联系。阿里亚姆母亲的建议是有用的，即使她母亲就社交媒体和技术没有什么直接的建议。

关于技术的协商与其他的家庭协商并存——关于食物和运动（Faircloth，2013；Ochs & Shohet，2006）、学校或邻里社区的选择、休闲时间的有效利用（Ochs & Kremer-Sadlik，2013）、金钱或缺乏金钱、与大家庭的联系，等等。这些问题与关于数字技术的决定一样，甚至更多地困扰着父母，尽管正如我们在本章所看到的，这些问题是相互依赖的，吃饭、看护、上学、睡觉、支出和休闲都有一些实际或潜在的数字层面。作为媒体学者，虽然我们高度意识到家庭的日常生活日益"媒介饱和"（Pink & Leder，2013）和充满数字的"物品"（Miller，2009），但我们既不想夸大技术的重要性，也不想假设技术对养育子女和家庭生活有单向的影响。我们认为我们的工作是学术传统的一部分，表明家庭不是简单地被改变，而是积极寻找方法，以自己的方式适应数字（和前数字）技术并赋予其意义（Chambers，2013；Clark，2013）。我们试图让数字技术"就位"；可以说，认识到它们是如何嵌入到日常生活的混乱环境中的，"放置"在咖啡杯旁，或在床边，或在高高的架子上，或多或少取决于情境的重要性。①

在一天结束的时候

当伦敦的家庭接近就寝的时间时，新的协商随之开始。例如，达

---

① 驯化理论解释了技术是如何以生产商意想不到的方式融入家庭：通过积极的采用和适应及挪用过程获得个人和集体的象征价值，并导致任何特定设备的使用有相当大的多样性（Haddon，2006；Silverstone，2006；Silverstone & Hirsch，1992；Berker et al.，2006；Miller et al.，2016）。

亚·塔库尔有四个孩子，住在一个小型的两居室公寓里。作为唯一的男孩，她的儿子卡瓦有自己的房间，他曾恳求她在里面放一台电视机，但达亚拒绝了："卧室是一个安静的地方，是冷静下来睡觉的地方。而且我希望能够密切关注他在做什么。"但对女孩们来说——两个较大的女儿共用一个房间，小的和达亚共住一间，戴着耳机看电视正是保护个人空间的方式。哈比芭·贝克莱每天早上 5 点起床开始做祈祷，一天结束后都会在她的两居室公寓中移动家具，这样她照顾的（家庭托儿所的）孩子们白天活动的区域就被铺上了垫子，供她自己的孩子们睡觉用。斯文·奥尔森和苏珊·斯科特在他们的大公寓里告诉我们，他们没有做任何物理空间上的重新安排，但当 10 岁的肖恩被他和他的兄弟们玩的暴力电子游戏吓到时，在晚上爬到他们的床上，他们偶尔会"去陪他睡觉"。

家庭以不同的方式协商有关隐私的规范，资源和空间会产生影响，尽管并不总是以明确的方式。富有的母亲凯莉·史密森（Kylie Smithson）[①]在一些关于睡眠的困难争论之后，给她 12 岁的儿子奥利弗（Oliver）买了一款可穿戴的活动追踪器。她解释说："我们可以给他设定一个目标……并提醒他开始早点睡觉，这真的很有用。"她在手机上登录应用程序，检查他的"步数，以及他是否做得不够"，并向他展示他睡了多长时间，因为他经常试图熬夜而导致睡眠时间不够。像 Filbit 这样的可穿戴设备在我们的调研工作中并不多见（Livingstone et al., 2018），但我们想象，随着无处不在的计算机信息处理技术和物联网（Internet of things）越来越多地嵌入家庭，类似的协商只会在家庭生活中发挥更大的作用（Blum-Ross et al., 2018）。

越来越多的父母在网上寻找支持，为就寝时间寻找必要的解决方案。在处理一系列育儿难题时，互联网已经成为大多数父母的第一个避风港。我们的问卷调查发现，无论是关于数字困境还是非数字困境，父母都最常

---

① 52 号家庭。

去网上搜索答案。然而，这种情况是不平等的：较富裕的父母更有可能求
助于网络资源，而最贫穷的父母则最有可能无处求助，婴儿及4岁以内幼
儿的父母也是如此。与其他育儿问题相比，父母也特别需要有关数字困境
的建议，因为很少有人认为他们可以向自己的父辈寻求数字建议。[①]

在与她8岁的儿子在就寝时间问题上纠缠不休，并与她的丈夫就应该
如何严格对待他们的儿子在被要求停止玩电脑游戏时乱发脾气的问题争论
之后，珍妮特·戴利（Janet Daly）[②]向网络妈咪（Netmums）（一个论坛）寻
求建议，饥渴地阅读着回复。同样地，阿尼莎·库马尔（Anisha Kumar）[③]对
一个不睡觉的孩子束手无策，也无法向自己严格的"老派"印度父母寻求
建议，因为她发现他们的方法与她格格不入（建议她采用"哭泣法"），这
位妈妈博主在脸书上建立了一个小组，有超过一千名对温和睡眠训练感兴
趣的成员分享技巧和研究。阿尼莎的数字自信远远超过了珍妮特，她的数
字参与的形式（和强度）也是如此。因此，她不仅浏览互联网上已有的内
容，还能根据自己的价值观，用她的技能创造一个新的社群。

在这两个案例中，都是母亲承担了解决就寝问题的任务，尽管我们
遇到了很多父亲，他们也承担了照顾孩子的责任，但介入得往往不像母亲
那样深入。在数字时代，母亲似乎比父亲从家长博客中获得更多，这一
点从网络妈咪和妈妈网（Mumsnet）等英国顶级育儿网站的标题（Jensen，
2013；Phillips & Broderick，2014）中可以看出（尽管我们特意寻找了爸爸
博主，而不是妈妈博主；见附录）。她们似乎也承担了管理儿童屏幕时间的
主要责任，以及应对其他各种数字和非数字育儿困境，尽管也有例外。

当一天结束的时候，像杰克·科斯塔斯和其他许多患有自闭症的孩子

---

① 在父母的生活中还有其他的支持来源——伴侣、朋友和亲戚、健康专家或学校，但问
卷调查发现，这些来源更多被用于解决非数字化而不是数字化的问题（Livingstone et al.，
2018）。
② 17号家庭。
③ 41号家庭。

一样，杰米·泰勒难以入睡，部分原因是他想象力活跃，难以辨别幻想和现实。他的父亲迈尔斯描述说："这些东西在他的脑海中几乎变成了现实，他会做相当生动的梦，而且整晚都在捣乱。"因此，技术给睡眠带来了挑战，但也提供了促进睡眠的方法（比如在家庭中观看节目或听故事）。当然，在忙于照顾孩子的日子里，技术也可以让父母得到喘息的机会，或者在孩子入睡后帮助他们自己放松。[①]

结　语

通过对广大家庭的一天的"参观"，我们揭示了父母所面临的压力和他们所采取的策略。他们试图在资源有限的情况下应对相互竞争的欲望和要求，优先考虑与孩子们协商而不是加强权威，并在多方面的社会变革时期为不确定的未来做准备。无论在什么情况下，父母一般都会认真对待他们养育子女的责任，利用他们现有的资源，包括隐性的"父母信仰系统"（parental belief system）（Harkness & Super，1996），甚至是显性的育儿哲学。但养育子女往往是困难的，贯穿我们访谈的深层情感的涌现凸显了许多人的焦虑和不安全感，他们往往认为自己与众不同，甚至有缺陷（Hochschild，1997；Perrier，2012；Reece，2013）。

本章展示了在育儿实践中，数字技术如何在加剧或缓解紧张关系、制造困境、重新配置风险和机遇、连接和切断人们之间的联系方面发挥作用。但是，无论结果是传统家庭实践的转变还是再现，我们也已经表明，在当

---

① Netflix首席执行官里德·黑斯廷斯（Reed Hastings）宣称，其最大的竞争对手是睡眠（Raphael，2017）。美国儿科学会建议对6岁及以上的儿童设定一致的屏幕时间限制，并强调需要确保媒体的使用不影响充足的睡眠（American Academy of Pediatrics，2016a）。研究表明，媒体接触会扰乱睡眠模式，并导致睡眠时间减少和睡眠质量下降（Radesky & Christakis，2016b）。

代西方文化的"民主家庭"中，协商进程在很大程度上是如何决定的。

牛津英语词典确定了协商的三个相关的含义：其一，通过讨论获得或带来的；其二，找到越过或通过（一个障碍或困难）的路径；其三，转移给另一个人的合法所有权，从而使他有权获得利益。讨论是至关重要的。在日常生活中，父母进行了大量的讨论：父母之间，有时在朋友、同龄人或大家庭之间，以及在父母和子女之间不断地讨论家庭惯例、决定与价值观。数字技术在这里扮演着双重角色。它们本身就是有意义的资源，需要适应或调整，以便通过协商使机会最大化，并减少相关的风险。如何使用它们也揭示了其他也许更深层次的家庭面临的斗争，因为关于技术的协商往往也是明确或者隐含的关于性别或文化或资源的协商。

我们认为，协商的第二层含义体现了父母在每天的日常生活中的引导方式。获得数字技术的动力往往是希望它们能提供一条跨越或通过生活中的障碍和困难的途径——在其他方法不可行时，给孩子们提供娱乐，支持他们学习，使孩子们不至于落后，或者在特殊情况下提供一个变通的方法。但是，它们不仅效果不确定，而且还带来了与屏幕时间有关的新问题，以至于减少屏幕时间本身已经成为一个优先事项。

至于协商的第三层含义，是关于权利的问题，或者说是谁能决定的问题，我们认为，关于数字技术的冲突往往代表着父母与孩子之间更深层次的问题。在短期内，父母可能会保留他们的权威，尽管这仍然有风险，但从长远来看，他们的任务是使他们的孩子能够为自己选择。父母的代际叙事（见第一章）——回顾了特定的过去（父母的童年），贯穿了现在（家庭生活），然后是想象中的未来（孩子的成年）——通常是以父母首先获得，然后行使，接着将自我决定的权利传递给孩子的过程讲述的。在现在的家庭中，孩子成长为独立拥有和使用数字技术的人这一过程非常关键。

因此，出于多种原因，数字技术已经成为一个关键的领域，在这个领域内，儿童的自主权需要被维护，而父母的权威得以付诸实践。虽然——

或许是因为——数字育儿的长期结果还不清楚，但民主家庭寻求接受、平衡或抵制变化，以适应其成员的需求和利益，而这反过来又是高度引人入胜的，往往是情绪化的，而且越来越中介化。除了本章讨论的家庭之外，我们的问卷调查还显示，大约有一半的父母认为"我试图限制或抵制我的家人使用数字媒体"，大约有一半的父母认为"当涉及新技术时，我喜欢走在前面"。与其说这是两种相互排斥的策略，不如说是家长们采取了不同的抵抗（更多的是限制或抵制技术）、接受（并因此试图取得进展）和平衡的组合（Livingstone et al.，2018）。

即使对于那些试图平衡技术在家庭生活中的作用的人来说，屏幕时间规则可能会受到疲惫不堪或犹豫不决的父母的欢迎，因为它可以解决大量涌现的育儿建议互相矛盾的问题，并避免在抵制和接受之间进行复杂而持续的平衡。然而，尽管这些规则承诺以一种被认可的方式来减少看似无休止的家庭协商，但结果恰恰相反。这不仅是因为允许使用或收回数字设备已经成为父母的首选奖励或惩罚，且往往是孩子们选择的战场，更深刻的是，由于社会规范在不断变化，以前的几代人似乎难以为此提供什么帮助，未来的道路不确定，专家们对最佳策略意见不一，父母们努力为他们的最佳观点寻找合法性。

更大的压力来自这样一个事实，即养育孩子正受到来自公众以及父母之间的严格审查。矛盾的是，在政策制定者、行业和媒体推动的育儿论述中，技术一直被定位为问题和解决方案。此外，对于那些获得"专家"意见（包括教师的建议）的父母来说，当他们的做法与官方建议不一致时，就会出现许多不和谐的时刻，从而加重父母的焦虑和内疚。这种不和谐的现象产生的原因是，官方建议往往是对（典型的中产阶级的）家庭生活应该是怎样的一种想象（Blum-Ross & Livingstone，2018；Mares et al.，2018），与流行但很有问题的关于"数字移民"和无知的父母推卸责任的假设形成对比，而且对数字技术手段如何或为何被纳入家庭生活的现实情况认识不足。[1]

在得出这些结论的过程中，我们发现，与家庭和媒介有关的许多文献都只关注媒介对儿童的伤害及他们父母的中介化策略，而没有情景化数字媒介在家庭生活中变动的位置，这让人感到有些沮丧。简而言之，虽然我们不是媒介的辩护人，因为有很多批评媒介的理由，但我们确实寻求尊重儿童和父母在接受、抵制或最经常地平衡媒介与数字技术在他们生活中的地位的能动性。对屏幕时间这一总括性概念的话语建构，掩盖了儿童在看什么（内容），如何看、在哪里看、什么时候看（背景），为什么看、和谁一起看（联系）等重要的特殊性，以及人们对这些活动的判断和价值观（Blum-Ross & Livingstone，2018；Guernsey & Levine，2015）。

即使对父母的建议设法超越了互相矛盾的信息——一方面支持数字教育机会，另一方面又警告不要过度使用数字设备，在父母的日常困境和公共言论之间仍有相当大的距离，这些言论承诺未来的工作将是数字工作，或者只要父母对孩子的当前生活进行适当的投资，数字技能就能有助于形成一个更有创造性、包容性或自我实现的未来。虽然我们支持研究人员和一些开明的政策制定者越来越多的呼吁，要求父母少关注屏幕时间，多关注技术所促成或限制的内容、情境和联系，但这很难减轻父母的任务，因为这种价值判断而不是更简单地关注屏幕时间对父母提出了更高的要求，而且没有什么指导（Blum-Ross & Livingstone，2016a）。[2]

正如我们所论证的那样，将数字时代的育儿工作简化为对屏幕时间进行监管的简单概念，对所有相关人员都是不利的，那我们需要什么呢？我

---

[1] 正如驯化理论家们长期以来所认为的，关于技术的信念和使用是高度多样化的，并且取决于使用的个人、家庭和文化背景（Miller，2011；Silverstone，2006）。

[2] 2019年，英国皇家儿科和儿童健康学院加入了屏幕时间规则的批评者行列，引用了一篇新的综述文章，结论是屏幕伤害的证据很弱甚至不存在，并建议父母自己决定什么规则对他们的孩子有好处（Stiglic & Viner，2019；Therrien & Wakefield，2019）。但这些研究出现在我们的田野调查之后，虽然让父母摆脱了近乎不可能的屏幕时间限制，但很难帮助他们做出价值判断。

们能否认识到并推广一种更普遍的方式，让家长可以作为共同学习者、资源提供者、"中间人"（broker）（Barron et al.，2009）、教师等来中介化孩子的数字活动？这凸显了父母的一项新的重要任务：指导儿童从数字技术的潜力中受益，同时也建立他们的再适应能力，以管理陷阱。正如上文中阿里亚姆·帕克斯所言，"信任你的孩子"，而不仅仅是说"不要这样做，不要那样做"。对一些家长来说，数字技术为他们的孩子的学习提供了好处——从获得基本的识字能力到考试准备，再到宗教和文化参与（Lim，2018）。对其他人来说，它们提供了一个创造和表达的空间，或承诺提供灵活性和实现梦想，有时与父母自己的感受相反（他们在职业或个人生活方面受到了限制）。在本书中，我们在父母的叙述中看到了这些希望，这些希望通常来自低收入或移民父母，尽管也来自那些拥有更多资源的父母。

这些雄心壮志都被对父母的屏幕时间指导搁置一边，也许具有讽刺意味的是，父母对孩子上网安全的希望不能从忽视数字内容和活动性质的方法中得到实现，孩子们也不能获得适应力。在实践中，许多家长正在寻找屏幕时间话语的替代方案，选择哪些活动要支持，哪些要容忍，哪些要（尝试）彻底禁止。然而，当涉及如何管理技术的问题时，许多人似乎被屏幕时间规则的强大话语所吸引，并暗示着自上而下的育儿模式（或"监管"），从而破坏了他们使亲子关系民主化的更深层次的努力。[①] 此外，父母在寻求一种尊重他们日益增长的数字专业知识与他们对孩子的数字希望和担忧的路径时，往往缺乏一种话术和公众的认可。

在本章中，我们认识到父母对数字时代育儿描述的多样性和情感，并深入研究了他们生活的文化和时代背景，因为他们不同程度地回顾了他们的童年和展望了他们孩子的未来。正如我们在第一章中所讨论的，社会正

---

① 研究表明，屏幕时间规则会导致亲子冲突，导致更多的专制或自上而下的育儿方式（Blum-Ross & Livingstone，2016a）。

在将更多的责任下放给父母，通过减少国家福利，用市场主导的政策与围绕个人"赋权"和"选择"的新自由主义话语取而代之，改变了家庭的外部生态。同时，这些变化的外部生态正在重新配置家庭内部，使其变得更加民主。因此，父母感到了选择的负担——生活方式、教育、价值观、前途（尽管他们实际上并不比他们的父母有更多的自由，而且他们的资源往往更少）。他们必须在自己和孩子之间"恭敬地"协商这些选择（Beck，1992；Giddens，1991；Lansbury，2014；Reece，2013），承认孩子的自决权，因为传统的性别和世代的等级制度已经失去了公开的合法性（尽管可以肯定的是，它们在私下里经常持续存在）。

毫无疑问，正如我们在下一章中所探讨的那样，这些转变在很大程度上是"分阶层的"，但我们认为，所有或几乎所有的父母都参与了这些社会变化。在大多数家庭中，孩子们"应该被看到，而不被听到"的日子已经一去不复返了，过去他们的价值观是自上而下的，行为是一种责任，取而代之的是孩子们在接受新事物、昂贵事物以及对许多父母来说是不确定的事物时的显而易见。"民主家庭"如果不想陷入困境，就必须花大量的时间和精力来协商其所有成员的利益。数字育儿肯定应该比一般的育儿方式更重视家庭生活核心的关系、身份认同和抱负。

第三章

社会不平等

在我们采访塞西莉·阿帕乌①的整个过程中，房间角落里的台式电脑的屏幕一直在闪烁。黑色的屏幕被不规则的、像素化的、明亮的颜色条状切割——这是"中毒"的征兆。她的三个孩子中的两个在使用超市品牌的平板电脑和智能手机，另一个平板电脑坏了，丢在角落里。这间公寓位于一个大型市政住房小区②的塔楼上，家具稀少但很舒适。在小客厅里，除了上面提到的三个屏幕外，一台平板电视赫然矗立在一个旧音响上，也是坏的。当我们问塞西莉——一位在廉价杂货店当收银员的单身母亲——电脑怎么了时，她耸了耸肩，不知道什么地方出了问题，也不知道如何修理它。尽管塞西莉只是在回应参与我们研究的请求时才发出第一封电子邮件，但她知道如何浏览互联网等基本知识，她向小儿子埃里克（Eric）（4岁）展示了如何在 YouTube 搜索框中输入"杰克与魔豆"，以找到书页翻动的视频，这样他就可以在她做晚饭时"阅读"（她这样说）。

相比之下，苏珊·斯科特和斯文·奥尔森③的家里充满了最先进的技术。他们的三个儿子都有自己的平板电脑和电脑——大儿子和小儿子都有他们的精英私立学校发给他们的全新笔记本电脑。宽阔的公寓一尘不染，可以

---

① 34号家庭。
② 英国的市政住房类似于美国的住房项目——为低收入居民提供的公共住房，低收入居民可以申请租用。
③ 59号家庭。

俯瞰整洁的伦敦公园，三个儿子都有独立的房间，父母有办公室，甚至斯文还有一间健身室。在我们访问的时候，苏珊聘请了一位私人事务规划师，他正忙着帮助 10 岁的肖恩清理他的房间，以迎接新学年。肖恩告诉我们苏珊的屏幕时间系统，他解释说，随着他们年龄的增长，他们会被允许有更多的屏幕时间，但实际上，16 岁的尼奥尔（Niall）几乎不玩他的电脑，因为他晚上要忙于他的机器人俱乐部。肖恩描述说，"有时我在玩我的电脑时，我妈妈会给我计时"。

这 2 个家庭代表了伦敦家庭生活的一些反差，但也有相似之处。他们都是移民家庭，在伦敦很常见。塞西莉·阿帕乌从加纳来到伦敦，苏珊·斯科特来自美国，斯文·奥尔森来自瑞典。虽然他们的生活在很多方面都不一样，但 2 个家庭都充满了数字技术，居住着热爱数字技术的孩子们，包括正在学习编程的儿子（14 岁的乔治、10 岁的肖恩·斯科特－奥尔森以及 8 岁的尤金·阿帕乌）。然而，这些差异是很重要的。在技术和其他消费品方面，阿帕乌和斯科特－奥尔森家庭的数字设备数量没有很大不同。但对阿帕乌来说，这些设备是最实惠的，因此容量受到更多限制，尽管它们在塞西莉有限的收入中占了很大的比例。斯科特－奥尔森一家几乎从不纠结将他们的设备升级到最新型号。[1] 乔治和肖恩对参加数字营（DigiCamp）感到很兴奋，这是一个昂贵的夏令营，他们将学习使用一个叫 GameSalad 的程序来设计自己的游戏。尤金参加了他所在的蓝铃小学每周一次的免费课外活动，按照打印的练习单免费学习 Scratch[2]。尽管他最初的热情很高，

---

[1] 来自社会经济地位较高或受教育程度较高的家庭的父母和孩子有机会获得更多和更好的设备，正如 Livingstone et al.（2018）的问卷调查显示的那样。受教育程度高的父母具备更多的数字技能，但有趣的是，父母的受教育程度和社会经济地位与孩子的数字技能没有关系。

[2] Scratch 是由麻省理工学院（MIT）媒体实验室的终身幼儿园团队开发的。2013 年被引入英国国家计算课程（Dredge, 2014），它是一个免费的工具，用于教授编码和编程语法与概念。GameSalad 以其图形化的拖放编程而闻名；它使用户能够在苹果设备上测试他们的游戏，并在苹果应用商城（App Store）发布它们。GameSalad 需要付费，而 Scratch 是免费的，这说明了男孩们不同的社会经济地位。

但他逐渐厌倦——无论如何，这个俱乐部只持续了一个学期。

我们应该如何描述这种相似性和差异性的混合呢？关注社会阶层的社会科学文献，包括与数字技术有关的文献，大部分都采取了鲜明的二元方法论，将中产阶级与工人阶级家庭进行对比，而没有充分认识到这种阶层分类的重叠或变化性质。例如，在颇具影响力的《不平等的童年》（*Unequal Childhoods*）一书中，安妮特·拉鲁（Annette Lareau）借鉴了社会学家皮埃尔·布迪厄（Pierre Bourdieu）对社会不平等的再生产以及因此而持续存在的低社会流动性（Social Mobility Commission，2017）的分析，将她的分析集中于对比美国中产阶级和工人阶级父母的实践（Lareau，2011）。[①] 她描述了工人阶级的父母如何期望他们的孩子在需要的时候顺从和有礼貌，此外就让他们自由地做他们想做的事情，而中产阶级的父母则给自己和孩子施加竞争与成就的压力，通常是通过由成人安排的丰富的校外活动的严格时间表来实现［她称之为协同培养（concerted cultivation）］，并经常以自由休闲时间或家庭和社群归属感为代价。与此相关的是，尽管在承认数字技术在当代家庭中的重要性方面有所不同，林恩·斯科菲尔德·克拉克（Lynn Schofield Clark）的《父母的应用程序》（*The Parent App*）建立在罗杰·西尔维斯通（Roger Silverstone）的家庭道德经济（moral economy）概念之上（Clark，2013；Silverstone & Hirsch，1992），重新揭示了克拉克所说的高收入家庭中强烈的表现性赋权（exressive empowerment）的伦理，他们鼓励将媒体用于学习和自我发展，不鼓励分心或浪费时间（正如他们所认为的）。这与低收入家庭的尊重性联结（respectful connectedness）伦理形成对比，后者强调媒体的使用是负责任的、合规的和以家庭为中心的。

---

① 她解释说，她更喜欢分类分析，因为"家庭实践和社会阶层一致"。另见：Gutiérrez et al.（2010）；Kremer-Sadlik et al.（2010）；Ochs & Kremer-Sadlik（2013）；Wajcman et al.（2008）。

除了拉鲁和克拉克的研究之外，其他人类学研究也显示出类似的倾向，即对比中产阶级和工人阶级家庭。例如，艾莉森·普格（Alison Pugh）声称，富裕的美国父母通过限制他们在孩子身上的花费或孩子们可开展的活动来实行"象征性的剥夺"（symbolic deprivation），因为他们相信自己有"正确的价值观"，而较贫穷的父母则实行她所说的"象征性的纵容"（symbolic indulgence），努力保持他们的孩子在同龄人中的尊严，并奖励他们不"惹麻烦"（Pugh，2009）。然而，尽管所提供的经验性见解具有价值，包括在分析社会不平等的再生产方面，一些研究人员似乎对数据所适用的阶级二元结构有疑问。[①] 克拉克不喜欢"工人阶级"这个标签，她更喜欢说"自称的中产阶级"（would-be middle class）——也许是为了捕捉我们在研究中发现的贫困家庭想要争取更好的东西的意识。对资源匮乏的家庭的一些描述也有问题。此后，拉鲁反思了对她以"自然成长"（natural growth）的信念来框定工人阶级育儿方式的批评，因为这种描述似乎考虑不周。[②]

其他研究则关注工人阶级父母为支持他们的孩子所做的努力（无论是否使用技术），以及他们更容易受到我们在第一章中讨论的日益严重的工作不稳定和经济紧缩的影响，使这些努力格外困难（Hays，2004；Hochschild，1997；Katz et al，2018）。[③] 这些研究者强调的是，看似普通的"良好的育儿"的定义往往是基于中产阶级的"密集"参与模式，被认为代表了所有的父母（也是判断父母有缺陷的标准）（Hays，1998）。社会学家贝夫·斯卡格斯（Bev Skeggs）强调，鉴于大多数研究人员和政策制定者

[①] 定量研究更多的是使用二元方案，按社会经济地位对父母进行分类。然而，在儿童和媒体领域，大多数定量研究避免了社会阶层的分析（可能是因为心理学而非社会学方法的主导地位）。

[②] Lareau（2011）回应了读者的关切，即她对"自然成长"的表述没有强调工人阶级的父母如何支持他们的孩子。然而，Lareau（2011）仍然认为这些父母"似乎并不把孩子的闲暇时间看作他们的责任，他们也不认为自己有责任对孩子的学校经历进行积极的干预"。显然，我们在田野调查中并没有发现这一点。另见：Gutiérrez et al.（2009）。

[③] 这些研究中有一些是由那些认同自己是工人阶级背景的学者进行的，他们认为书写自己的群体是对中产阶级学术话语的一种纠正（Mckenzie，2015；Reay，2017）。

都来自中产阶级，有一种趋势是描述"少数特权阶层的情况，然后［暗示］这是一个适用于许多其他人的观点"（Skeggs，2004）。科技行业也存在着将中产阶级的做法视为规范的倾向，在这个行业中，资源丰富的高管和工程师为像他们自己（或他们自己的孩子，或儿时的自己）这样的人设计产品的趋势占了上风（Ochs & Kremer-Sadlik，2015；Ames et al.，2011；Ogata，2013）。这强化了中产阶级的价值观和实践，使其成为默认的规范，正如我们在不同父母的话语中看到的那样。

在我们的田野调查中，虽然我们采访的一些家庭生活在贫困线以下，一些家庭的收入几乎是高得难以想象（本章开头的2个家庭很好地说明了这种差异），但许多家庭很难被归类为中产阶级或工人阶级。当然，用既定的英国政府或市场研究的分类方法对他们进行分类是具有挑战性的。[①]我们试图这样做有两个原因。第一个原因和研究方法相关：为了检查我们是否招募到了足够多样的家庭。我们用电子表格记录了职业、教育、族裔、年龄、家庭组成、孩子的数量等。这一部分相对来说没有什么问题，尽管总结家庭情况（见附录）并不简单。第二个且更有问题的原因是，我们曾试图将家庭分为拥有更多或更少特权的类型，给他们贴上中产阶级或工人阶级的标签——这在关于儿童社会化的社会和文化研究中很常见，以便使我们的发现与相关研究文献对话。但是，我们发现，我们无法做到这一点。这既是因为我们发现几乎不可能确定中产阶级和工人阶级的分界限，正如社会学家迈克·萨维奇（Mike Savage）所说的那样[②]，也因为按照标准方法可以分类的家庭在一些重要方面似乎是不寻常的。我们遇到了许

---

① 英国市场研究协会通常使用从A（专业）到E（失业）的尺度对家庭进行分类，尽管由于E包括临时工、失业者、照料者和退休者，它的有效性值得怀疑。政府使用国家统计局的标准对家庭进行分类，这允许更多的类别，但考虑到族裔、不稳定性和其他因素的复杂性，仍然只能部分地捕捉到本书中家庭的多样性。

② 正如Savage（2015a）批判性地观察到的，"在英国的背景下，中产阶级和工人阶级之间的界限成为象征性动员和争论的关键舞台，并通过这个过程被具体化"。另见：Bennett et al.（2010）；Savage（2015b）；Skeggs（2004，2015）。

多家长，他们的受教育程度远超他们实际取得的经济保障，通常是由于移民或家庭破裂，但也是由于他们选择了他们认为有价值的生活方式。正如我们在本章开头所提到的家庭，我们样本中的穷人和富人的极端情况都与我们所熟悉的与工人阶级或中产阶级生活相关的文化形象不太符合。

这一切都不是偶然的。在英国，伦敦在几个方面是与众不同的：社会经济地位与移民和族裔的模式紧密相连；与英国其他地区相比，贫富差距更大；不能被整齐地纳入二元（甚至进一步细分）阶级结构的家庭比例相当大。在这些不寻常的家庭中，有很多家庭都在寻求一种创造性的，有时是数字化的生活方式，而全球性城市通常能够支持这种生活方式（Tech Nation，2018）。

在探索父母与他们的数字化的当下和想象的未来之间的差异时，我们试图对塑造晚期现代性家庭生活的关键不平等保持开放的态度（Beck & Beck-Gernsheim，2002）。因此，我们同意萨维奇的观点：

> 我们不应寻求对阶级进行概念上的封闭，而应欢迎这一概念的争议性，并将其作为一种广泛的解释性工具来探讨经济两极化的相互作用、在媒介化环境中文化等级的重塑、排他性社会网络的力量以及政治动员的排他性特征（Savage，2015b）。

为此，我们发现在田野调查中，通过借鉴布迪厄的经济和文化资本的概念来构建家庭的交叉分组，以把握晚期现代性中阶级生活方式的多样化，特别是在全球性城市中，是很有帮助的。但是，由于前面提出的原因，我们没有对中产阶级和工人阶级的家庭进行对比，而是把重点放在挑战或复杂化该领域的一些主流论点的生活方式上。这使我们仍然能够认识到，经济资源——无论是赚取的还是继承的（被布迪厄理论化为经济资本），以及父母的教育、文化知识和实践（被理论化为文化资本）能够影响数字技术融入家庭和不平等的社会再生产。然而，我们也发现了不同阶级的共同点，以及一些父母通过努力构建可替代的生活方式：寻求利用数字时代独特的和仍在兴起的技术可供性，以避开传统阶级类别的限制。

贫困线以下

要到达利拉·穆罕默德家①，位于伦敦南部的一幢中层建筑的市政公寓门口，必须穿过一系列安全门，走过几个长长的大厅。在一个主要的十字路口附近，这栋楼被慢慢积累的污垢所覆盖。利拉开门时穿着一件长长的黑色 khimar（一种宽松地覆盖身体的头巾），它遮住了她的头发，并飘垂在她的上半身。她紧张地走来走去；公寓里有很多市政工人，他们正在客厅里修理东西。到处都是灰尘，公寓里一片混乱，利拉显然对这些工人的存在感到恼火，但似乎无力要求他们打扫干净。这种情况加剧了女儿萨菲亚（Safia）的呼吸系统问题，最近她在一次严重的哮喘发作后住进了医院。

当我们退到厨房时，利拉稍稍放松了一下，她给我们倒茶，并告诉我们她从埃塞俄比亚迁徙到英国的过程，以及她在伦敦出生的活泼的女儿纳琳（10 岁）和萨菲亚（8 岁）。由于她是一位单身母亲，从事家庭保健助理工作，年收入不到 1.5 万英镑，我们原以为利拉想接受采访的部分原因是可以获得酬金。然而，她似乎对代金券大吃一惊，然后问她是否可以用它为女儿们买一辆自行车。②除了萨菲亚的健康问题，利拉还有其他压力。她暗示了过去与纳林和萨菲亚的父亲的麻烦关系，但没有详细说明，她说："当一个单身母亲非常困难。我身边没有任何人。"早晨起来做完祷告后，一个儿童保育员把女孩们带到学校，这样利拉就可以去上班，为一个

① 35 号家庭。
② 我们提供了一张 40 英镑的代金券，利拉打算在一家廉价商店使用。

有严重残疾的男孩做家庭保健助理。她已经疲惫不堪，精疲力尽。回忆起她漫长的日子，她几乎要哭了：

> 我必须在五点起床，因为我必须做早餐；我必须在七点准时离开。我们现在没有时间了。我等不及要放假了。我想和我的孩子们一起度假，我很累。

她担心她必须省钱以获得"每个父母都希望孩子得到的东西，即为未来生活准备良好教育"。利拉在周六为她的女儿们支付古兰经学校（Qurlan school）的学费，并在周日进行额外的数学和英语辅导，所有这些都占用了她非常有限的收入的相当大一部分。

> 利拉：我没有这方面的知识，她们在教我。
>
> 艾丽西亚：哦，孩子们在教你？
>
> 利拉：是的，我也不怎么读书，也不会写字……所以现在她们正在教我。

利拉对女儿们的未来寄予厚望，她称纳琳为"我的工程师"，并认为萨菲亚可能想成为一名医生。她说她对孩子们说：

> 听着，我没有足够的知识和金钱。当你读完大学，你会获得好的工作，你就可以买你想要的东西；你必须接受良好的教育。这就是为什么我在做一份烂工作，因为我没有知识。

利拉在她前公公的帮助下，买了一台电脑——一台看起来至少是5年前买的结实的台式机。她很高兴不用去图书馆使用电脑，因为对于向就业中心证明她正在寻找工作而言，电脑是必需品。女孩们还用电脑做家庭作业——尽管纳琳对她们具体做什么含糊其辞，挥挥手说："识字。"利拉和女儿们喜欢听她们在网上找到的 nasheeds——无伴奏穆斯林歌曲，其中包含道德寓意（Kahf，2007）。利拉偶尔会让纳琳使用她的手机，但在听说一个朋友把手机给她的孩子使用后收到了 200 英镑的账单后，利拉很警惕。

当家里的电脑出现问题时，利拉向纳琳寻求帮助。她自豪地回忆说，有一次，纳琳把硬盘前部拆下来，做了一些利拉不太理解但印象深刻的事情，从而修好了电脑。[①] 然而，她并不完全赞美技术，她担心——特别是与我们交谈的其他有宗教信仰的父母一样："有时会有很多不好的东西，你知道，我不想让他们看到这些。"她很少解释或与女儿们讨论她们所接触的内容，但她仔细监控她们的上网时间。正如她解释的那样：

> 在新闻中，科学家们说不超过两个小时。因此，一个小时后我说停下来，出去，做你想做的事。在电脑和电视上花费的时间超过一个半小时，这是不明智的。[②]

尽管担心，但利拉"对电脑很满意。费用挺高的，但你需要它，你知道的，技术在发展"。的确，它对她的工作和她女儿的作业很有用，甚至她在埃塞俄比亚的亲戚也用电脑和平板电脑做小生意。

塞西莉·阿帕乌和利拉·穆罕默德都是被多重边缘化的移民、黑人、单身母亲，生活在低收入的环境中，并为照顾孩子而努力。[③] 和 28% 的英国

[①] 另见：Bakardjieva（2005）。

[②] 她提到了广为人知的美国儿科学会的"两两"准则（American Academy of Pediatrics，2011），即儿童每天最多只能看两个小时的电视，两岁以下的儿童不能看电视。该准则在 2016 年被修订以减少规定性（American Academy of Pediatrics，2016b）。

[③] 我们采访的大多数低收入、从事非创造性工作的父母都来自非白人移民家庭。这主要是由于我们在伦敦内郊招募了一些家长，而《学做工》（*Learning to Labour*）（Willis，1977）的读者所熟悉的传统白人工人阶级家庭则更有可能搬到远郊 [参见 Rienzo & Vargas-Silva（2017）中伦敦移民家庭的比例]。

儿童一样，她们的孩子会被定义为生活在贫困中。[①] 根据我们的问卷调查，如果父母是黑人或有一个有特殊教育需要的孩子，他们在使用互联网方面会遇到更多障碍。此外，每五个来自社会经济地位低下家庭的儿童中就有一个从不或几乎不使用互联网（Livingstone et al.，2018）。利拉的英语水平有限，英语是她来到英国以后学会的，这意味着她在正式场合羞于发言，因此难以获得可能对她或者萨菲亚和纳琳有用的服务或联系（Sennet & Cobb，1993）。虽然她们决心投资于技术给她们的孩子带来的好处，但塞西莉和利拉都没有详细了解具体的数字机会，或一个项目相对于另一个项目的好处，或数字兴趣如何带来其他技能或就业机会。

因此，虽然两位母亲都对技术持积极态度，但她们并不能很好地鼓励孩子们追求高级的独立性或创造性，这些追求将赋予他们数字技能，以便他们在寻求进一步学习或就业机会时获得支持（Tripp，2011）。虽然有可能，但尤金·阿帕乌似乎不太可能延续他对编程的兴趣，因为他已经准备放弃了。此外，作为一个来自低收入家庭的黑人青年，如果他要追求这个职业方向，他将面临相当大的障碍。[②] 即使低收入或少数族裔青年发展出的文化资本形式得到了同龄人的认可，这些也不能转化为主要由白人教师和雇主赋予的其他形式的优势[③]，而且需要大量的情感劳动来维持自我信念，从而使他们能够战胜这些巨大的困难（Kvansy et al.，2015；Sefton-Green &

[①] 这是根据家庭人口数量，以家庭收入低于中位数的60%来计算的（Child Poverty Action Group，2018）。

[②] 正如社会学家马特·拉法罗（Matt Rafalow）在谈到青少年的数字兴趣时所说的，中产阶级（通常是白人）的孩子更有可能受到父母和老师的鼓励，他们认为这些孩子中可能出现"下一个史蒂夫·乔布斯"。而低收入家庭的儿童（通常是有色人种儿童）的数字追求往往被解读为浪费时间或破坏性的"黑客行为"（Rafalow，2020）。

[③] Watkins（2012）认为，并非所有文化资本都是平等的。例如，面向中产阶级的文化资本形式——对古典音乐或现代美国文学的偏爱——被赋予更多的认可和制度价值。此外，黑人青少年追求STEM相关领域职业的可能性较小，这不是因为他们没有获得相关的专业知识，而是因为他们认为，在结构性障碍的影响下，这样的职业不适合他们。另见：Archer et al.（2015）；Koshy et al.（2018）。

Erstad，2016）。尽管人们对数字工作的可获得性有很多讨论，但出于许多根深蒂固的原因，有色人种的青少年在这些行业的总体前景仍然"糟糕透顶"（Joshi et al.，2017）。

正如我们在第二章中所讨论的那样，低收入家庭的经历在关于屏幕时间的"一刀切"建议中只是被粗略提及（Alper et al.，2016；Blum-Ross & Livingstone，2016a）。尽管他们在旨在促进数字包容的政策中得到了更多的关注，但关键是要记住他们的问题是根深蒂固的，且往往是隐藏的，如连接不良、更新和故障排除困难、未付账单，或他们的移动设备上的数据容量不足。因此，许多家庭，无论其文化或经济资本如何，都认为数字技术有可能是在未来获得成功的途径，但他们实现其愿望的能力有许多层次，而且有太多错过机会和浪费资源的例子（Clark et al.，2005；Livingstone & Helsper，2012；Rideout & Katz，2016）。考虑到这些障碍，包括他们自己不具备支持其子女学习的知识和专长，令人惊讶的是，塞西莉·阿帕乌和利拉·穆罕默德都对其子女的未来进行了大量投资，并为此接受了技术。[1]

精英家庭，精英技能

蒂埃博（Thiebault）[2]家在泰晤士河附近的一个豪华住宅区的顶层公寓就像一个古董店，有精心策划的艺术品、大理石墙壁和看起来很昂贵的动物标本，此外还有至少 15 台顶级数码设备散落在房子里——包括游戏

---

[1] 低收入家庭就像阿帕乌的家庭一样，往往拥有丰富的媒介（Livingstone，2002）。某些族裔群体，通常是移民（例如美国的拉美人），对数字媒体的投资特别大（Lopez et al.，2013）。另见：Dermott & Pomati（2015）；Mayo & Siraj（2015）。

[2] 57号家庭。

机、平板电脑、电视机和笔记本电脑。但对于父亲米歇尔·蒂埃博（Michel Thiebault）——他是一家科技公司的高管——和全职妈妈约瑟芬（Josephine）（两人都来自法国）来说，这些成本是可以忽略不计的。

对米歇尔来说，他的儿子们学习数字技术，就像了解自行车的机械原理以提高骑行水平一样必要。

> 如果你以自行车为例，你知道它是如何工作的这一事实有助于你理解，你能不能加速，你能不能启动，你能不能转弯，你能不能做这个或做那个……数字环境也是如此：如果你不了解它是如何运作的，你将在你的生活中困难重重。

约瑟芬分享了米歇尔的热情，为孩子们报名包括数字营在内的技术夏令营，这是一个高强度的且昂贵的夏令营，我们在 Python Ⅱ 的培训班中第一次见到了马克（Marc）（13 岁）。这些父母和孩子都具有数字技术知识，因为他们已经建立了一个智能家庭，其中有相互连接的设备、家长筛选程序和监控系统，尽管马克告诉我们，男孩们已经找到了"绕过它们的方法"。马克的 PS4 连接到家庭网络上，所以他的父母可以从另一个房间看到他在玩什么（这令他懊恼），他的父亲有时会关闭无线网，以确保马克晚上能睡个好觉。尽管有监控，父母双方似乎都不太关心他们的孩子会在网上遇到什么，他们大多信任孩子，当马克说他"平衡"了对技术的兴趣"与所有东西——社交、与朋友玩游戏……在外面玩、运动、下棋"时，他似乎意识到了屏幕时间的论述，并点了点头。

马克从小就参加了一系列的技术训练营，还自学了 Java，以便在《我的世界》（Minecraft）中创建 mods（用户自制的修改），然后在 YouTube 上学习 Codecadamy 教程，继续他的 Python 课程，创建自己的 RPG（角色扮演游戏）。他嘲笑他那些学校的朋友"只有一个 iPhone，他们只是玩手机，甚至不知道它是如何运作的"。然而，尽管马克和他的哥哥皮埃尔（Pierre）（18 岁）精通数字技术，但他们也花了很多时间从事其他活动，如法语俱乐部和网球。米歇尔和约瑟芬强调学习创造的重要性，而不是被动地消费技术，他们对自己进行了大量教育，以便能够支持和鼓励他们儿子的兴趣，并与他们一起玩《命运》（*Destiny*）和《狙击手精英》（*Sniper Elite*）等游戏。虽然约瑟芬自己并不从事技术工作，但她可以毫不费力地告诉我们 Java 或 Python 等编程语言的好处和局限性，当皮埃尔把编程描述为"写作"时，她赞许地点了点头。

米歇尔和约瑟芬对他们儿子的未来和他们自己继续为其提供机会的作用充满信心（Barron et al.，2009；Hamid et al.，2016）。米歇尔预言了一个由"传感器、人工智能系统"组成的世界，并指出，"如果你不了解其中的任何一个部分，你就会完全迷失"。与那些"对计算机一无所知"、不加批判地使用计算机的"可悲的"其他人不同（他形象地形容银行出纳员"像机器人"），对他们来说，这种技术可能看起来"很神奇"，米歇尔在社会比较中甚至称他儿子的数字技能是"任何绅士都应该拥有的"。约瑟芬缓和了米歇尔的语气，但同意米歇尔对他们儿子竞争优势的看法，她说：

> 我认为，如果你了解数字经济，你会更加独立，你会有更多的选择。我不希望他们是被动的人；我希望他们在未来是主动的。①

布迪厄在《区隔：品位判断的社会批判》（*Distinction：A Social Critique of the Judgment of Taste*）中的论点是，富裕家庭所做的这些努力，虽然从个别家庭的角度来看也许是可以理解的，但其效果是形成了新的方式，使他们保持相对优势，以增加不平等的代价（Bourdieu，1986）。蒂埃博家的

---

① 在这里，她也用了"选择"的措辞，这本身就揭示了她在一个阶级社会中的特权地位（Biressi & Nunn，2013）。

孩子们正在学习谈论数字时代的话题，并争取获得新的资源，无论是数字资源还是其他资源。但这不仅仅是一个获得资格证书的问题。他们还获得了关于数字环境的知识以及在其中发展所需的技能，这将使他们相对于那些试图在资源较少的情况下跟上步伐的贫困家庭更有优势，表明了关注数字包容性的政策制定者所面临的难题。约瑟芬和米歇尔不仅可以获得资源来支付他们孩子的数字追求，还可以获得围绕他们的具体和专门的知识集合——从区分编程语言到了解这些创业话语所针对的市场。①

在这种情境下，编程作为一种政策和教育举措是特别模糊的。编程可能会帮助一些孩子在新的数字市场上获得职业，这些市场奖励制造、创造和实验，而少数人将成为高级企业管理人员。但是，随着未来的企业家、创意制造者和不同层次的程序员之间的关键区别的出现，对许多人来说，编程可能会导致出现相当于蓝领工作的数字工作（Thompson，2017）——如保罗·威利斯（Paul Willis）几十年前所说的"学做工"（Willis，1977）。因此，尽管公众对数字技能的市场需求持乐观态度，官方也对数字技能的需求做出了预测，但数字工作（包括那些尚未被发明出来的工作）② 很可能与它们所取代的分阶层的工作一样具有多样性。而且，技术创新的快速步伐，再加上经济中许多部分的就业实践越来越不稳定，也绝不能保证技术专长会带来相关的就业机会（Morgan et al.，2013；Savage，2015b；Schor，2004）。

---

① 正如 Ochs & Kremer-Sadlik（2015）所解释的那样，创业精神是后工业化、中产阶级父母价值观的延伸。

② 从科技公司到政府机构，关于需要提高技能以准备尚未发明的工作的说法在公共话语中无处不在（Lomas，2018；Schleicher，2011）。

创造性地生活

一些家庭并不符合阶级的两极化描述，向我们展示了一系列令人困惑的阶级符号。这些家庭中的父母有很高的文化资本，因为他们攻读了高级学位，或者把自己的兴趣和前景描述为"艺术性的"（arty）。[1] 然而，尽管他们很容易进入文化机构，但许多人的收入很低或不稳定，住在狭窄、拥挤甚至破败的房子里。[2] 对这些父母来说，伦敦本身以及它所代表的一切，在他们的育儿观念中占有重要地位。尽管他们可能觉得这是必需的，但这些父母的生活方式代表了某种程度的选择，其本身在某些方面就具有优越性：放弃国内其他地区所能提供的物质舒适，竭尽所能，也许是不自量力，来享受伦敦的文化和艺术多样性的优势。[3]

手工艺人玛丽（Mary）和小学教师斯蒂芬·阿伦森（Stephen Aronson）[4] 有三个孩子在伦敦青年艺术协会参加低成本的活动。斯蒂芬解释说：

> 我们生活在伦敦，这是一个充满机会的地方，其中大部分你可能需要支付费用，但机会就在那里，如果你努力寻找，你可以找到你不必支付那么多费用的地方，这就是我们所做的。

---

[1] Reeves（2014）表明，通过教育成就（而不是社会阶层）可以预测对艺术活动的参与和就业，这些人往往属于低收入到平均收入的群体。

[2] 我们的访谈经常显示，传统的阶级分类未能说明这些父母面临的特殊压力和机会。在对传统社会阶层类别的修订中，Savage（2015b）将这些人称为"新兴服务工作者"：拥有广泛的文化资本和相当可观的社会网络，但没有那么高的经济资本。然而，我们的低经济/高文化资本的父母并没有聚集在服务行业中，而有相当一部分是小有成就的企业家。Savage（2015b）的建议也没有捕捉到这些人的生活的创造性或艺术性（McRobbie，2015；Bennett et al.，2010）。

[3] 创意和文化产业占了伦敦经济的很大一部分（Togni，2015），其集中的文化产业占了英国经济的很大一部分（Centre for Economic and Business Research，2017）。参观博物馆和其他公共资助的艺术展虽然是免费的，但主要由中上层阶级享受是英国文化政策的一个关注点（Martin，2003）。

[4] 18号家庭。

　　同样，三个孩子的母亲黛西·巴尔德姆（Daisy Bardem）[1] 将自己描述为"非常喜欢走出去，做尽可能多的事情……当地开展了很多活动"。在她所住的伦敦街区，她被所有活动所吸引，她从朋友和当地咖啡馆的招贴中了解到免费或低价的活动，并从一个名为 Hoop 的应用程序中了解相关信息，这个应用程序是由伦敦的家长们开发的。

　　和阿伦森一家一样，巴尔德姆一家也住在伦敦南部的一个充满艺术气息的小公寓里，该公寓的下方是一条商业街。我们一进门就被父亲雅各布制作的纸糊雕塑所吸引——星球大战的人物、鲨鱼等在低矮的天花板上摇摇欲坠。雅各布曾是一名摄影师：墙上挂着他引人注目的照片，但他在屡次失业后接受了护理人员的培训。黛西在艺术学院学习过银器制作和金属制品加工，并曾为一个珠宝商工作了一段时间，但发现除了基本的维修之外，很难谋生。她发现她的大学同学们都去做一些无趣的工作，比如"修复旧栏杆"，而且你几乎不可避免地"最终要做一些你并不真正想做的事情"，因此她成为马修（Matthew）（8 岁）、迪克兰（Declan）（6 岁）和尼科（Nico）（3 岁）的全职妈妈，全身心投入家庭生活。[2]

　　公寓里有三台电脑：雅各布保留了一台旧的台式机，因为它可以和他过时的照片扫描仪一起使用；有一台较新的台式机，供孩子们使用；还有一台笔记本电脑，黛西主要用它进行"一般的浏览"。此外，还有一台大家共用的平板电脑，父母都有智能手机。虽然马修已经开始要求拥有自己的手机，但他的父母都认为，在 8 岁时拥有手机还为时过早。事实上，他的学校要求孩子们不要带手机，尽管黛西对许多大城市的孩子有一些同情，因为他们"可能要自己走回家"。晚上，男孩们有时会看电影，尽管雅各布尖锐地表示，"如果有电影，他们就会看。如果你给他们一个合理的或更

---

① 30 号家庭。黛西和丈夫雅各布都是白人，尽管雅各布提到自己有一些南欧血统，而且两人都有艺术学位。

② 参见：Orgad（2019）。

好的选择，他们就会接受"。黛西不经常和孩子们一起看电影，因为这些电影通常是在她做饭的时候播放的，但如果不是"重复播放迪斯尼的《冰雪奇缘》（*Frozen*）这样的影片"，雅各布也喜欢加入其中。雅各布特别欣赏《我会做饭》（*I Can Cook*）（BBC制作的儿童烹饪节目），因为"它让孩子们对做事情感兴趣"。

黛西和雅各布限制男孩们在平日里使用智能手机和平板电脑的机会，尽管男孩们说的是另一种情况，他们说他们有时会在早上用平板电脑看《神秘博士》（*Doctor Who*）。在周末和有需要的时候，他们会更自由。在去威尔士拜访黛西的家人的长途汽车旅行中，或者当男孩们在游泳课上互相等待时，平板电脑填补了时间。黛西和雅各布对他们的孩子接触的媒体有强烈的意见，他们非常重视自己作为文化监护人的责任。黛西发现了《纪念碑谷》（*Monument Valley*）游戏，它具有蒸汽朋克风格的画面，她认为这就像"埃舍尔（Escher）的画，看起来很美"。为了评估游戏内容，黛西与其他母亲交换了意见，认为马修还太小，不适合玩他要求的游戏[雅各布将其描述为"儿童版《侠盗猎车手》（*Grand Theft Auto*）"]。父母对男孩们玩《我的世界》感到高兴，但对游戏本身缺乏了解，例如，父母不确定他们是在"社交"（与他人一起）还是"创意"（只有自己）模式下玩。黛西发现迪克兰下载了游戏《僵尸全歼》（*Zombie Annihilation*）后不太高兴，迪克兰对妈妈解释说："有很多人在玩这个游戏。"①

由于黛西是主要的照料者，孩子们的大部分数字能力都是通过她来获得的。直到最近，她才向迪克兰解释她是如何在网上购物的；迪克兰告诉我们他妈妈是如何"在网上买到[忍者服装]的"，而且很快就会用盒子送过来。他还知道通常是妈妈选择iPad游戏，尽管有一次他在看望外祖父母

———————
① 正如Pugh（2009）所观察到的，儿童做面子工程来参与商业化的同伴文化，即使他们缺乏获得其他人所拥有的资源的机会。

时，一个士兵战斗游戏似乎神奇地出现了。迪克兰喜欢"干掉小妖精，和坏仙女一起玩"，他很高兴外婆和外公允许他玩（也许是因为，正如他所说，外祖父母对 iPad "一无所知"）。虽然黛西担心自己的父母允许过多的屏幕时间，但外祖父母也喜欢做手工——他们会和孩子们一起做手工。

总的来说，这个家庭在接受和抵制生活中的数字技术之间找到了平衡点。当他们接受数字技术时，部分是务实的——顺应孩子们在周末和朋友们一起玩耍的热情，但这也是由他们的创造性兴趣引导的，这在黛西对应用程序和游戏的管理以及这个家庭谈论技术的方式中可以看出。他们的抵制混合了父母对屏幕时间的普遍焦虑，特别是对恐怖或暴力游戏的焦虑，以及家庭在手工制作、工匠和艺术活动中的特殊乐趣与能力。户外活动也很重要：这对父母告诉我们露营、爬树，以及最近去当地自然保护区学习苹果采摘和制作苹果酒的经历。

展望未来，雅各布想象着：

> iPad 和笔记本电脑是当代的东西，是当代的笔记本，这就是他们正在使用的东西。随着时间的推移，这些设备将被整合到汽车的车窗和挡风玻璃上。我不会回避技术，我接受它的到来，但当他们的孙子对我说："你能向我解释一下书是什么吗？"我将感到悲伤。

然而，尽管雅各布和黛西正在努力为他们的孩子准备这个想象中的数字未来，他们的主要努力是指向非数字方式的存在、创造、学习和互动。黛西赞赏电子游戏在反复尝试同样的动作或需要做出"快速决定"时教会了她耐心，但她无法想象和儿子们一起享受游戏，就像他们一起围坐在《妙探寻凶》（*Cluedo*）的游戏棋盘周围一样。尽管雅各布形容自己是"被踢着、叫着拖进了数字时代"，但他认为电脑对他的儿子们来说是必不可少的——他认为尼科上学的时候，所有的家庭作业都可能在网上完成，但他对可能失去的东西的矛盾心理是很明显的。在我们的田野工作中，我们经常看到现在的家庭实践和意义是如何由回顾过去与展望未来的想象性活动构成的。

在强调创造性和"人"的存在方式时，这些父母并没有忽视数字技能，而是最终致力于创造，正如纳尔逊（Nelson）所说的，"具有多方面技术和能力的适应力强的儿童……他们必须保持警惕，寻找特殊才能的证据，即使他们不鼓励过早地故步自封或走上狭窄的成就之路"（Nelson，2010）。许多高文化资本但低经济资本的家庭与高收入的父母有相似之处，他们都希望孩子能自我实现，并有能力研究特定数字机会的优势和劣势，但是会采纳不同的培养方式。我们可以说，虽然有类似的表现性赋权的伦理——沿用克拉克的术语（Clark，2013），这些家庭的赋权目标不是经济上的成功，而是创造力和自我效能。父母的价值观往往被孩子们默默理解，因此他们的选择和规则是根据父母的特定标准与评估来制定的，包括美学上的愉悦、创造性的支持和是否有趣等。[①] 这些价值观向孩子们展示了数字未来的成功可能是什么样的另一种愿景。

让特权发挥作用

我们无法知道我们所访问的家庭中的儿童的长期发展结果，但很有说服力的是，当拉罗（Lareau）在 10 年后回到她田野调查的家庭时，原来的社会阶层差异仍然非常明显。

---

① 与许多关于育儿的讨论一样，这些对话中也有表演的成分，因为父母的理念被孩子们自己的愿望，以及同龄人、祖父母和兄弟姐妹的愿望，还有时间、技能和精力等实际限制所削弱。

> 尽管所有的父母都希望他们的孩子能够成功，但工人阶级和贫困家庭经历了更多的心碎……中产阶级父母的干预，尽管作为个人行为往往微不足道，但却产生了累积的优势（Lareau，2011）。[①]

拉罗为这些持续的不平等提供了一个令人信服的解释，即父母的"协同培养"做法。根据布迪厄对文化资本的分析，拉罗展示了中产阶级的父母如何利用课外丰富的活动来为他们的孩子准备一个有竞争力的未来，引导他们掌握技能和信心，将他们的经验转化为制度环境的价值。因此，他们将自己的"差异化优势"（Lareau，2011）传递给孩子，在他们学会管理社会机构甚至与社会机构——特别是学校——的"文化逻辑""博弈"时，产生了一种特权（Carlson & England，2011；Lareau et al.，2016）。拉罗一次又一次观察到中产阶级父母如何"积极主动地试图改变他们的孩子在其中发挥作用的条件。他们往往能够在潜在问题出现之前预测到它们，并重新引导他们的孩子或进行战略性干预，以防止潜在问题改变孩子的成长轨迹"（Lareau，2011）。

因此，中产阶级的孩子变得更有能力驾驭中小学，以及随后的大学的结构和规则，因为他们觉得自己拥有更多的权利，也因为他们能够得到那些作为宝贵资源守门人——教师、大学招生导师等——的关注。最明显的是，这是一个成本问题，但这也是因为需要文化资本来定位和认识那些多元但往往难以找到的机会的潜在价值，特别是在全球性城市。因此，尽管塞西莉或利拉为孩子们做出了种种努力，但她们的孩子很可能不会像她们希望的那样走得那么远，尽管这些母亲可能成功地不让她们的孩子掉队。富裕的蒂埃博家的男孩子们可能会做得很好，就像苏珊·斯科特和斯文·奥尔森的孩子们一样——他们会热情地适应数字时代并为数字未来做准备。

[①] 另见：Lareau et al.（2016）；Livingstone & Sefton-Green（2016）；MacLeod（2005）；Thomson（2011）。

奇怪的是，对于一本在 2011 年更新的书来说，拉罗几乎没有提到数字技术，只是零星地提到了工人阶级家庭（看似有问题的）没有节制地观看电视的做法。然而，在数字时代，许多人希望，较贫穷的家庭接触数字技术的意愿，以及他们的孩子对数字技术的巨大热情，可能会抵消推动不平等的社会再生产的持久力量。克拉克在 2013 年出版的《父母的应用程序：理解数字时代的家庭》中探讨了与电脑和其他数字媒体已经彻底嵌入美国家庭有关的实践。克拉克支持拉罗的观点，认为不平等现象通过数字实践而加剧，因为社会和教育系统在很大程度上被设定为承认富裕家庭努力实现的表现性赋权的价值，而不是低收入家庭对尊重性联结的追求，因此她得出结论：

> 数字和移动媒体正在加强一个严重分裂的社会趋势，不断消费和时间匮乏的中产阶级生活的某些理想与形象正被规范化（Clark，2013）。[1]

克拉克补充说，即使中产阶级家庭可能会羡慕工人阶级家庭的温暖，上述情况仍然存在。然而，由于中产阶级父母不能放弃他们的竞争性和个人主义的愿望，他们无法复制工人阶级家庭所体验的联结的好处（想想第二章中达亚·塔库尔[2]和她的女儿互相做头发），甚至无法反思他们自己的高压力生活方式的隐藏成本。[3]例如，皮埃尔·蒂埃博将他在结束 A-LEVEL考试前几个月的活动视为艰苦的，这些活动包括学习、课外活动、竞争和

---

[1]　相比之下，那些不符合中产阶级价值观和做法的父母被认为是"麻烦的"（Ribbens et al., 2013）。例如 Hinton et al.（2013）发现，在英格兰北部，使其子女接触到二手烟的父母（通常是由于贫困）被社会工作者视为"道德上有偏差的和有问题的"。同样地，Jaysane-Darr（2013）在研究美国的苏丹裔难民母亲的育儿课程时，探讨了这些母亲对中产阶级（通常是白人）价值观的不平等的文化适应过程。

[2]　10 号家庭。

[3]　Reay（2004）指出了这种对孩子施加高压的中产阶级父母的子女所付出的相关情感代价。

担忧。

　　同时，正如拉罗所强调的，较贫穷的父母专注于眼前的需求，而不是未来的可能性，因为他们的工作更不稳定，有更多的经济忧虑或照顾的责任，以及其他压力。我们看到，数字技术不仅提供了一种向想象中的未来努力的便捷方式，而且还为父母和孩子提供了当下的好处与便利（例如利拉搜索就业中心的网站，塞西莉在做晚饭时使用 YouTube 帮助埃里克阅读）。尽管较富裕和较贫穷的父母都试图使用技术来获得优势，但是，他们所处的社会位置大不相同。因此，虽然富人和穷人的孩子都在学习编程及其他形式的技术专长，但结果却大相径庭。马克·蒂埃博和肖恩·斯科特－奥尔森拥有比尤金·阿帕乌更强的数字技能，因为他们正在进行更先进的创造（使用 Python 等设计自己的游戏），并得到了父母的鼓励和支持，父母利用自己的知识和网络为他们找到学习这些技能的课程（Ching et al., 2015; Hamid et al., 2016）。同时，尤金使用的是一种更"标准"的编程语言（Scratch），因为他的学校免费提供这种编程语言（事实上，Scratch已经被纳入英国的计算机课程），也因此只提供了适度的优势（Dredge, 2014）。虽然他的母亲大体上支持他的兴趣，但她缺乏时间、技术资源和文化词汇来鼓励或"引导"他深入参与编程本身或获取其他机会（如第六章所述）。[①]

　　中产阶级父母还利用他们的优势经历和体制知识，而不仅仅是他们的技术知识。例如，苏珊·斯科特对大学生活的了解为她的育儿提供了依据。她解释说："如果你要上大学，你需要有能力和信心使用电脑作为你的学习工具；这就是现在的教育方式。"因此，虽然 10 岁的肖恩说他实际上并不喜欢"整天坐在屏幕前编程，宁愿在公园里跑来跑去踢足球"，但他同意他

---

① "引导"（scaffolding）使儿童或新手能够解决一个问题，执行一项任务，或实现一个目标，而这是其在没有帮助的情况下无法做到的。这种"引导"主要包括让成人来控制任务中那些最初超出学习者能力的部分，从而允许儿童集中精力，只完成那些在儿童能力范围内的部分（Wood et al., 1976）。另见：Vygotsky（1934/1986）。

母亲的观点，认为编程可能对他的学业有帮助，尽管私下里他把从事这种活动的人描述为"书呆子"。在第二章中，我们讨论了民主家庭中的亲子协商：这不仅仅由管理当前竞争欲望的努力所驱动，而且，重要的是，由当前欲望服从于未来愿景所推动。苏珊·斯科特以她对家庭和社会的表现性赋权的重视，将她的这种养育责任的行使合理化。正如她在谈到她的大儿子尼奥尔时所说的那样：

> 他超级有创造力，一直在做东西……我认为我作为父母的职责只是帮助他找到一种能够使用他的天赋的方法，并希望在这个过程中使世界变得更美好。

如前所述，这种相对的特权也使家庭和学校之间的关系更加平稳。苏珊·斯科特利用她的精英地位，为她的育儿决定寻求多种来源的支持和专家意见——来自学校、心理学家和治疗师等专业人士以及她组织或加入的育儿团体。[①] 约瑟芬·蒂埃博甚至是数字营的董事会成员。虽然巴尔德姆夫妇肯定缺乏蒂埃博或斯科特－奥尔森夫妇那样的财富，但雅各布和黛西·巴尔德姆可以利用相当可观的文化资本，向他们的孩子的老师施压，以获得必要的支持，并创造有利于自信学习和表达的家庭环境。

相比之下，像利拉和塞西莉这样的父母在孩子们的老师面前出现时，有可能被视为"有缺陷"的（Alper et al.，2016；McCarthy et al.，2013；Riele，2006）。当然，我们几乎没有看到有效的拓展或其他体制结构，帮助他们将他们或他们孩子在家里的数字（或其他）参与和学术或者其他成就联系起来的证据（Rafalow，2020）。塞西莉·阿帕乌告诉我们，虽然她从朋友那里寻求建议，但她并没有从她的教会或她孩子所在的学校得到

[①] 可以说，她的文化资本弥补了移民相对缺乏的社会资本和联系，运用文化资本是西塞莉和利拉更难实施的策略（Katz et al.，2017）。

多少帮助；事实上，在经历了一些挫折之后，她发现后者对她的询问毫无反应，所以她不再向其咨询。同样地，利拉·穆罕默德与她孩子的老师缺乏明确的沟通渠道，她为萨菲亚和纳琳寻找额外的学费与支持而投入的大量时间以及金钱也没有得到学校的注意。[1] 这表明，除非刻意努力设计具有包容性的学习环境，否则它们将加剧而不是减少预先存在的不平等现象。[2]

就孩子们不能平等地将在家庭和社群获得的知识转化为学校、大学或雇主认可和奖励的价值而言，我们的结论是，这与其说是个人努力的失败，不如说是社会结构性不平等的后果。[3] 问题在于教育工作者与家长联系和接触的制度设计，以及他们对较贫穷和少数族裔儿童的兴趣、知识或成就的接受程度（以及更根本的，是社会在儿童资源提供方面的不平等）。正如诺玛·冈萨雷斯（Norma González）、路易斯·莫尔（Luis Moll）和凯西·阿曼蒂(Cathy Amanti）所认为的，尽管经常不被承认，但贫困家庭"拥有知识，他们的生活经历给了他们这些知识"（González et al.，2005）。然而，他们可能没有找到方法向学校传达他们的做法，在教育干预中经常被忽视。[4] 值得注意的是，利拉在课外花掉的学费和在家里的技术投资是学校所看不到的，她为培养女儿们的穆斯林信仰所花费的精力也是一样的。她认为这带来的好处截至访谈时在主流社会中并不明显，也无法转换。克

---

[1] 利拉依靠保育员把孩子送到学校，所以她与教师的互动充其量也是有限的。事实上，与（中产阶级）父母为其子女安排机会的观点相反，Katz（2014）在对移民家庭的研究中发现，数字媒体不仅在养育子女的过程中起着核心作用，而且在家庭生活的管理中也起着核心作用，因为孩子们通过接听电话、翻译电子邮件等方式，帮助父母与外部系统进行"协调"，例如，塞西莉·阿帕乌的12岁女儿为她做的就包括这些。

[2] 这对连接性学习的理论，以及对其他热衷于促进更好的家庭学校联系的人来说都很重要（Ito et al.，2018，2020）。

[3] Dermott & Pomati（2015）发现，低收入、受教育程度较低的父母参与了许多被认为是"良好的育儿方式"的活动，尽管与富裕、受教育程度较高的父母相比，他们的活动强度较低（可能也不太成功）。另见：Lareau（2011）；Nelson（2010）；Reece（2013）；Reay（2004）。

[4] 例如，Selwyn（2014）和Spector（2016）只有几处简单提到了父母。

里斯·古铁雷斯（Kris Gutiérrez）和芭芭拉·罗格夫（Barbara Rogoff）呼吁教育工作者将干预措施建立在对家庭带来的基于其经验、知识和价值观的不同"实践项目"的认识而非对低收入家庭"过度概括"的理解之上（Gutiérrez & Rogoff, 2003）。他们的呼吁虽然并不新鲜，但适用于数字技术的学习，因为这些技术作为支持他们的孩子在家里学习的手段，被"推销"给家长，但往往与家庭或学校的实践和政策没有任何有意义的联系。

结　语

数字技术的大规模采用为家庭带来了潜在的有利机会，为父母提供了新的途径，使他们的孩子在一个新兴的、仍然不确定的数字未来中获得发展。我们访问的大多数家庭都充满了数字"物品"，证明了公众的想象力和父母对数字技术的共同渴望与期待。尽管有阶级和其他方面的差异，家长们似乎一致认为技术提供了一些重要的东西，通过育儿的工作，"可以培养出积极的结果"（Furedi, 2014）[①]，他们一致认为，在一个竞争激烈的世界和一个想象中的数字未来中，发挥潜力支持孩子是他们的责任。然而，这种责任感是一种手段，规范的压力决定了父母应该如何供养家庭和育儿，甚至以紧张的家庭协商和休闲与私人生活的"课程化"为代价（Buckingham, 2000）。[②]

与早期对父母的期望相比——例如通过提供安静的空间和时间来支持孩子的家庭作业，在数字技术方面，父母支持的形式可能是有效的，同时

[①] Furedi（2014）在更普遍的意义上谈到了育儿的问题，但我们认为，今天的数字技术为育儿本身提供了重点和考验。
[②] 这促成了当代家庭生活的过度扩张、时间压力大和经常使人内疚的性质（Hochschild, 1997; Schor, 1991）。

也是高要求并令人沮丧以及模糊不清的，因为缺乏关于数字技术特别是其未来价值的既定知识（Marsh et al.，2015）。想想看，在塞西莉因为认为是"有教育意义的"而下载的 20 至 30 个应用软件中，只有少数几个她可以说出她的孩子从中学到了什么。我们采访的中产阶级父母也无法令人信服地告诉我们这些应用软件的价值，因为数字技术的承诺是如此不透明（和它们似乎要取代的书籍世界相比），因此，父母对它们的价值也持矛盾的态度。然而，贫困父母的投资往往与其他人的投资不相称，他们错过的机会也是如此。相比之下，对于缺乏经济资源但拥有自信和创造力的父母，如黛西和雅各布·巴尔德姆，数字技术是一种有前途的创新，值得一试，只要它们与非技术性的机会相平衡。因为他们看到了一种方法，可以将他们的非传统的审美和价值观带到这个解释灵活的领域中。[①] 对于一些像斯科特－奥尔森夫妇这样有特权的父母来说——他们隐约知道要在生活中出人头地需要什么，技术创新可能会带来令人担忧的不确定性，但风险可能很小（也许在那些技术变得如此令人着迷以至于其他形式的协同培养被取代的情况下除外，我们会在接下来的几章中对此进行探讨）。

机会、保障和不确定性的结合有助于解释与父母相关的（和政策）讨论中数字技术所引发的话题及焦虑。在我们的田野调查中，各行各业的父母都让我们感受到了他们的希望和担忧，这使我们不同意拉罗的论点，即协同培养（努力提供个人资源以使自己的孩子获得相应的优势）只和中产阶级相关，而工薪阶层的父母则依赖自然成长的假设（Lareau，2011）。哈比芭·贝克莱[②] 说明了许多低收入家庭向我们表达的承诺，她说："我鼓励

---

① 在高收入的父母中，只有30%的人认为他们"非常"或"有点"可能将数字媒体（包括电脑、平板电脑和电视机）用于教育目的，但这一比例在低收入父母中上升到52%（Katz & Levine，2015；Wartella et al.，2013）。

② 25号家庭。她解释说："我希望所有的人都能有自己的未来。他们的未来由自己决定。我的女儿想成为一名医生；我的儿子想成为一名教师；我的小女儿也想成为一名医生，就像她姐姐一样。这就是他们的理想，这就是我想让他们实现的目标。因此，他们要成为更好的孩子、更好的学生，并拥有更好的未来。"

他们［使用技术］，因为这是他们的未来。"同时，像巴尔德姆夫妇这样受过教育的父母推崇"自然成长"，他们浪漫地强调富有自发性和创造性的童年，而不是对未来经济成功的工具性关注。①

更广泛地说，我们看到一种包括了较贫穷家庭的共同的育儿文化的兴起——可以说是中产阶级的个体化成就的精神，其本身也是对自反性现代性中风险的个体化的回应。我们用"可以说是中产阶级"这样的措辞，因为这样的育儿文化显然可以被解读为违背工人阶级家庭的利益，特别是由于后果仍然像以前一样不平等，所以对较贫穷的家庭来说，希望通常是虚幻的。然而，从我们采访的家庭告诉我们的情况来看，他们的希望似乎是广泛共享的，并得到了认真的对待，他们为此普遍采取了行动。核心观点是，负责任的育儿方式，包括与数字技术相关的育儿方式，可以提供更多的选择、自主权和自我实现，以及实现社会流动的新途径。担忧也被广泛认同，并被广泛宣传（通常由大众媒体宣传）——尽管与许多中产阶级家长相比，塞西莉的特点是她并不担心网上的风险："因为我了解我的孩子。如果我告诉他们不要这样做，他们就不会去做。他们可以去哪里，可以做什么都是有限度的。"②

我们认为，这种希望在数字媒体技术方面尤其广泛，这既是因为政府在学校、工作场所、服务项目和社区中对数字媒体技术进行了大量投资，也因为在劳动力市场不稳定和突出的技术主导社会变革的背景下，对数字中介化学习和就业的希望似乎特别能引起父母们的共鸣。在福利供应减少

---

① 有人可能会说，Ito et al.（2010）强调"闲逛"和"捣乱"的重要性，认为这对具有长期学术效益的兴趣导向型学习至关重要，这在一定程度上体现了自然成长的价值。虽然缺乏 Ito et al.（2010）对社会正义导向的干预措施的承诺，但我们发现，自然成长往往在中产阶级家长中得到更多认可，这颠覆了 Lareau（2011）的阶级分析。
② 这可能是有道理的，因为塞西莉心里有更大的担忧。Cooper（2014）观察到，她采访过的较富裕的父母既放大了他们自己的焦虑，又设定了一个基准，如果资源较少的父母没有以类似的强度养育（和担心）孩子，就会被认为是有缺点的。然而，考虑到当代社会对互联网的焦虑气氛，让我们吃惊的是，相当多的父母，包括塞西莉，我们的现场笔记记录了"对接触网上的任何东西没有真正的担忧"。

的背景下，人们对数字中介化的落后、失利或遭受伤害的风险的担忧也同样引起了共鸣。

投身于共同的数字育儿文化很难消除不平等现象。对于高收入父母来说，与技术有关的新的协同培养形式已经迅速成为他们能够为其子女带来成功未来的长期既定方式的补充。这些父母可以提供高质量的设备和相关的（创造性的、技术性的、专业性的）专业知识来指导他们孩子的数字活动的持续发展。正如知识差距和数字鸿沟研究清楚表明的那样（Bourdieu，1986；Helsper，2017；Mascheroni & Ólafsson，2015；Pugh，2009；Schor，2004；Van Dijk，2005）[1]，中产阶级父母越是利用他们现有的经济和文化资源来保持他们的优势，并在不确定的竞争时代减少他们的风险，他们就越是提高了试图跟上中产阶级的弱势家庭的标准。但是，对于较为贫困的父母来说，数字技术的可得性以及围绕数字技术的讨论，意味着数字技术似乎仍然是独特和可以利用的。

回到10年或20年前，塞西莉或利拉会像今天投资于数字技术这样大量投资于书籍和其他教育资源吗？也许会，但也许不会：我们怀疑设备和服务的吸引力使数字技术投资特别迷人，以一种诱人的方式将教育承诺和娱乐现实混合在一起，而儿童对购置数字设备的热情几乎不适用于多卷本的家庭百科全书。然而，在塞西莉或利拉这样的家庭里，在家里使用数字技术的承诺和现实之间的差距特别具有挑战性，经济投入和实际情况很难管理——突发情况会比较多，而且除了他们自己的孩子之外，他们可以求助的人很少。[2]

但是，其结果并不是简单的或两极化的特权家庭景观——特别是在伦

---

[1] 布迪厄的社会再生理论激发了一些关于技术资本的可能性的讨论，有点类似于人力资本，指的是既能学习又有市场价值的技能（Bennett et al.，2010）。

[2] 尽管电脑带来了困难，而且她没有能力去支持电脑的使用，但西塞莉购买电脑的愿望与以下发现是一致的：较贫穷的父母同样，甚至更有可能发现电脑的教育效益（Buckingham，2000；Katz，2014；Wartella et al.，2013；Dermott & Pomati，2015；Mayo & Siraj，2015）。

敦这样一个受多种力量交织影响的全球城市。第一，一些缺乏体制认可的文化资本形式（接受高等教育的机会、对官方机构的信任）的父母可以获得其他形式的资本[①]，例如在少数族裔或宗教文化中有基础和有意义的知识。这些父母有意让自己的孩子获取这些知识，从而带来一些好处，包括社群归属感、额外的语言、宗教知识、离散家庭之间的联系，以及（亚）文化或其他形式的专业知识。然而，这些孩子很可能很难将通过这些经历获得的知识转化为中小学、大学或雇主认可和奖励的价值（Livingstone & Sefton-Green，2016）。在这一努力中，数字技术可能特别有帮助，因为它们可以维持物理上分散的社群之间的联系。我们可以回顾利拉如何鼓励她的女儿们寻找和欣赏网上的穆斯林歌曲——肯定很难在英国主流文化中找到，或者哈比芭·贝克莱使用 Skype 向她在埃及的老师学习阿拉伯语，以及她的孩子使用应用程序和卫星电视来确保他们在一个世俗的国家成为好穆斯林（第二章）。[②]

同样，耶和华见证会的父母阿福阿·奥塞（Afua Osei）和夸梅·塔福尔（Kwame Tuffuor）[③]鼓励他们的三个孩子使用 JW 应用程序和网站进行宗教学习与游戏[④]。还有一些家庭使用技术服务来满足他们从语言发展到手工制作的小众兴趣需要，利用数字媒体的内容长尾来达到不同的目的（Anderson，2006）。克劳迪娅·费雷拉（Claudia Ferreira）[⑤]来自葡萄牙，她发现可以给她的女儿玛丽安娜（Mariana）（9 岁）收听葡萄牙语网络广播和观看葡萄牙语电视频道，鼓励她学习父母的母语，这样玛丽安娜就可以在她的亲戚来访时与他们交谈。她还利用 YouTube 等网站进行其他形式的

[①] Trienekens（2002）将布迪厄的资本分析与西方社会中的少数族裔经验联系起来，讨论了以社群为基础的文化资本形式，这些资本在少数族裔社群内运作，但并不超出社群范围。另见：Bennett et al.（2010）。

[②] 25 号家庭。

[③] 24 号家庭。

[④] JW.org 是一个耶和华见证会的网站，有一些动画和道德故事。

[⑤] 16 号家庭。

学习，当玛丽安娜想学习编织衣物时，她就看教程，这是她们母女俩很快就能一起从事的爱好。然而，这些活动中只有一部分可以被儿童生活中可能带来优势的其他场所理解——中小学、大学和工作世界，大多数可能都不能。

第二，我们强调了一些父母的做法，他们受过高等教育，通常具有创造性或亚文化性，但生活水平相对较低或非常低。伦敦是艺术、音乐和戏剧等成熟的创意与文化产业的所在地，也是游戏设计等新兴产业的所在地，这为基于阶级的育儿叙事增添了有趣的复杂性。在他对"新小资产阶级"的描述中，布迪厄将这些人描述为居住在"最不确定的区域……朝着中产阶级的文化［而不是经济］一极"，甚至暗示他们"发明"了这个位置，以利用经济中的新兴机会，从而增加他们原本有限的资源，尽管这只承诺了一个充满风险的未来（Bourdieu，1986）。

因此，伦敦和其他全球性城市明显的语言、饮食、价值观和文化的"常见的多样性"，使得传统意义上的中产阶级和工人阶级分类之外交叉的生活方式成为可能。[①] 这不仅包括巴尔德姆、阿伦森和其他具有高文化资本的低收入父母的独特的创造性或波希米亚式的价值观，其中一些父母正在刻意寻求他们自己对中产阶级焦虑论述的变通。这种生活方式还包括形式的一系列替代资本——可以说是基于社群或亚文化的资本，往往以宗教、语言或少数族裔知识为基础。[②] 安吉拉·麦克罗比（Angela McRobbie）

———————————

① 参见Crenshaw（1991）关于交叉性的讨论，以及Wessendorf（2014）关于"超级多样化"城市的讨论。值得注意的是，我们并没有遵循Florida（2014）关于创意阶层的论述，因为它引起了争议，而且我们的重点不是对这些家庭的经济贡献提出宏伟的主张。在我们的田野调查中，这些家庭因其收入相对较低而脱颖而出。用布迪厄的话说，正是他们的经济资本和文化资本之间的脱节，使得他们如此大量地、独特地投资于他们孩子的未来。

② Trienekens（2002）和Bennett et al.（2010）将少数族裔文化中基本不可转换的知识称为"基于社群的文化资本形式"。而Thorton（1996）称亚文化资本为小众文化，例如围绕狂欢文化（rave culture）发展起来的小众文化。对于本书涉及的创意/波希米亚和少数族裔家庭来说，特定的文化实践以超越地理分隔的方式将人们联系在一起，形成了共同的价值观和专业知识，尽管这些都很少被主流社会所注意或重视。

发现了伦敦和其他全球性城市中"创造性劳动"的特殊机会，认为这种寻求可替代生活方式的策略涉及追求"特别充满激情的工作"。[①] 当然，在伦敦招募受访者时，我们发现自己采访了自主创业的电影制作人、艺术家、制造商、手工艺人、摄影师、网页设计师等，这并非巧合。正如我们在巴尔德姆家庭中所探讨的那样，数字技术可以提供一种创新的变通方法来提升地位，通过部署文化知识和创造性的努力带来回报，而不需要太多的金钱。此外，与这些技术的接触可以——而且经常——在另类的，通常是创造性的框架内进行想象，虽然由此生产的知识可能仍然是小众的，与其他形式的替代资本不同，但这些知识也为这些家庭或他们的孩子提供了一条可能被公众重视的未来道路。[②]

在本章中，我们提请读者们注意社会再生产的不平等的持续挑战，认识到正如黛安·雷伊（Diane Reay）强调的那样，是家庭"提供了个人和阶级轨迹之间的联系"（Reay，2004）。现在就对接纳数字技术并将其嵌入家庭、学校和其他地方的长期后果做出结论还为时过早。对于那些设计以社会正义为导向的干预措施的人（Ito et al.，2020；Watkins，2009）来说，我们强调家庭的不同起点，并提醒他们，那些看起来"不参与"的父母实际上可能通过数字技术和其他方式支持他们的孩子，而这些方式往往是看不见的。因为他们缺乏文化资本，无法在体制中得到认可；或者，那些故意不符合学校等机构的规范性期望的父母，追求的是另一种道德观。此外，我们提醒读者们认识到，父母们看似相似的努力却有着截然不同的结果，因为那些拥有高文化资本的人能够确保他们的独特优势，而那些没有

---

① McRobbie（2015）担心，这导致了很弱的集体认同或政治代表性，"现在愈发膨胀的青年中产阶级绕过了主流就业及其工会、福利和保护，而选择成为创意企业家所带来的挑战和兴奋"。McRobbie（2015）担心，在公共话语中，我们得知的是成功的创意或专注于手工艺的企业，但不了解它们所带来的不稳定因素。

② 我们说"可能被公众重视"，是因为现在要相信数字专业知识可以被转化为主流价值观还为时过早。例如计算机游戏行业的不确定性：英国有一个利润丰厚的游戏产业，然而，许多游戏玩家不会在其中找到工作，而且家长和学校都不清楚谁能或谁不能找到工作。

文化资本的人却只能苦苦挣扎。塞西莉·阿帕乌现在被病毒感染的电脑可能是没法用的，但我们应该认识到，她买它"是因为我女儿［艾斯（Esi），12岁］需要用电脑做家庭作业"，因此它现在闪烁的屏幕象征着她对数字未来的希望和她为实现这一目标的奋斗。

第四章

│ 数字家庭中的极客认同 │

我们在一家咖啡馆见到了达尼（Dani）[①]，她是 12 岁的乔希（Josh）的爸爸，收入中等，我们在乔希参加数字营一天的培训之后碰面。数字营是一个昂贵的、位于伦敦市中心的编程夏令营，在那里我们可以看到儿童和青少年，主要是有特权的男孩，以白人和亚裔为主，学习 Java、Python、HTML、Minecraft、3D 打印技术等。达尼热情地接受了我们的采访，向我们讲述了她的个人技术发展史：从小时候在 Commodore 64 上学习 Basic，到她从事技术销售工作后业余时间获得的道德黑客[②]的资格。达尼打造了一个高科技的家，以支持她和她儿子对数字技术的兴趣，并可能花一个快乐的夜晚追踪暗网，看看最近高调的黑客行为是如何完成的，同时为乔希和他弟弟的《我的世界》游戏设置编程挑战。她的愿景是通过做一些愉快的事情——编程，为男孩们，或许还有她自己，发展一个经济上可行的未来。谈到最近一个婚外情在线约会网站的数据泄露，达尼很想解释它是如何发生的。

> 达尼：艾西莉·麦迪逊（Ashley Madison）网站告诉大家，你可以花 12 英镑删除你的个人资料，比如，完全删除它，而他们（道德黑

[①] 56 号家庭。达尼已与乔希的妈妈离婚，被称为爸爸，但以女性身份出现。

[②] 道德黑客（ethical hacking）是一群专门模拟黑客攻击，帮助客户了解自己网络的弱点，并为客户提出改进建议的网络安全专家。——译者注

客）说这是不可能的……艾西莉·麦迪逊网站拒绝认错，所以黑客们入侵了网站，掌握了大量被删除的个人资料，证明完全删除个人资料是不可能的。这基本上是一个极客间的争论。[1]

乔希：你只是……就像，顽固的极客们为了某些事情发生了巨大的争论，……然后，这就很有趣了。

达尼：是的，我通常会理解他们。我是他们中的一员，别担心。

索尼娅：我在想我是否要用这个词来形容你们。

达尼：我很高兴成为一个极客，这没有什么错。

在采访过程中，谈话的速度不断加快，话语翻飞，因为达尼和乔希试图展示他们对技术的兴趣。我们被他们在一个急剧变化的世界中一起成为秘密探索者的感觉所震撼。对于达尼来说，获得业内人士的知识肯定会在她确信的数字化未来中得到回报。

一旦他掌握了 Java 的原理，他就可以进入任何领域；他只需要学习一套不同的语法，这……在许多方面就像学习拉丁语。

达尼不仅在家里对技术进行了投资，并支付数字营的高额费用，而且更重要的是，她把她和乔希的关系嵌入了他们对所有技术事物的共同迷恋中。乔希生动的极客言论将他和达尼联系在一起，因为他的父母已经分居，他会拜访达尼，但已不再和达尼一起生活了。他把自己与学校里的同学做了对比，似乎津津乐道于他的技术专长如何使他与众不同：

我班上的很多人，无论如何，大多数人，如果我说 Java，他们会知道那是什么，但他们没有掌握……嗯，不，他们知道那是什么，他

---

[1] 2015 年，为婚外情提供便利的商业网站艾西莉·麦迪逊经历了一场臭名昭著的网络安全攻击，导致客户的个人信息被大量泄露（Baraniuk，2015；Victor，2015）。

们知道那是程序［设计］，但他们不了解它。

达尼和乔希是接受数字媒体的一个极端案例，他们遵循并远远超越了经常提供给父母的数字育儿建议，即作为一个家庭分享媒体的使用，保持良好的代际沟通，并为未来发展数字技能（Baggaly，2017；Bold Creative，2017；Heitner，2016）。但是，成为一个极客到底涉及什么，对那些参与的人来说有什么机会或风险，以及可以从这种体验中学到什么，以便使更广泛的社会受益？

正如布里吉德·巴伦（Brigid Barron）所观察到的：一方面，"专业知识的发展与自我意识或身份认同的增强密切相关，因为这种知识使活动和角色成为可能"；另一方面，"想象未来的自我有助于激励学习"（Barron，2006）。如果想象中的未来是数字化的，并且乐此不彼，那会怎样？本章探讨了将极客从边缘重新定位至数字时代的主流所带来的对学习、关系和认同的影响。我们认为，尽管机会是显而易见的，但潜在的陷阱和必要的投入也是显著的。这意味着我们必须谨慎地对待从极客身上学到的有可能被广泛应用的东西，因为他们的道路需要这样一种对风险的无畏接受。

当代对极客的迷恋

在谷歌图片中输入"极客"，就会出现一大堆认真、苍白、戴眼镜的面孔。这些面孔通常是白人和男性，其中一些面孔表明，聪明的、令人不适的独行侠的传统形象依然存在，同时也出现了另一种更加时髦的看法。"极客"一词曾经是对怪异的、不合群和愚蠢的人的侮辱，从历史上看，极客已经从一个怪异的男性电子产品修理者——包括业余无线电爱好者——发展到今天的概念，即某人痴迷地培养一种专门与数字技术相关的狭窄的专业

知 识（Bell，2013；Jancovich，2002；Dunbar-Hester，2014；Fuller，2017；Goriunova，2014）。

加布里埃拉·科尔曼（Gabriella Coleman）阐述了极客的价值：灵活性、反权威主义的文化培养，以及在自由空间里围绕着工作的友谊的维持（Coleman，2017）。[1] 虽然极客的上述活动往往不受关注，而且可以说对主流社会无足轻重，但极客文化的"灵活的心态"（crafty mindset）有助于黑客文化生成更多的具有政治意涵的活动。在那里，黑客们部署了科尔曼所说的"极客的武器"——受教育的白人特权者的小众专业知识、反英雄政治和自信的冒险精神，他们可能不经意间会成为主流[想想爱德华·斯诺登（Edward Snowden）或马克·扎克伯格（Mark Zuckberg）]。[2]

不那么酷但可以说更有影响的是公共政策的努力，其支持极客精神从个人（社会、情感）的缺陷转变为数字时代的资产。极客精神被重新定位为国家议程的核心，而不是干扰，以跟上不断变化的专业知识、未来的工作、商业创新和竞争的成功。尽管黑客行为很激进，有时甚至具有犯罪性质，但它在某种程度上已经被寻求竞争优势的商业文化所收编[如现在无处不在的黑客马拉松（hackathon）[3]]这个时代见证了网络安全项目的兴起——特别是在美国越来越受欢迎，这些项目教青少年如何利用黑客的心态和策略来避免安全漏洞（Brough，2016）。我们可以想想媒体对脸书、微软和谷歌的前创业者的英雄式叙述及其对黑客危险但浪漫的描述，或者对欧洲没有产生自己的史蒂夫·乔布斯（Steve Jobs）或比尔·盖茨（Bill

---

① 另见：Mako Hill（2002）。

② Coleman（2017）将其分析与Scott（1985）对农民抗议的人类学论述进行了对比，并解释说："弱者的武器体现了经济上被边缘化的人群所使用的战术——小规模的非法行为，如拖后腿和破坏公物——且从表面上看并不是政治性的。极客的武器包括一系列被公认的政治干预，并且[是]由经常处于经济生活中心的一类有特权的和可见的行为者行使的。"

③ 黑客马拉松是一种社交编程活动，它让程序员和其他对编程感兴趣的人聚集在一起，共同改进或创建新的程序。该词由"黑客"和"马拉松"混合而成，前者指程序员，后者指以耐力为标志的活动。——译者注

Gates）的哀叹（Ensmenger，2010）。虽然博主或 YouTube 上视频主播的兴起与极客的概念没有那么直接的联系，但这些明星也抓住了公众的想象力，展示了数字技能带来名利，而其他社会正义活动家们，如"电脑迷战士"（nerdfighter），则是当代极客文化中把数字策略和另类价值观联系起来的缩影（Kligler-Vilenchik，2013；Sugg，2016）。

在这种重新想象极客的文化努力中，开始出现女孩和妇女的形象，她们通常都很有吸引力——想想像《极客女孩》（*Geek Girl*）或《编程女孩》（*Girls Who Code*）这样的青少年图书中塑造的形象，还伴随着对一些有色人种形象的重塑。然而，他们都仍然戴着眼镜——这是公认的不寻常的智慧的象征，同时仍然带着一丝局外人或潜在的污名化地位的迹象（Deutsch，2017；Goriunova，2014；Smale，2015）。[1] 伴随着好莱坞大片中拯救世界的电脑奇才的形象，《生活大爆炸》（*The Big Bang Theory*）或《IT 人群》（*The IT Crowd*）等流行电视节目在取笑极客的同时，也承认甚至在合理范围内赋予他们聪明、讽刺或无畏的身份认同以特权。一个流行的"大卫与歌利亚"（David-and-Goliath）式的叙事框架每天都在描述这样的数字媒体活动，为极客或黑客活动分子的知识提供价值、浪漫的反英雄认同、一定程度的反威权主义，以及一个热情支持的同行社群。正如亨利·詹金斯（Henry Jenkins）及其合作者所表明的那样，来自边缘化群体的青年获得了数字技能，并"通过任何必要的媒体"动员和表达他们对社会正义的集体关注（Jenkins et al.，2016）。更确切地说，在儿童和青少年的日常对话中可以听到这种叙述，尽管他们远非激进，但在他们的圈子里谈论黑客行为是一种很酷但很平常的活动。[2]

简而言之，目前对极客概念的迷恋不仅体现在学术界、政策或反主流

---

[1] 另见：Dionne（2017）。还可以考虑电影《隐秘人物》（*Hidden Figures*）的相对成功，该片讲述了黑人女性科学家和数学家。

[2] 关于儿童对黑客行为的日常描述，参见：Livingstone & Haddon（2017）。

文化领域（Coleman，2014；Jenkins，1992；Turner，2006），而且也体现在普通家庭中，因为父母和孩子们都在努力理解数字时代的生活。在伦敦青年艺术协会，我们见到了单身母亲珍·皮尔逊（Jen Pearson）以及她的女儿泰根（Tegan）（14岁）和夏洛特（Charlotte）（11岁）[1]。

这个家庭的收入很低，因为尽管珍拥有一个艺术学位，但她现在是一名全职妈妈，在家里教育两个女孩。她依靠数字技术来研究她们的课程和寻找学习机会——我们观察了夏洛特在伦敦青年艺术协会的音乐技术和其他课程，以及在伦敦青年艺术协会外为在家接受教育的孩子们举办的乐高头脑风暴聚会。[2]泰根通过开放大学提供的在线课程学习电影和摄影等，在我们结束田野调查时，她刚刚得到她获得了在电影学校学习的名额的消息。这些活动代表了一种必要的变通方法，因为主流学校未能支持泰根的创造才能，或者像珍所看到的那样，夏洛特的特殊教育需求（她的情况是中度阅读障碍和发育障碍）。珍在谈到夏洛特时说，学校"试图用锤子把她敲进这个并不适合她的形状的洞里，这真的毫无意义，而不是找到适合她的形状的洞，并帮助她真正融入其中"。

在我们第一次会面时，珍告诉我们，夏洛特是一个小组的成员，他们开启了"3D打印和《我的世界》小组，她和一群极客男孩一起聊别人听不懂的话题"。当被问及极客是什么样子时，珍回答说，"坐在一起谈论别人不理解的古怪事情"。夏洛特这时在她的课间休息加入了谈话，我们接着进行了热烈的讨论。

　　索尼娅：你妈妈告诉我关于3D打印的事，说你变得有点像个极客。

---

① 2号家庭。
② 乐高头脑风暴（Mindstorms）是乐高集团推出的一种机器人工具集合。它允许用户构建和指挥他们自己的机器人。

　　夏洛特：而且是一个《我的世界》的极客，是个电脑迷。

　　索尼娅：是电脑迷还是极客？我有一天听到了电脑迷这个词的来源……

　　珍：我认为电脑迷喜欢不同的东西，他们真的知道大量的奇怪的东西。极客是实干家，他们是制造东西的人，是那些电子工程师和游戏设计师，也是……

　　夏洛特：是反过来的，妈妈。每个人都认为是这样的，但其实是反过来的。

　　在我们的田野调查中，有相当多的孩子热衷于让我们参与极客或电脑迷的辩论，这表明人们对成为数字技术的拥趸意味着什么很着迷：你是酷还是平庸的，是领导者还是追随者，是另类还是主流，是知识分子还是行动者？这场辩论不仅涉及自称是极客的人，也吸引了那些即使自己的行为可能看起来很极客，但试图维持自己的正常生活的人。当她的女儿使用社交媒体时，黛西·巴尔德姆[①]将她与她朋友的孩子做比较，后者"真的很精通技术，他们有一个哥哥是真正的电脑极客"。当被问及她是如何学会做专业的博客时，梅丽莎·贝尔（Melissa Bell）[②]告诉我们：

　　我仍然不是一个天生的技术极客或任何类似的，但是，是的，知道自己学到了东西，感觉会很好。

　　即使在这个数字时代，极客似乎仍然是另类，但很重要的是，他们在人们的想象中，作为新常态的一部分，占据了许多人现在所共享的专业知识中非同寻常的一端。

---

① 30号家庭。
② 38号家庭。

作为学习的极客实践

为极客正名甚至是赞颂极客的核心是一种学习理论。与传统的以课程为基础的教学法相比，极客学习以兴趣为主导，以学习者为中心，以实践为基础（在实践中学习），并由一个自我决定和专业化的实践社群维持。这种非传统的学习观与教育改革者长期倡导的理论产生了共鸣，无论是进步的还是激进的，无论是提供了急需的批判，还是倾向于将课堂实践刻板印象化，甚至是提出了反对学校的论调（Gomez & Lee，2015；Ito et al.，2010；Yelland，2018）。例如，我们的项目在连接性学习的框架内进行，与前面提到的科尔曼的极客文化的三个特征相呼应，即认识到：

> 当青少年找到有共同兴趣的同伴时，当学术机构承认并使兴趣驱动的学习与学校相关时，当社群机构为更多同伴驱动的学习形式提供资源和安全空间时，连接性学习就会扎根（Ito et al.，2013）。

一般来说，这些激进的教学法致力于灵活性（包括其他形式的"试错修补"和自定进度的兴趣驱动的学习）和合作的友谊（而不是个性化的，甚至是竞争性的学习），在数字时代正获得主流的关注（Bevan et al，2015）。它们似乎与专业化和快速变化的数字资本环境所要求的能力有协同作用，因此很好地消除了雇主和政策制定者越来越多的担忧，即传统的学校教育没有提供创新和快速变化的劳动力市场所需要的数字技能（Nemorin & Selwyn，2016）。虽然一些家长和教师深刻感受到极客文化的反权威主义的威胁，但对其他人来说，这是很新鲜的。达尼在采访开始时告诉了我们她在道德黑客方面的资历，揭示了她的专业知识和她所渴望的反英雄身份认同。然后，她详细介绍了乔希和他的弟弟通过在《我的世界》

中的游戏和编程进行的学习，巧妙地说明了她的学习理论是在以儿童为中心的、以同伴为支持的和以问题为重点的：

> 我喜欢的是社交方面，他们可以聊天……所以他们把所有的平板电脑连接在一起，玩《我的世界》，他们四个人，每人一个平板电脑，坐在沙发上互相协作。他们也聊一些平常的事情，以及"我要在那里建一个房子"……对我来说，这就像乐高，但你只是用平板电脑，而不是在一起搭积木。

这种形式的学习可能需要大量的资源，包括来自支持性成人的资源（见第六章）。起初，达尼试图暗示乔希对电脑的兴趣是自发的，她借鉴了自学成才的极客的文化叙述。但乔希很清楚，是达尼给他指明了方向。

> 达尼：你只是喜欢计算机，不是吗？
>
> 乔希：嗯，我喜欢 Xbox，所以那是我主要想做的事情，然后你说如果我必须在午餐时间进行，那么去编码（code）和编程（program），至少——
>
> 达尼：嗯，但是，不，那是在那之前。是在那之前，是在……是在你第一次，不，我记得，……我说，嘿，给你，我有 Kodu①，你为什么不赶快试下？哦，我们在学校已经试了一会儿了，你说。
>
> 乔希：哦，是的，是的，那是，比如……
>
> 达尼：然后我把它安装在我的机器上，然后你开始在家里操作它。
>
> 乔什：但我不再操作了，因为在平板电脑上，就像……
>
> 达尼：是的，平板电脑有点慢，但后来我把它安装在另一台机器

---

① Kodu（https://www.kodugamelab.com）是一个基于游戏实验室社群的基础编程程序，用户通过它可以在个人电脑或 Xbox 上创建游戏。

上，你就在另一台机器上操作它了。

乔希：是的。

达尼：但是它……

索尼娅：那就在电脑上？

达尼：但是你会再接再厉，你会一直操作 Kodu。

乔希：因为这很有趣，我喜欢它。

达尼：但你同时也在创造一些东西。

乔希：是的。

达尼：你知道人们在创造游戏时基本上都是这样做的吗？

乔希：是的。

在这个交流中，我们看到达尼努力为乔希构建一个学习编程的途径，建立在他对 Xbox 的兴趣之上。对于乔希来说，他愿意参与他们共同的极客行为，这可能提供了一种应对他所面临的一些困难的方式，包括他父母的分离和他对自己在新的中学里表现不佳的担忧。

同样是 12 岁的贾斯珀（Jasper）[①] 参加了数字营，他认为自己和乔希一样是个极客——虽然同样能够获得资源，却没有类似的父母支持，完全是自学成才。我们一进他家门，他就开始热情地介绍他的数字活动，说：

我爱它……我想做很多和数字内容有关的工作。我想做平面设计，如果我不做平面设计的话，我想成为一个职业游戏玩家。

在一个散落着现有和废弃的电脑与游戏机部件的房间里，他自豪地展示了他的电脑。他说，它有"NVIDIA GeForce GTX 870M 显卡"，以及"Corsair K70 RGB 键盘"。当时他正在学习 Cinema 4D 软件。

---

① 61 号家庭。

我能做的最基本的动画往往是在《我的世界》中，所以我学会了如何把《我的世界》的文件放到我的动画中。然后我学会了如何给它们贴图，然后我学会了如何使用动画软件工具，以辅助完成游戏中具有动画功能的人物角色。我可以用工具移动角色的不同关节、不同的手，比如，移动角色的手指、瞳孔、眼皮，以及所有其他的。然后我试图用工具做一个简单的介绍……所以，他所做的就是，他走进来，画面切到他震惊的脸上，他走了，然后名字闪进来，他向后跳。这要花上一整天的时间。

当被问及如何学习技术时，他将自己的方法总结为"不断尝试然后就会明白了，然后就可以自己做了"。正如连接性学习模式一样，贾斯珀希望数字职业能带来自主性的承诺，他的谈话都是关于每个人的进步、乐趣（Goriunova，2014）、寻找教程或其他资源、测试和再次尝试。

他的大部分努力都用在了打造一个专业的 YouTube 频道上，其中有很多吸引人的视频，获得了不错的浏览量，他的一些视频的开场白和结尾还获得了一些现金奖励。[①] 这是通过将他不断增长的技术能力、对艺术的热爱和审美感、在网络世界中取得商业成功所需的策略以及参与一个知情的同行社群来实现的。

基本上，在游戏领域有一个完整的社群，因此，在我的 YouTube 视频上，经常会有人说，"在 Skype 上加我，我们来谈谈"。他们经常会给我喊话来宣传我的频道，或者他们会……付给我钱或诸如此类。我会帮他们做一些事情。然后以某种方式或其他方式，他们会给我报酬。这就是基本的工作方式。

---

① 在 YouTube 上，开场白和结尾是定制的视频介绍与结语——一种塑造频道品牌的方式。

虽然他在数字营玩得很开心，也学到了很多东西，但贾斯珀对教育工作者只领先于学生一点点的情况提出了批评。一般来说，他热衷于分享他的知识，试图把数字技能教给他的母亲——他说："她不知道自己在做什么"，并与朋友和同龄人在线上和线下分享专业知识。他很高兴他在学校的艺术和信息技术老师们欣赏他那看起来很专业的 YouTube 介绍，但他和乔希一样，对学校仍然在教 Excel 软件感到沮丧。

正如伊藤瑞子（Mizuko Ito）及其合作者就连接性学习所提出的，"极客们凑在一起"是一种兴趣驱动的"参与类型"，一些青少年不仅仅是在网上闲逛或摆弄数字技术。正如我们在本章所讨论的家庭中看到的那样，它涉及"强烈的承诺"（Ito et al.，2010）：

> 学习驾驭深奥的知识和实践，并参与以这些形式传播专业知识的社群。这是一种由同伴驱动的学习模式，但重点是在特定的兴趣领域获得深入的理解和专业知识（Ito et al.，2008）。

这也是一种与许多孩子的学校经历形成鲜明对比的学习模式。许多孩子自己找到了这种途径——就像贾斯珀那样，尽管在第六章中我们讨论了学校的替代机构的出现，这些机构试图支持儿童的连接性学习，包括数字营。

尽管像贾斯珀的母亲这样的成年人存在误解，他们不理解为什么孩子们要在房间里独自花这么长时间玩电脑，但这远远不是个人主义的体现。极客"致力于生产知识，为知识网络做出贡献"，从而"发展作为专家的身份认同和自豪感"（Ito et al.，2008）。当然，连接性学习不一定是数字化的，但乔希和贾斯珀都说明了数字环境"对极客的支持是多么美好，能产生在学校和未来都认可的价值"。其他兴趣驱动的学习领域可能包括体育或音乐，正如我们在早期项目《班级：数字时代的生活和学习》中所探讨的那样。但就小众兴趣以及与"远方网络中的专家伙伴"一起开发而言，数字技术将为儿童提供与他人联系的特殊机会（Ito et al.，2008）。

父母如何理解极客行为？

然而，从父母的角度来看，并不是所有的父母都准备好了或能够与达尼的热情支持相媲美，部分原因是第二章中讨论的普遍存在的（反）屏幕时间的话语的力量。事实上，对一些父母来说，他们的孩子对技术的兴趣是家庭冲突的来源——父母们对此采取抵制而非支持的态度。例如，在楼上与贾斯珀在他精心装备的电脑室里交谈后，下楼去与他的母亲交谈是一件令人震惊的事情。最近刚丧偶的娜塔莎（Natasha）立即开始讲述贾斯珀的"痴迷"，她说："如果我随他去，他就会整日整夜地待在那里。"娜塔莎的矛盾心理与许多家长一样。她担心她的孩子在浪费时间，并对他花这么多时间离开她待在楼上感到不高兴，但她却为他追求自己的兴趣而投资——在她看来，她买了很多昂贵的硬件和软件，以及数字营的昂贵的网络开发课程。我们问了她一些关键问题：他快乐吗？他的学习成绩好吗？他有朋友吗？她不情愿地回答"有"，承认他还打冰球、搞艺术、玩蹦床，"是个很有社交能力的人"。但当我们问："你对贾斯珀的世界有多少了解和喜欢？"她的回答听起来很悲哀：

> 我几乎不喜欢他的世界里的任何东西。我也不理解其中的大部分。但我，有点，想了解他在 YouTube 上发布的是什么。我们就他能在 YouTube 上发布什么进行了一次愉快的长谈……我向他解释了原因，我的担心是什么，你知道的，这些图像如何被使用和滥用，以及一旦发布出去，它们就收不回来了，等等。但我实际上不知道，我也

没有查看过他发布的内容。

　　尽管作为一名建筑师，娜塔莎在工作中承担着重要的职责，但她告诉我们，对于贾斯珀的活动，她"偶尔会感到不知所措"，并且思考"该如何处理这个问题"。焦虑的一部分是数字时代的挑战，但另一部分是更深层次的：缺席的父亲是一个无法想象的存在——对于贾斯珀来说，父亲与他有同样的数字兴趣，而对于娜塔莎来说，贾斯珀的父亲不再能够支持她的育儿，不再能够对贾斯珀的数字兴趣进行监督。娜塔莎对现在的担忧因数字技术对未来可能的影响而变得更加强烈：

　　　　当他告诉我，他"想成为一名职业游戏玩家"，我的心就会沉下去。我绝对讨厌这个想法，绝对讨厌……因为我认为这是一个不重要的职业。这就是事实，真实和诚实的答案……如果这能让他快乐，我一直对自己说，其实我们对孩子的要求就是快乐和健康。

　　一名快乐的游戏玩家所面临的潜在问题源于与数字文化脱节的育儿文化。这可能是因为，尽管数字工作的前景已经被政府和产业所肯定，但正如成为职业足球运动员或舞蹈家，通往成功的道路仍然是不清晰的（而且，可以说，同样困难）。当然，娜塔莎没有设法通过关注贾斯珀的实际优势来消除她对想象中的未来的担忧，她也没有将她关于数字技术的目标、安全或成本的冲突发展成积极的抵抗策略。

　　在另一个家庭中，西拉什·拉詹（Sirash Rajan）[①]也让他 12 岁的孩子参加了数字营，以及学习电影制作、表演、编程和应用程序开发等。正如他所说：

---

① 58号家庭。

你可以看到在过去20年里生活发生了多大的变化，所以……就能想象出未来20年将会发生什么。

他抱怨说："我们的教学方式很像工业时代。我们生活在信息时代，但我们仍然在使用笔记本和手写工具。"西拉什承认他对女儿普拉尼塔（Pranita）的兴趣缺乏了解，但"我们确实鼓励她，因为我受够了技术恐惧症，我希望她不要有这种不足"。他确信数字专业知识对未来至关重要，但他几乎不赞成前面讨论的极客文化。相反，他将普拉尼塔的兴趣纳入政府数字技能议程的主流话语中，专注于获得个人技能和创业心态，以便在竞争中获得成功。

她决定［在学校里］做一个移动应用程序……这是关于职业选择的……因此，她通过AppShed之类的平台用她在数字营里学到的东西开发了一个移动应用程序，而且真的很受欢迎。她获得了优异的成绩，这只是一个例子，她做了很多创造性的项目……［从那时起］她基本上没有做过任何无聊的事情，如果我可以这么说的话。她总是很有创意。

西拉什与普拉尼塔一起庆祝，当时她的YouTube频道帮助她开启了演艺事业（她出演了一部短片，在电影节巡回活动上表现不错）。

YouTube正在起飞，我们看YouTube比看电视还多。我想……让她从小就开始学习，这真的很好。所以我们鼓励她学习，当然她也很喜欢。

接下来的叙述揭示了一种复杂的动态，一方面，西拉什鼓励、推动和指导普拉尼塔的在线创造活动，另一方面，普拉尼塔引导、创造并使西拉什了解如何利用数字环境来达到她的目的。

> 在不到几个小时的时间里，她创建了一个品牌名称、一个标志和一个 YouTube 频道……我不知道《我的世界》是如何运作的……但他们［普拉尼塔和她同样为《我的世界》疯狂的朋友］显然有视频和教学视频，上传他们想上传的东西，他们认为他们显然会得到很多点击量。

谈到"培养她的创业精神"，西拉什对普拉尼塔的做法揭示了他自己的世界观——他自己生活的社会（作为牙医的日常工作），以及他女儿的未来。

> 如果我错了，请纠正我，但如果有选择的话，没有人会选择朝九晚五、周一到周五为别人服务的工作……大多数人选择了安全而不是冒险，这只是一个可悲的生活事实。我觉得我在 18 岁时做出的选择束缚了自己，当时我不知道我想要什么生活，所以现在我不希望我的孩子也这样。

在某些方面，这就是连接性学习的行动——普拉尼塔以兴趣为导向的学习得到了父母在正式和非正式环境中持续提供的学习机会的支持，从而将创新和创意结合起来，并获得了学业上的认可。同伴支持也是这个故事的一部分。普拉尼塔和一个朋友合作，在需要时向较大的视频博主社群寻求指导。但这种合作就共享专业知识的极客文化而言，缺乏更深层次的嵌入。因此，社会正义的精神对连接性学习也很重要（Blum-Ross & Livingstone，2016b）。但西拉什的谈话更具有竞争性："如果技术在变化，我希望她能站在它的前沿。"

可以说，如果没有连接性学习的合作实践和价值观，兴趣驱动的活动可以在一个竞争性的框架内被利用，而这一框架与更广泛的政策和商业环境更一致。这意味着抛弃任何与试错修补过程或极客文化的反权威价值观的联系。在西拉什的案例中，接受技术的意义与达尼的不同。我们发现，很少有家庭——如果存在的话——全心全意地支持一个基于合作性、创造性、替代性或包容性价值观的想象中的数字未来。

父母博主的案例

抛开"孩子是数字原住民"与"父母是数字移民"的两极化迷思（myth），研究表明，父母越来越多的数字专业知识，通常是通过工作或追求自己的兴趣获得的（Blum-Ross & Livingstone，2017）。这影响了他们如何平衡与孩子的数字活动相关的风险和机会，同时也开辟了新形式的中介化家庭（mediated family），正如我们在前几章中所看到的那样（Livingstone et al.，2017）。在我们研究的时候，父母博主已经获得了公众的关注（后来失去了地位，被更新形式的"影响者"父母如视频博主和"照片墙妈妈"所取代）。这显示了父母的数字兴趣，促进了新型的有偿劳动，但也引起了公众对父母在网上分享其子女的图像，以及在某些情况下将这些图像"货币化"的新焦虑（Bessant，2018）。为了探索出生在数字时代的父母如何利用这些机会，我们通过家长博客大会和流行的博客网络联系父母，并为我们的研究招募了一些博主（Blum-Ross & Livingstone，2017）。

令我们惊讶的是，我们发现很少有父母像达尼一样，通过吸引孩子加入自己的数字兴趣来寻求团结。相反，他们试图在家里构建象征性的界限，通过这种界限，他们自己的数字活动——有些甚至更"极客"——可以与他们的孩子保持分离。对于他们孩子的数字活动，他们似乎同样坚持这样的想法，即好的父母意味着限制屏幕时间，事实上，数字活动是父母的领域，不能与孩子分享。

这些父母乐于接受技术，却又抵制孩子们的数字活动，这引发了一些有问题的家庭动态。回顾第二章中孩子对父母"看久一点"的悲哀劝告，我们注意到许多情况下，是父母而不是孩子被指责心不在焉，花太多时间盯着电脑或手机，或者在控制孩子的技术使用方面是虚伪的。虽然写博客的父母是少数，但他们说明了许多家庭的紧张关系，因为父母和他们的孩子一样，越来越被数字世界所吸引（Radesky et al., 2016）。

这里有一个强烈的性别因素在起作用，因为尽管我们确实采访了几个"爸爸博主"，但大多数博主是母亲。很有可能的是，就像在一个公共场所不安全的城市中被关在家里的青少年一样，对于这些经常被困在家里的母亲来说，技术也提供了一个支持性的社群和进入更广泛社会的机会。大众媒体指责父母，认为他们更喜欢他们的手机而不是他们的孩子。"分享他们的育儿经历"，或在某些情况下，从他们的博客中获得经济利益，同样可以在漫长的母亲羞辱（mother-shaming）的历史中占有一席之地。所有这些都增强了父母——尤其是母亲——在个人的骄傲和机会与对孩子的数字活动的关注之间进行平衡的复杂性。但正如我们与妈妈博主梅丽莎·贝尔（Melissa Bell）讨论的那样，她（就像第二章中的妮科尔·桑德斯[①]）最近在社交媒体管理方面开展了新的工作，写博客带来了真正的好处：

> 我学到了很多技术方面的东西，比如编程，还交了一些非常好的朋友，我的摄影水平也得到了提高。这真的就像拥有自己的杂志，你是它的编辑，并获得报酬，而且没有人告诉你该怎么做。这很棒，很适合同时带孩子。

---

① 37号家庭。

在这里，我们也看到了连接性学习的要素：①以兴趣为导向，②具有创造性，③通过试错自学，④作为支持性共同体的一部分，⑤在更广泛的世界中得到认可（在此处指通过获得收入，而不是像儿童那样获得在学业方面的认可）。然而，当梅丽莎想到孩子们在未来使用技术时，她表达了一种"恐惧"的感觉，因为她亲身感受到了博客世界令人上瘾的吸引力：

> 这很讽刺，考虑到我的工作和我现在做的事情是如此注重技术，但实际上，我非常反对小孩子［使用技术］……我只是认为，要让他们成为孩子。我的意思是，他喜欢看 YouTube 视频，有时，看视频里的火车，这有时是对他的一种奖励。

事实上，梅丽莎很矛盾，她谈到技术提供了未来的工作（"我们在一个技术世界中成长"），很高兴她自己开始从博客中赚钱，但又担心"它会夺走他们的童年"，"为我的孙子担心"，因为"它使世界对儿童来说不是一个非常单纯的地方"。由于她留在家里带孩子，不确定的收入给她的丈夫带来了压力，她也"感到害怕，如果我没有在博客上写点什么，我的排名就会下降"。正如安吉拉·麦克罗比明确指出的那样（McRobbie，2015），这反映了个体化的风险，也反映了不稳定的创造性工作者经常有的性别化的经历。然而，梅丽莎喜欢属于一个提供普遍支持（尽管有时是竞争）的共同体，帮助她应对养育子女的孤独感和对博主"反社会"的看法。

与伊藤及其合作者所描述的从瞎摆弄到极客的途径一致，一些父母博主告诉我们，他们如何从各种捣鼓活动开始，然后获得足够的专业知识来接受这个身份认同，并找到方法来为父母博主的共同体做出贡献，并从中汲取营养。这并不总是一个计划的过程。一些父母早期博文的走红使他们成为聚光灯下的焦点，比预期更早获得成功。对一些人来说，推动因素是"动动脑筋"，开辟一些独立于父母身份认同的空间，或者当家里有一个不睡觉的孩子或有特殊教育需求的孩子时，获得同龄人的支持。这些比成为博主的具体吸引力更重要。但是，能为家庭带来的好处——新衣服或玩具（通常由公司免费提供，以换取在博客上的推广），让人感觉更有信心，对家庭收入的贡献也是重要的（Blum-Ross & Livingstone，2017）。然而，正如梅丽莎解释的那样，属于一个共同体也带来了压力：

> 你只要看到或听到其他博主写的东西，……每个人似乎都有完美的生活，当你看到人们有了不起的家，或者……了不起的孩子和经历，你会感觉自己的育儿技能很糟糕，这对你的心灵没有好处，我真的这样认为。

然而，自信和能力可以说是在博客世界中取得成功的必要"货币"，她补充说："如果有监督的话，我很乐意让孩子们开始写博客。是的，我认为这可以很棒。"3岁的艾拉（Ella）已经知道妈妈在她的笔记本电脑上做"所有的一切"，然而4岁的米洛（Milo）一直对YouTube发脾气，"所以它现在不起作用了"。这里又是一个矛盾——数字世界带来了更多的机会，但它也要求父母对其进行限制。然而，当梅丽莎回顾自己的童年时，她重新放松下来，回忆说：

> 我妈妈根本没有真正监督我。我经常在白天……把电视当成背景，我会在电视播放时玩耍和做点事情，比如，搭建我的乐高。我曾经读过不少书，我喜欢读书，所以也许我妈妈没有那么在意。但是，是的，她肯定没有在意，所以我几乎不知道为什么我这么在意。我想可能是因为我们现在得到了很多信息，关于屏幕时间是不好的，……如果你让他们拥有太多的屏幕时间，你会感到内疚。

资深的博主杰克（Jack）[①]试图突破这些困境，他积极部署自己的数字技能，管理他的孩子在通往数字未来的道路上迈出的第一步——例如，为他 7 岁、5 岁和 3 岁的孩子开设电子邮件与脸书账户，这样当他们需要的时候（还没有！），他将拥有密码并"轻松掌舵"。目前，尽管他很高兴"他们基本上非常精通技术"，他正在限制他们使用家庭平板电脑、电脑和电视的时间。谈到前面两个孩子，他对数字化的未来如何给现在带来压力，以及他管理这种情况的能力感到矛盾：

> 他们俩几乎是在学会走路的同时学会了使用我的苹果手机。……我意识到数字设备对他们来说很重要，而我可以说是相当有技术能力的，但我也意识到他们学习的速度如此之快，我现在已经到了改变自己有点困难的地步了。这对我来说是个挑战，因为随着他们长大，我不是在监视他们，而是要知道他们在做什么，而且要努力跟上他们的步伐。

尽管这些父母陶醉于自己的数字兴趣，但他们小心翼翼地平衡孩子的数字兴趣——孩子们的自主性正不断增强。爸爸博主哈维·西蒙（Harvey Simon）[②]曾亲身经历过这种情况，当时 6 岁的儿子阿奇（Archie）开始反对哈维在家庭出游时拍太多照片来充实家中教学（home-schooling）的家庭博客。哈维不知道的是，阿奇为了报复，在未经他同意的情况下，拍了一张哈维的丑照并分享到他的照片墙上。哈维不得不学会与阿奇分享他的极客兴趣，不情愿地让他参与决定，正如哈维所描述的，写"他希望我写的东西"。[③]

---

① 50号家庭。
② 49号家庭。
③ Blum-Ross & Livingstone（2017）讨论了育儿分享的问题，以及父母如何就自己分享（或不分享）的内容引发的紧张关系进行协商。

因此，即使在那些对数字技术接受度较高的家庭中，明智地管理和抵制数字技术带来的问题也是日常实践的一部分，有时会出现一些独特的问题，即使是精通技术的父母也不得不想办法解决。哈维·西蒙发现，走出他的特定数字困境有一个非数字化的方法——与他的儿子交谈并让他参与决策。达尼·赛克斯是一个数字技术爱好者，她在《我的世界》中为她的儿子们设置了复杂的建筑挑战。她创建了一个系统，她的儿子们必须征得同意才能添加朋友，并使用她的密码登录，这样她就可以监视他们在做什么。达尼确保当乔希嘲笑"学校在线安全聊天"时，这些聊天信息仍能返回家中，"每一次都能让他明白这一点"。因此，尽管达尼已经尽其所能支持乔希，他"从很小的时候就开始上网"，但她的支持并不意味着她没有尝试平衡。

极客文化中的不平等现象

对电脑迷好一点，你可能最终为他们工作。我们都有可能。

——查理斯·J. 赛克斯（Charles J. Sykes）

这个被广泛引用的预言，被广泛地误认为是比尔·盖茨的预言，抓住了接受数字技术的家庭的一个观点，即曾经的小众甚至被贬低的知识获得了有价值的地位，成为极客标志了一条通往成功未来的道路，许多人终将并且应该遵循。正如达尼所说：

> 我对数字化的未来感到兴奋……我认为工作可能会变得更加便捷……但是，我认为编程将迅速变得有点像微软办公技能那样普遍。

　　重要的问题是，谁将设法获得这些知识，以及这些知识对谁来说是有益的。换句话说，如果更多的人遵循数字途径，性别、族裔、代际和阶级的不平等会影响谁受益？通过学习替代教学法——包括连接性学习——来改革教育的建议，虽然通常是出于社会正义的理想，但也被批评为将自学成才和自我激励的极客浪漫化，而没有充分注意到为促进从"闲逛"到"摆弄"到成为极客的过渡通常所需的阶级资源（Ames，2019，Livingstone & Sefton-Green，2016）。[1] 我们已经表明，极客儿童的父母发现他们对孩子自己选择的兴趣进行了大量的投资，而正如科尔曼所观察到的，极客的斗争手段在传统上与受过高等教育的白人男子有关（Coleman，2017）。萨拉·巴内特－韦泽（Sarah Banet-Weiser）指出，极客文化获得主流地位的越多，女孩和女性就越有可能发现自己被边缘化（Banet-Weiser，2018）。[2] 简单地说，除非采取对策，否则推广极客文化——例如通过学校或政府政策，或者在大众媒体中炒作——很可能会强化不平等。不仅较贫穷的家庭缺乏资源来支持与维持父母和 / 或孩子的极客兴趣，而且很少有较贫穷的家庭能够在他们孩子学习上故意冒险（Livingstone & Sefton-Green，2016）。毫无疑问，这条通往成功未来的道路还没有被牢固地确立。

　　然而，我们并没有就社会阶层得出直接的结论，原因在第三章中已经解释过了。本章讨论的一些极客化的家庭可以被描述为中产阶级——当然包括普拉尼塔，还有梅丽莎和杰克这些博主。达尼、珍和娜塔莎都是受过教育的女性，娜塔莎是位专业人士，但她们也都是单亲妈妈，这减少了她们的经济资源，也许也增强了她们为孩子提供任何需要的东西的决心。然而，在第三章中，我们发现贫穷的父母努力为他们的孩子提供数字和其他机会，但似乎这些家庭并不特别极客化，至少在我们的田野调查中是这样。我们的结论是，接受数字技术需要相当多的教育和可观的经济资本，

[1]　其他的批评还来自Loveless & Williamson（2013）和Pelletier et al.（2010）。
[2]　另见：Lange（2014）；Warschauer & Matuchniak（2010）.

正如前文表明的，还需要有为未来冒险的信心。

然而，在我们的田野调查中，一些家长认为他们没有什么选择，只能接受现有的数字技术带来的机会。具体来说，对于一些努力满足孩子的特殊教育需要的家庭来说，极客或电脑迷的标签为其他有问题的特征，如强迫症或社交障碍，提供了积极的解释（正如我们将在第五章进一步讨论的）。苏珊·斯科特 ①，这位富有的美国母亲，我们在第二章中提到过她，她希望她有注意力缺陷多动症的小儿子肖恩可以接受这个认同，"意识到电脑迷是很酷的"："我是个电脑迷，我丈夫是个电脑迷，他的兄弟是电脑迷……电脑迷是了不起的。"通过共同使用这个经常被贬低的标签的积极特征，苏珊为她的儿子确定了一个积极的认同，一个与数字时代产生共鸣的认同。桑德拉（Sandra）和朱诺·斯塔布斯（Jonno Stubbs）②十分高兴，因为他们因收入低获得了数字营的奖学金，卢卡斯（Lucas）（9岁）是自闭症患者：

> 桑德拉：对于我们或卢卡斯来说，极客是一个好词，是积极的东西，是一个关心自己工作的人，明白努力工作会得到结果，并需要亲身实践。他也才刚刚理解这一点。
>
> 朱诺：才刚刚理解。嗯，这也将是他的职业，我认为，作为一个极客，他将赢得金钱，因为如果他没有计算机的世界可以进入……
>
> 桑德拉：他将一无所有。
>
> 朱诺：嗯，说实话，我不知道他能去哪里。
>
> 桑德拉：他没有地方可以去。
>
> 朱诺：计算机是他的出路，也是他人生的出路，因为他的数学很好，而且他对计算机很在行，这将是他的救命稻草。

---

① 59号家庭。
② 62号家庭。

桑德拉和朱诺充分意识到激发卢卡斯的兴趣有多难，但一旦对某件事情感兴趣，他就会热情地追求它，甚至痴迷于它，他们准备尝试任何事情——父子俩花了很多时间一起玩游戏，这是另一项通常与极客有关的活动（更有争议的一种学习）（Ito et al.，2010；Jenkins et al.，2016）。而且，桑德拉和朱诺希望卢卡斯成为一个极客，否则他们无法想象他的未来。

关于性别不平等，情况很复杂。就数字技术专业知识集中于男性或者至少是由男性和男孩们特别主导的而言，我们的田野调查既包括了普拉尼塔和夏洛特，也包括了贾斯珀和乔希，这值得注意。但毫无疑问的是：在我们的田野调查中，有更多的男孩选择了极客的认同，但只有为数不多的女孩接受了极客的认同。对于这些女孩的父母来说，刻意消除性别刻板印象是很重要的。例如，安妮·雷诺兹（Anne Reynolds）①现在是一家公司的董事，她在回忆她早期的一份工作时说：

> 我们公司有网络，我根本不知道如何打开和使用它。我被办公室的同事羞辱了，他们是两个已经在那里工作了一段时间的年轻人，他们认为这样做会非常有趣，比如嘲笑我，但他们不会帮助我。最后我想办法弄清楚了，……这是未来必不可少的技能。

在第六章中，我们将见到安妮（Anne）②12岁的女儿埃斯梅（Esme），她在数字营参加快速原型制作（rapid prototyping）课程，这并非偶然。正如安妮所说："我认为这是一种赋权，如果她选择追求这种能力，我认为这绝对是件好事。"我们与乔凡娜（Giovanna）（13岁）明确讨论了性别问题，因为我们看到她在伦敦青年艺术协会的几个星期六都是和一屋子的男孩共同度过的，她通常戴着耳机专心致志地工作，屏蔽了所有人的干扰。

---

① 53号家庭。
② 15号家庭。

索尼娅：我想也许在数字动画和视频制作方面没有多少女孩，我想和你谈谈其中的原因。

乔凡娜：是的，只有一个。

索尼娅：好吧，你真的是唯一的一个。你认为这是为什么？

乔凡娜：我不知道。我想去年有一个，前年也有一个，但她们离开了……数字营用 Photoshop 处理的图片都是超级英雄等，没有很多女孩子的东西可以处理，但我认为这并不重要，因为你可以用其处理动物之类的图片。

索尼娅：所以是他们挑选的图片的问题？因为你们可以处理超级女英雄的图片，不是吗？

乔凡娜：是的，但这不是，……比如说刻板印象中女孩做的事情。

索尼娅：是的，但你看起来不像是一个关心刻板印象的女孩？

乔凡娜：是的，因为我喜欢它，所以我才做的。

乔凡娜表达了学术文献中经常提到的观点——这些例子（此处是超级英雄）被心照不宣地性别化了，和其他日常实践一样（不是"女孩子该做的事"）。尽管她欣赏的教育工作者戴安娜（Diana）是一名英国黑人女性，她决心为各种背景的男孩和女孩树立平等的数字能力榜样（Westman，2007）。虽然戴安娜的努力是政治性的，在让更多女性进入电影业的更广泛的努力中发挥了微小的作用，但对于乔凡娜来说，性别是或者应该是无关紧要的。与伊林·坎德（Elin Kvande）相反，她不希望她是"男孩中的一员"，她说："我不是男孩中的一员，但这并不重要。"因此，她试图回避在接受数字技术和做一个女孩之间的似是而非的选择（Kvande，1999）。

我们不知道她是否能在她的青少年时期保持这种状态，但在我们看来，一些男孩也通过极客身份认同来回避传统的性别角色。例如，虽然达尼有点担心乔希不能"融入"，因为"极客仍有污名"，但乔希却不屑一顾：

我所在班级的大多数人……他们认为自己非常酷，他们有 87 个朋友，他们只谈论足球、橄榄球和体育；我不可能融入这些圈子，因为我……不了解体育、橄榄球或这些人。

因此，尽管用露丝·欧登泽尔曾（Ruth Oldenziel）的话说，掌握技术本身就充满了"男性的神秘感"（Oldenziel，1999）[①]，尽管我们所访问的数字学习空间中，男生肯定多于女生（见第六章），但我们还是犹豫不决，不敢断定极客化的数字活动是直接由性别决定的，如果男孩在极客方面投入太多，他们有可能被其他人"女性化和社会边缘化"（Ward，2014）。乔凡娜和乔希的案例表明，青少年在探索创造性数字身份认同，以替代被同学广泛接受的二元性别角色。

情况在改变吗？帕特里夏·兰格（Patricia Lange）认为，随着极客女孩们作为 YouTube 创建者出道，随着数字世界扩大其范围并获得更多公认的价值，随着性别议题出现在学校和工作领域的"数字议程"上，对极客活动的参与将扩大并多样化（Lange，2014）。然而，正如关于计算机历史和文化的女权主义学者所观察到的，计算机行业中长期存在的结构性歧视消弭了改善的简单希望（Wajcman，2004；Kerr，2011；Miltner，2018；Banet-Weiser，2018）。

除了教员戴安娜——她有一天要求全班讨论为什么游戏行业的女孩这么少，以及为什么为女孩制作的游戏这么少，我们看到无论是在家里还是在学习场所，都很少有人试图明确地将这些问题政治化。例如，尽管父母，尤其是母亲的越来越多的数字技术知识可能会挑战刻板印象，但即使是我们采访的比较成功的妈妈博主也没有对导致她们收入不稳定和某种程度的孤独的环境进行批判性的反思，如工作场所不灵活或缺乏国家支持等问题。事实上，妈妈博主们选择不使用极客标签的事实提醒我们，数字工

---

① 另见：Kerr（2011）。

作本身是有性别差异的——通常女性网红似乎更看重她们的女性手工技能和风格，而不是她们的数字技能（尽管为了成功，这些技能也必须是充足的）（Luckman & Tomas，2018；Lopez，2009）。然而，我们很少听到她们讨论如何提高她们在技术工作场所的认可度或安全性，尽管有几位博主敏感地意识到，让以前沉默的育儿经历公开化是一种政治行为。

结　语

　　国家、行业和流行媒体似乎正在联合起来，为长期被污名化的极客恢复名誉。儿童应该学习编程，成为内容生产者，而不仅仅是消费者，并为刚刚出现或尚未发明的工作做好准备，这一广泛的政策要求导致许多国家，包括英国，投入公共资金，为数字时代更新——如果不是重塑——学校，以及支持校外和在线学习数字技能，特别是编程的机会（Department for Education，2018；Dredge，2014；Selwyn，2014；Royal Society，2017；Williamson et al.，2018）。除了将编程等专业的计算机知识纳入英国国家课程之外，越来越多的学校正在创建创客空间 ① 和编程俱乐部，或举办游戏竞赛或黑客马拉松。在《电脑迷的复仇》（Revenge of the Nerds）等电影中，那些利用其对技术的熟练程度来"追到女孩"的社交笨拙的人物所取得的胜利，在今天似乎显得有些过时，即随着机器人、算法和人工智能的发展，我们最好都成为极客，否则就会失去自主权，正如马修·富勒（Matthew Fuller）所描述的那样（Fuller，2017），或者像达尼更乐观的预言，"极客将继承地球"（Hill，2002；Robbins，2011；Roeder，2014）。

　　但是，成为一名极客值得吗？学者们对于极客学习和参与的性质似乎

---

① 创客空间是参与者聚集在一起，利用数字和非数字资源的组合创造不同的人工制品的空间（Blum-Ross et al.，2020；Marsh et al.，2017）。

没有什么分歧（Fuller，2017；Gibeault，2016；Ito et al.，2010）。正如连接性学习理论所倡导的那样，数字环境的负担和兴趣驱动的、试错式的合作学习之间的生产性协同作用对许多人来说是有益的，即使他们没有像本章中讨论的一些人那样进行全面的身份认同（Ito et al.，2010，2013）。然而，对于极客的政治性则存在着不同意见。长期以来，极客一直是反权威的，而目前对他们主流化趋势的批评者则担心他们的价值观正变得越来越新自由主义。富勒将此称为现代"极客悲剧"（Fuller，2017）。

本·威廉姆森（Ben Williamson）认为，极客们正在被他们试图逃避的体制所收编：

> 因此，在互联网设计者的文化与网络化个人主义和创造性受众的文化之间有一种文化共鸣，这种文化共鸣影响了数百万互联网用户。网络个人主义以其对个人选择、项目和自我创业行为的关注，已成为硅谷网络自由主义价值观的全球化文化表达（Williamson，2013）。

我们采访的一些家长接受了这种规范性的市场逻辑——正如我们在第六章中所探讨的数字营和其他科技场所的教育工作者一样。虽然大多数家庭重视合作学习，将其视作技术参与的一部分，但这既不排除接受一种商业精神，也没有远远超出他们日常生活的圈子而构成一种政治承诺——尽管对一些人来说，数字技术使他们能够与具有类似生活环境的人组成一个共同体（正如我们将在第五章看到的，对一些有特殊教育需要的孩子的父母来说尤其如此）。

拉尔斯·孔萨克（Lars Konzack）认为技术宅男并不反对社会正义或新自由主义的价值承诺，而是建立了一个替代他们之前的嬉皮士和雅皮士精神的方案（Konzack，2006）。[①] 他讲述了极客一代是如何诞生的：当时硅

---

① 另见：Foer（2017）；Turner（2006）。

谷遇到了 20 世纪 60 年代的嬉皮士反主流文化，在这种文化的影响下，微型、家用计算机被建构为一种解放手段。他同意科尔曼把极客和特权联系在一起的观点，认为"互联网好像是极客们的游乐场，他们实际上是在展示他们的文化力量和进步性"（Konzack，2006）。然而，他们这样做并不是因为反对体制，而是通过建立一种混合的极客精神特质，与右翼或左翼的规范传统相区别。对我们采访的家庭进行反思后，我们倾向于同意孔萨克的观点。是的，我们在本章讨论的家庭都有受教育的背景，虽然他们的收入各不相同，但没有一个是真正不稳定的。支持一个极客孩子需要父母付出相当大的努力，这不是所有的父母都能做到的，重要的是要认识到，许多接受极客行为的家庭以这种或那种方式，既能按要求进行投资，又能在最终结果方面承受一定程度的风险。除此之外，我们可以冒险提出两个互相关联的普遍化的观点。

首先，我们认为本章所讨论的重点是寻求自主权和认可。每个被我们称为极客的儿童和成人都致力于学习与使用技术，以获得内在的乐趣，自我实现，增长技能，有时，与提供认可的共同体分享这些乐趣和专业知识。我们从所涉及的学习模式（类似于连接性学习理论所提出的模式）、所追求的关系形式（平等的、合作的、基于同伴的）以及由此构建的身份认同等方面分析了他们的活动。当然，本章所讨论的家庭在很多方面都是不同的，但他们都为自己选择的生活方式付出了相当大的努力。成为极客不是一种随意或偶尔的活动，而是需要改变整个生活方式。正如我们从田野调查中了解到的那样，其结果是一种强烈的动机和方向感，需要对自己的能力和专业知识有相当大的信心，以及与其他有共同兴趣的人积极团结。

其次，接受极客的身份认同和生活方式是一种高风险的策略，会产生一种与大多数同龄人格格不入的感觉。因此，虽然他们可能从非正式学习环境中的特殊联系或通过特定的小众线上组织受益，但我们采访的极客也经历了与学校学习或更广泛的社会接受方面脱节的问题。一些家庭的经历也暗示了悲哀的迹象，以及与他们的局外人身份认同有关的某种程度的反抗。极客身份认同也不能让像娜塔莎这样的父母放心：当他们看着自己的孩子在此时此刻沉迷于屏幕上的东西时，他们担心代价会超过任何未来的成功。然而，在父母感到沮丧或孩子似乎不能融入社会的家庭中，极客的身份认同似乎提供了一个解决方案，特别是现在这种身份认同越来越被主流社会所认可和重视。

耐人寻味的是，在我们的田野调查中，许多接受技术的人的部分动机是寻找一个积极的可参与的领域，以解决一些非常真实的实际生活中的问题。正如我们提到的，乔希的父母最近离婚了，贾斯珀的父亲两年前去世了，普拉尼塔的母亲患有绝症，夏洛特有多种特殊教育需要，梅丽莎作为留在家中的年轻母亲感到孤立无援。对于一些人来说，个人的信念似乎是主要的动力。乔凡娜的母亲路易莎（Luisa）为了从伦敦的新机会中获益，把乔凡娜从她的父亲、富裕的家庭和原籍国带走，住在狭窄的环境中，这似乎富有戏剧性。路易莎说："我认为这就是未来，我希望我的孩子为未来做好准备。"①

我们的田野调查不允许我们超越这些个人来进行归纳，但如果说个人选择、有趣的项目以及与他人分享日益增长的专业知识具有相当大的吸引力，似乎并不牵强。同样，似乎每个人都有理由认为现实世界是有风险的，这使得相当大的投资与高度不确定的回报相联系，而选择一条通往数字未来的极客之路，似乎风险相对较小。而且还有一个可能的好处，那就是感觉自己与技术乐观主义的公共话语保持一致，正竭尽所能为想象中的数字未来做准备。

至于家庭动态，我们发现，父母和孩子都通过身份认同来接受技术，

---

① 这导致了一些紧张的家庭关系。路易莎告诉我们，乔凡娜"会出现在很多电影里。你们见过她画画吗？她画画很棒……"但乔凡娜告诉我们，她希望成为一名科学家，对她母亲的创作激情没有兴趣。尽管如此，她也看到了在动画课上学习数字技能的潜在好处，不管她的未来会怎样。

这可以使他们形成平等的和富有建设性的对话，在这种对话中，每个人都可以尊重对方并向对方学习，从而避免一些围绕技术的冲突，而这种冲突困扰着那些没有共同数字兴趣或专长的家庭。我们甚至可以把这些接受技术的家庭解释为吉登斯的"民主家庭"（Giddens，1991）的一个特殊版本，父母与子女的关系部分地从行使权威转向以相互学习和分享乐趣为中心的同伴关系。但即使在这些家庭中，父母也没有完全放弃他们的权威：在与达尼的访谈中，当乔希批评她缺乏知识时，她会略感沮丧，而当乔希把关于极客的话题说得太离谱时，达尼也会加以训斥。我们在珍和夏洛特身上也看到了类似的动态：在她认为必要时，珍在同伴、导师和父母的角色间转换。

然而，当父母或孩子中只有一人被认定为极客时，就会产生重大的不和谐，就像我们在娜塔莎和贾斯珀身上看到的那样，或者在梅丽莎和米洛身上看到的那样，程度较轻但可能越来越严重。极客儿童对数字实践的沉迷让父母感到担忧，他们并不了解这种乐趣，但他们感受到了社会警告他们应该限制屏幕时间的负担。社会对屏幕时间的警告甚至影响了一些极客父母，他们虽然自己具备数字技术，因此意识到数字技术可能带来的好处，但还是限制他们孩子的数字活动。

在本章中，我们发现极客家庭中的成员通常是自我激励、自信自立的学习者，他们喜欢为学习而学习，一方面受益于学习的迭代性和反思性的概念，另一方面受益于同伴的协作支持。但所有这些都需要相当多的资源和努力，而且极客的认同可能会在家庭内部以及外部——特别是与同伴和老师——引发紧张的关系。也许正是出于这些原因，尽管公众的认可越来越多，但极客们走的是一条很少有人遵循的道路，这既涉及成为极客的原因（通常是非常私人的），也涉及成为极客的后果（风险未知）。

第五章

残疾（能力）

9 岁的卢卡斯·斯塔布斯[①] 获得了奖学金，从而可以参加数字营的暑期课程。他的父母桑德拉和朱诺告诉我们，这让他们感觉就像中了彩票一样。虽然对许多参加数字营的孩子的家长来说，像我们在第三章中见到的蒂埃博夫妇[②]，500 英镑的学费不是问题，但如果没有这笔奖学金，斯塔布斯夫妇"永远也付不起"这笔学费。[③] 我们坐在他们位于伦敦南部 20 世纪 60 年代建造的破旧的市政产权的房子里，被他们多元文化大家庭的照片包围。桑德拉和朱诺向我们倾诉了他们对卢卡斯的期望与担忧。[④] 他们形容他是一个"独特的小男孩"，"喜欢数学，从 5 岁起就开始下棋，对电脑、足球和《神奇宝贝》（Pokémon）着迷"。近年来，他开始显得与同龄人格格不入——迷恋电子游戏，不喜欢社交，对特定的朋友过度投入，纠缠他们，直到他们离开。他的父母说卢卡斯对他自己愈发严重的社会孤立感到"不解"，但桑德拉感到"非常烦恼"，所以桑德拉和朱诺让专家对他进行了评估。到他参加数字营时，卢卡斯被诊断为自闭症谱系障碍（autistic spectrum disorder）已经有 1 年了。桑德拉和朱诺尝试对这一诊断进行解

---

① 62 号家庭。

② 57 号家庭。

③ 数字营的创始人苏珊娜（Susanna）一直努力寻找企业赞助商以提供奖学金，为低收入家庭的学生提供资助。

④ 房子归桑德拉的祖父母所有，当她的父母陷入经济困境时，是她的祖父母抚养她长大的。

释，有时称之他为高功能自闭症（high-functioning ASD），有时称之为阿斯伯格综合征（Aspergers）（桑德拉认为这听起来更亲切）。[①]

桑德拉经营着一家小公司，从事平面设计和儿童派对的娱乐表演（她涂着鲜艳的粉红色唇膏，戴着毛茸茸的猫尾巴来接受采访），她希望数字营可以帮助卢卡斯理解如何从玩视频游戏转变为游戏设计师。朱诺（他自称是"彻头彻尾的北方工人阶级"）认为这可能是"第一步，可能是真正能让他在人生道路上奔跑的东西"。卢卡斯已经了解了一些关于编程的知识，他在学校的编程俱乐部学习了 Scratch，他还和桑德拉通过 Skype 找到的导师一起工作（同时还参加了当地的足球联赛和戏剧班，这也是由奖学金支持的，正如第三章所述的不同形式的协同培养）。尽管这个家庭为钱而挣扎——朱诺是一名训练有素的护士，当时没有工作，但他们认为这些费用是值得的，因为当他们收到自闭症谱系障碍的诊断书后，卢卡斯的校长鼓励他们说，如果他们能"让卢卡斯走上正轨"，就"会拥有一个可爱的小电脑游戏设计师，他的生活将是快乐的"。

数字营似乎提供了一条加强他们努力的路径。数字营位于伦敦的一所精英大学，导师具有行业经验，桑德拉认为这一切都深深鼓舞了卢卡斯。她给我们看了一张卢卡斯入营第一天的照片，他戴着数字营的挂绳，穿着连帽衫，拿着一个写有他名字的星巴克杯子（里面是热巧克力），咧嘴笑着，看上去就像《硅谷》（*Silicon Valley*）[②]等节目中创业极客角色的迷你版——与大多数角色不同的是卢卡斯的黑人身份。桑德拉告诉我们，卢卡斯会在课后留下来看导师自己做的游戏，以及那天晚上他回家后宣布："我真的为自己感到骄傲。"

---

① 像高功能自闭症和阿斯伯格综合征这样的术语出于各种原因而备受争议，但也许最紧迫的问题是，这些不同的称谓如何深刻地影响为确诊患者的家庭和个人提供公共服务。例如被诊断为患有高功能自闭症的儿童通常比患有阿斯伯格综合征的儿童获得更多的学校支持，后者通常没有得到他们需要的帮助（Sheffer, 2018）。
② 《硅谷》是一部美国情景喜剧，讲述了一个电脑程序员和他的极客朋友们试图利用硅谷创业市场的故事。

然而，桑德拉和朱诺对卢卡斯的极客行为的庆祝带有一些绝望的色彩。正如第四章所述，朱诺怀着幻想，但也不无感慨地将电脑视为卢卡斯"人生的出路，他的救命稻草"。桑德拉指出，在玩游戏时，卢卡斯有"无穷无尽的乐趣，可以融入……在那种环境下，他是正常的"，但她说，当父母试图让他关掉游戏时，他会有"令人难以置信的脾气"，因为他"在玩的过程中，会影响到上厕所、喝水和其他任何需要，他可能会有头疼的感觉，直到他停下来才会发现"。卢卡斯的痴迷是否归因于他的自闭症，对父母来说很难判断，因为他的诊断对他们来说仍然是那么神秘。他们也不确定该如何与卢卡斯谈论自闭症，正如朱诺所描述的那样：

> 我不想让他认为自己不正常或其他类似的，……反正没有人是不正常的，我们都是独一无二的，但这种疾病真的是，它允许孩子们有这样的天赋，……但也有缺点。

因此，桑德拉和朱诺开始发展一种与我们采访的许多其他家庭共享的话语，在这种话语中，卢卡斯的自闭症既是一种疾病，也是一种天赋。当他们考虑到卢卡斯的技能和他的挑战时，尽管存在非常真实的挑战，但数字技术仍有很大的潜力，因此被视为引导他的天赋走向未来就业能力、社会联系和幸福的一种方式。尽管卢卡斯只有 9 岁，但他的父母还是敏锐地感受到了这些希望。

对残疾的定义

在本书中，我们试图将有相似之处的家庭归为一类，同时也承认这些家庭之间的显著差异。这在本章中是很棘手的，因为像残疾或特殊教育需要这样的标签可以被用来指向一个单一的他者或外部群体，意味着需要被治疗（医疗模式）、被同情（慈善模式）或被激励（高尚的英雄模式）。与此同时，标签帮助我们理解家庭经验多样性中的相似性，我们也看到了标签和诊断如何为家庭提供实际、资金与情感支持（Briant et al.，2013；Kapp et al.，2012；Shakespeare，2010）。为了避免将有特殊教育需要和残疾儿童的家庭本质化，我们在整本书中包括了与相关主题相匹配的各种家庭，并在本章重点关注这些家庭。然而，我们应该注意到，我们的重点是残疾儿童的父母，而不是直接关注这些儿童。虽然残疾儿童无疑在现有的学术研究中缺乏足够的关注，但他们的父母也一样，在官方话语和旨在帮助他们及其子女的服务设计中，经常被忽视。① 然而，我们承认，本章关注父母而不是儿童，可能意味着对特定诊断或残疾的过度关注，这些关注未必是孩子们认为有必要的。

残疾、残障和特殊教育需要这些术语仍然有争议，因为它们意味着与假定的标准不同。流行的定义集中在"不利、缺陷，特别是限制正常成就的身体或精神损伤，会阻碍人的发展或使人丧失能力的东西"（Linton，2006）。② 对这一观点和支撑这一观点的主流医学模式的批评指出，主流观点通过声称人们缺乏的东西来定义人们，使残疾成为个人问题，而不能抓住更广泛的社会和关系语境。相比之下，残疾的社会模式认为，用残疾和媒体学者伊丽莎白·埃尔塞瑟（Elizabeth Ellcessor）与比尔·柯克帕特里克（Bill Kirkpatrick）的话来说，"残疾和健全的社会、身体、经济与意识形态条件是被建构的"（Ellcessor & Kirkpatrick，2017）。③ 因此，社会模式并非

---

① 关于残疾儿童和青少年视角的文献，包括：Fleischmann & Fleischmann（2012）；Higashida（2013）；Resch et al.（2010）；等等。我们承认，父母可能会更多地关注孩子的缺陷，而不是孩子们觉得有必要关注的问题。

② 另见：Ellcessor & Kirkpatrick（2017）；Tirraoro（2015）。

③ 残疾权利运动以及由此产生的残疾的社会模式为残疾人的观点和经历伸张正义，而以往残疾人往往在有关其生活的决定中保持沉默，这对残疾儿童和青少年来说更是如此（Alper，2017；Oliver & Barnes，2012）。

断言个人有残疾，而是断言，由于未能适应一系列的经验，社会使那些不符合预期或规范的人丧失能力。因此，它将注意力从有缺陷的人身上转移到那些未能创造条件让每个人（包括定义的）都能获得参与机会的机构上（Osteen，2008）。[1]

虽然承认社会模式在打破残疾和缺陷之间预先假定的等同关系方面的价值，但其他人指出，关注社会结构有可能会低估残疾在身体和社会环境之间的相互作用中"复杂体现"的方式（Alper et al.，2015）。[2]正如后文所描述的，我们采访的许多父母被残疾的社会模式所吸引，因为它提供了一种话语，支持他们认为他们的孩子并不差，同时对主流社会无法提供他们和他们的孩子所需要的支持持批评态度。同时，他们也借鉴了"医学模式"，因为这是支持服务通常使用的话语，而父母往往忙于应付与医学或学习专家的预约，以控制或减轻他们孩子残疾的影响。

在桑德拉和朱诺的叙述中，我们看到许多这样的矛盾。他们明确拒绝"不正常"的标签（Lester & Paulus，2012），但像其他许多有隐性残疾儿童的家庭一样（Blum，2015），当卢卡斯被诊断出来时，他们感到非常欣慰，因为这使他们有机会在学校和其他地方获得非常宝贵的（而且是非常昂贵的）资源。[3]当卢卡斯进入青春期时，满足卢卡斯的医疗和社会需求已成

---

[1] "残疾的青少年"（disabled young people）一词的使用在残疾的社会模式的著作中很常见。然而，我们使用以人为本的语言，比如"带有残疾的青少年"（young people with disabilities），除非这些家庭另有明确的说法。我们采访的一些人用他们的缺陷来描述自己［例如，艾里斯（Iris）后来称自己为亚斯伯格征患者］。一些人认为，以人为本的语言使残疾成为一个人碰巧拥有的东西，从而淡化了残疾的社会现实（Alper，2017；Brown & Bobkowski，2011；Fleischmann & Fleischmann，2012；Titchkosky，2001）。残疾的社会模式在挑战媒体对残疾人的有限描述方面发挥了至关重要的作用（Ellis & Goggin，2015）。
[2] 神经多样性运动拒绝正常化的目标（Siebers，2008；Thomas，2013），帮助父母理解儿童的多样性经验，与身体的天生条件（hardwiring）相联系，因此不是父母们个人努力的结果（Blum，2015）。这些脑科学研究试图将差异变成一种积极的属性（Kapp et al.，2012；Ortega，2009）——尽管Macvarish（2016）对神经科学育儿（neuroparenting）的兴起进行了批评。
[3] 在英国，"特殊教育需要"一词在20世纪60年代末取代了"残疾"（handicapped）一词（Gulliford & Upton，1992），因此，与其按损伤或"残疾"对儿童进行分类，不如按损伤可能引起的"特殊教育需要"来描述他们。

为父母双方的首要任务，因为他的社会交往有时很混乱。虽然他们对卢卡斯被评估为需要进行特殊教育（been statemented，这本身就是一个流行但令人不安的短语）感到欣慰，但桑德拉和朱诺正在努力争取确保他获得所需的资源，而此时"英国紧缩政策"（austerity Britain）导致的社会服务削减深深影响了残疾人，特别是青少年，使有助于减少社会孤立和边缘化的规定，包括学校的支持，都被削减了（Goodley et al.，2014）。[①]

虽然桑德拉和朱诺与卢卡斯的学校关系很好，但我们采访的其他残疾儿童的父母都觉得自己对"这个体制"感到失望，许多人不得不放弃工作，成为全职看护人或在家教育他们的孩子（Kendall & Taylor，2014），这一点我们稍后会探讨。对于所有的父母来说，身份认同都是与他们的孩子有关的，并且是与他们的孩子共同构建的（Blum-Ross & Livingstone，2017；Gergen，2009）。对于残疾儿童的父母来说，这通常被描述为更加亲密和强烈的情感，并且似乎是无止境的——考虑到父母所提供的照顾的具体现实，在某些情况下，他们要亲自抱着十几岁的孩子，更换结肠造口袋，或者整夜与孩子待在一起，因为有时这些孩子的缺陷导致他们无法入睡。简而言之，对许多父母来说，为了获得资金，从而获得现在和未来的机会而与机构斗争，是他们养育子女的经历、关系和身份认同的核心。

残疾和技术

数字技术通常被视为一种解放的工具，有助于残疾人释放潜力，并传递他们的需求和经验、欢乐和挫折。有无数的研究探索辅助技术，如语音输出交流辅助工具或图像交换交流系统，甚至像人工智能（AI）和机器人

---

① Cross（2013）指出，到2018年，残疾人将失去价值惊人的283亿英镑的财政支持。英国国家审计署记录了本世纪第二个10年需求的上升和地方服务支出的缩减（NAO，2018）。

这样的新兴技术，如何帮助残疾儿童和青少年参与他们的社群和家庭——但重要的是要注意，获得这些技术的机会并不公平。除了数字媒体的技术特性外，在线交流的特殊可供性——例如它不是面对面的，往往更适合异步互动的方式——可以减轻自闭症青年在其他交流形式中感受到的一些压力（Alper，2017；Pinchevski & Peters，2016）。

但这种技术乌托邦主义是有问题的，因为即使无障碍技术不断发展，技术使残疾人获得平等的希望增加，许多人仍然被排斥在外。[①] 我们对采访有特殊教育需要和残疾儿童的父母感兴趣的一个原因是，有些人转向数字技术以减轻残疾的社会影响，尽管这样做也可能有加剧这些影响的风险。正如媒体和传播学者梅丽尔·阿尔珀（Meryl Alper）所观察到的，新技术，特别是触屏设备，经常被作为一种帮助孩子学习、表达自己，从而参与世界的方式向父母推广（Alper, 2017）。[②] 有些数字交流工具是直接的和补偿性的，例如为有视觉障碍的人提供的有声书。或者就像埃斯梅·斯克尔顿[③]的父母告诉我们的，正如我们将在第六章中进一步探讨的那样，埃斯梅对诸如拼写检查等技术的使用减轻了她父母所说的轻度阅读障碍(mild dyslexia）的影响，因此在学校她可以"在电脑上更容易地找到东西，她可以感到更自信"。

我们从家长那里听到的一些内容更为复杂，甚至在想象新的数字媒介方面也很有创意。在第四章中，我们提到了珍·皮尔逊和她的女儿泰根和

---

① 关于互动技术的设计和开发，以及用于残疾儿童康复和治疗的机器人技术的文献越来越多（Alper，2017）。机器人被用作自闭症儿童的辅助技术，以帮助沟通和改善社会行为（Alper，2018; Besio & Encarnação，2018）。然而，数字媒体本身并不能给残疾人带来平等（Borchet，1998）。例如，一项对有感官障碍的儿童的研究发现，他们既对平板电脑等数字技术感到乐观，认为其可以支持他们与同龄人的学习和交流，但是这些相同的"技术有时会让青少年感到不自在和被污名化"（Cranmer，2017）。

② 无数的研究探索了辅助性技术，如语音输出交流辅助工具和图像交换交流系统（Faucett et al.，2017; Flores et al.，2012），甚至是人工智能和机器人（Besio & Encarnação，2018）等新兴技术可能会帮助包括自闭症患者在内的残疾儿童和青少年参与他们的社群和家庭，尽管需要再次指出，获取这些技术的机会并不公平。

③ 53号家庭。

夏洛特①，两个女儿在公立学校经历了艰难的学习之后，珍开始在家里对她们进行教育，尤其是夏洛特，她有轻度到中度的运动障碍（dyspraxia）和阅读障碍。珍对技术的乐观态度是建立在她的知识之上的，她热衷于阅读研究文献，认为特殊教育需求、数字能力和不断变化的劳动力市场之间存在着富有成效的交集。

> 珍：我经常让她玩《我的世界》，这对有阅读障碍的她来说真的很好。她很有 3D 意识。她已经在一个三维环境中思考问题了。
>
> 艾丽西亚：那么你认为《我的世界》对她有什么帮助？
>
> 珍：嗯，这是一个很好的开端，比如 CAD（计算机辅助设计）和很多其他的东西，这些技能都是新的，孩子们在工作环境中会变得越来越重要，而且她也很有创造力，她也很擅长，所以对她建立自信心很有帮助。

事实上，珍认为数字化的未来将使阅读障碍症过时：

> 我曾对人们说过，阅读障碍将是一种在历史上只出现过很短一段时间的疾病。因为在我们有文字之前，她可能已经是一个领导者、大师、杰出的纺织品设计师，或其他任何人物……而在某些时候，我们只需要和计算机对话。在这中间的这段时间里，她有一个学习上的困难，这个困难只存在于现在，真的。

对于其他父母来说，技术给已经很脆弱的孩子带来了令人担忧的风险——有特殊教育需要和残疾儿童的父母调查报告显示，他们自己和他们的孩子都受到了更多的网络伤害。因此，在家长看来，技术应该被抵制，

---

① 2号家庭。

或者至少应该与其他非数字活动进行谨慎的平衡。①

在伦敦青年艺术协会，我们采访了罗伯特·科斯塔斯②，他是 15 岁的杰克的父亲。我们在数字应用课上认识了杰克，他患有自闭症。罗伯特经常担心杰克对他的 iPad "太过沉迷"，这导致了他与妻子伊莱恩的激烈争吵，她是一位家庭主妇，罗伯特认为她太放任了，把 iPad 当作 "保姆，所以她可以得到一些和平和安静……［但现在］马儿跑了，我们试图关上马厩的门"。杰克一直有睡眠问题，在罗伯特的要求下，他们试图让他摆脱屏幕时间，每天减少 15 分钟使用 iPad 的时间。③与此同时，罗伯特希望技术是杰克未来的关键，当杰克接近教育和国家支持即将停止的年龄时，这种担忧在罗伯特的脑海中挥之不去，伦敦青年艺术协会的特殊教育需要工作者米娅（Mia）称之为 "悬崖边"。像桑德拉和朱诺·斯塔布斯一样，罗伯特幻想着：

> 有一条杰克可以选择的职业道路，在这条道路上他的情况可能是一种财富……因为他能跳出框框……他对细节有很好的关注。所以在工作方面一定有这样的例子，这真的很好。④

罗伯特把杰克的能力（而不是残疾）说成是他的资产，这一点得到了

---

① 因此，不出意外的是，在我们询问的大多数和数字技术相关的活动中，他们进行了更多的中介化的育儿实践，从建议安全使用互联网的方式到与孩子一起进行线上活动（Zhang & Livingstone，2019）。
② 3号家庭。
③ 研究表明，遭遇睡眠问题是自闭症谱系障碍患者及其父母日常生活的重要特征（Krakowiak et al.，2008；Richdale & Schreck，2009）。
④ 考虑到杰克和卢卡斯生活在伦敦，他们进入数字游戏产业并非不切实际。英国的视频游戏产业对英国国内生产总值（GDP）的贡献超过10亿英镑，在欧洲排名第一。游戏产业属于创意经济，其表现优于英国其他产业，并有望在未来5年将该产业的出口增加50%，创造约60万个新工作岗位（Department for Digital，Culture，Media & Sport，2018）。

尼娜·罗宾斯（Nina Robbins）[1]和珍·皮尔逊等人的赞同。这些父母在描述他们的孩子时，不是将他们视为无能的，而是将他们视为有特殊的技能和本领，可以获得特别的机会。技术驱动的工作或以技术为重点的工作，特别是对自闭症儿童的父母来说，往往被视为提供了某种能发挥他们孩子潜能的机会，他们渴望得到这种机会，这种渴望超越了对技术其他方面的关注。从某种程度上说，一些家长对这一愿景的执着，更说明了社会为残疾人提供的获得独立的途径是多么少，而不是技术本身的问题。[2]

在我们的田野调查中，我们遇到了有各种障碍（主要是智力障碍而不是身体障碍）的儿童，最常见的是自闭症儿童。[3] 我们发现自闭症儿童的父母热衷于讨论他们的孩子所经历的帮助和伤害，或者他们希望或担心他们的孩子可能收获的好处和坏处。似乎这些父母经常被数字学习机会吸引，他们认为数字技术既受欢迎又令人担心。通常，这些看法反映了大众（和专业）想象中的一个强有力的原型（archetype），即把自闭症和技术熟练程度等同起来。社会历史学家内森·安斯曼尔格（Nathan Ensmenger）在写关于"计算机男孩"的神话时，将对（男性）工程师的刻板印象描述为：

> 脾气暴躁，反社会，更关心维护系统的完整性，而不是真正帮助终端用户。这种刻板印象是如此被认可，以至于对计算机编程的高度熟练与轻度的阿斯伯格综合征和自闭症有关——所谓的工程师障碍或极客综合征（Ensmenger，2010）。[4]

---

[1]　65号家庭。这种能力的性质往往不为人知，但父母似乎在不同程度上想到了集中精力的能力，即高度的准确性和对细节的关注，以及以创造性的、非标准的方式思考的能力。

[2]　残疾艺术家桑尼·S. 泰勒写道："实际上，许多人（残疾人）成为其家庭和朋友的负担的唯一原因是，他们的选择如此有限……在我们的社会中，缺陷不是残疾人依赖他人的唯一原因，更重要的原因在于我们不健全的社会服务系统。"（Taylor，2004）。

[3]　正如附录中所描述的那样，我们的招募方法是抽样的：我们从文献综述中确定了某些主题类别，这允许我们寻找那些特殊类型的家庭；我们还招募了不同社会经济地位、族裔和孩子年龄的家庭。

[4]　另见：Jack（2014）；Silberman（2001）。

因此，第四章中讨论的一些极客家庭中有自闭症儿童并不是巧合，数字营的创始人说，自闭症儿童在营里的比例也很高。[①] 在我们的问卷调查中，有特殊教育需要和残疾儿童的家长比没有特殊教育需要和残疾儿童的家长更多地认同："当涉及新技术时，我的孩子喜欢领先。"（Zhang & Livingstone，2019）

尼娜·罗宾斯与她的丈夫克里斯和7岁的女儿艾里斯住在伦敦南部郊区一栋大房子里，她告诉我们微软公司的一项就业举措，即主动招聘自闭症患者，是因为他们被视为公司的"资产"。尼娜认为这对艾里斯来说是一条潜在的就业途径，艾里斯患有自闭症和严重的感觉统合失调（sensory integration disorder），她经常几天都不能穿衣服。尼娜想象着，"无论如何，世界正在发生变化，所以艾里斯可能会从远程工作或任何最新的可以在家工作的技术中获益"[②]。

媒体和传播学者阿米特·平谢夫斯基（Amit Pinchevski）与约翰·杜伦·彼得斯（John Durham Peters）对他们所谓的自闭症患者和数字技术之间的选择性亲和（elective affinity）进行了思考。他们注意到，这些人"常常被认为是最适合应对新媒体时代的压力的人，这种观点在自闭症活动家（autism activist）中很常见"（Pinchevski & Peters，2016）。他们担心的是，通过将技术定位为那些害怕面对面交流的人的变通方法，面对面交流被再次确认为标准，自闭症患者，有时还有一般的青少年，被重申为有

[①] 畅销小说《积木做的男孩》（*A Boy Made of Blocks*）中讨论了这种联系，讲述了一位父亲只有通过一起玩《我的世界》才能与患有自闭症的儿子建立联系（Stuart，2016）。与这种将电脑极客和自闭症混为一谈的刻板印象相关的其他事实是，白人男孩和男性更有可能被诊断出患有自闭症，并且在技术领域代表性过高（Jack，2014）。

[②] 艾里斯在学校里感到难受，部分原因是她发现铅笔在纸上的声音让人分心和不安，她更喜欢用键盘打字，她说键盘感觉很有弹性，它不硬，很光滑，这种感觉很好。艾里斯在当地公立小学读到了二年级，但吵闹的教室给她带来了巨大的压力。她在学校可以应付得来（事实上，她的学习成绩很好），但在家里就会崩溃，会发脾气，会持续几个小时。

缺陷的。①

数字技术带来的难题引发了父母的不安，他们虽然乐观地认为数字技术可以为自闭症患者提供一种替代面对面交流的方式，从而促进其社会联系，但仍然珍视面对面的交流形式，并担心数字媒介的形式（短信、电子游戏、邮件等非同步消息）带来的效果不太理想，实际上可能更不人性化（Benford & Standen，2009）。② 自闭症儿童的父母为取得平衡所做的努力，由于其强烈愿望和更明显的担忧而变得更加困难，这就是我们关注这些家庭的原因。

连接的现在，不确定的未来

桑德拉和朱诺把所有的希望都寄托在卢卡斯作为游戏设计师的未来上，但其他家长则更关注目前的挑战。我们在伦敦青年艺术协会为轻度到中度有特殊教育需要和残疾的青少年开设的多媒体/应用开发班上见到了凯尔·坎贝尔（Kyle Campbell）③，他今年13岁。凯尔是这个班级里年龄最小的，他被特许加入，因为尽管他被归类为中度到重度自闭症，而且基本上不说话，但他对数字设计特别有热情。他的父亲瑞恩（Ryan）形容他"对计算机的理解是与生俱来的"，就像他"对语言和文字的视觉结构的敏感性"一样。瑞恩解释说，从2岁开始，凯尔就表现出对图形的兴趣，特别

---

① 因此，对自闭症儿童在技术方面的能力的赞赏隐藏了一个陷阱，因为它维护了"正常"的概念，使自闭症儿童永远赶不上。事实上，一些自闭症研究人员担心，流行的自闭症和计算机的等同可能会起到相反的作用——把自闭症患者变成"非人"或"半机器人"（cyborg）（Nadesan，2005）。

② 专门为自闭症儿童设计的面对面交流的数字游戏替代品的一个例子是AutCraft，这是一个由自闭症患者或他们的朋友或家人玩的替代《我的世界》游戏的虚拟世界（Ito，2017；Ringland et al.，2016）。

③ 4号家庭。

是字母和字体，他不厌其烦地画了又画从家里的数字光碟和电器上能找到的标识。凯尔一直用笔和纸创作，最近他开始将自己的兴趣转化为计算机艺术。虽然瑞恩不知道他是在哪里找到的，但凯尔"奇迹般地下载了专业的建筑软件"——SketchUp[①]。这激发了凯尔对设计购物中心和城市基础设施的新兴趣。

凯尔的母亲艾米（Amy）虽然对于凯尔对城市设计的兴趣感到有些困惑，但还是欣然接受了他的想法，带他到当地的门店去参观，并帮助他用数码相机拍照，以便为他的设计提供参考。他们还买了一台苹果台式机，这样他就拥有了一台功能强大的机器，但是当我们去他们家拜访的时候，我们看到他在一台旧的笔记本电脑上玩着 PowerPoint，而不是使用让他父母印象深刻的建模程序。我们和凯尔坐了一会儿。他显然善于剪切和粘贴图像，以及调整图形的大小，但 PowerPoint 不是一个复杂的图形程序，而且凯尔的光标在屏幕上移动得非常快（他随时都有几十个窗口打开），很难确定他所做的是否特别有创意。当瑞恩打开已经闲置了几周的桌面时，很明显，不仅 SketchUp 的免费试用期已经结束，而且桌面上现在有病毒，这些问题凯尔没告诉他的父母，他们也没有注意到，直到我们到访时才发现。

瑞恩和艾米·坎贝尔为凯尔报名参加了伦敦青年艺术协会的课程，因为他们认为帮助他找到"创造事物而不是仅仅在互联网上闲逛所带来的满足感"很重要。[②] 他们虽然认为凯尔已经具备了"能力和技能"，但也希望数字应用课程能够建立在"他喜欢的东西"的基础上，并针对其"社交方

---

① SketchUp，一个免费的应用程序，是一个基本的3D建模程序，可用于视频游戏设计、建筑绘图以及土木和机械工程设计。Wright et al.（2011）专门探索了 SketchUp 如何促进自闭症儿童和他们的父母/祖父母之间的代际学习。

② 这在一定程度上是因为几年前发生了一件令人难忘的事情，当时在搜寻小熊维尼相关信息的时候，凯尔"在写小熊维尼的故事，他遇到了你能想象到的最恶心的网站"。瑞恩继续说道："凯尔有很长一段时间没有上网。他是那种每天要花四五个小时在电脑上的人，所以这是一个真正的间断。"

面"的特点帮助他与其他青少年相处，而不是特别关注对未来就业有价值的数字技能。伦敦青年艺术协会的工作人员在帮助有特殊教育需求和残疾的青少年方面有多年的经验，但不是自闭症专家，所以瑞恩和艾米从凯尔的学校聘请了一名实习教师，作为助手和他一起参加课程，帮助他集中精力。与我们参观的包括伦敦青年艺术协会的"主流"班级在内的其他大多数课外学习场所不同，为有特殊教育需求和残疾的青少年开设的班级，其工作人员和家长之间的沟通更加细致，有专门的工作人员负责联络。凯尔在伦敦青年艺术协会的辅导员米娅谈到她对凯尔的希望时说：

> 如果他能真正加强他的沟通和倾听能力，那就太好了。我希望他能成为团体的一部分，并更多地参与其中，而不是走来走去……这对他来说将是一个巨大的成就，而且这对他的独立性也很重要，他不需要一直依赖别人。

米娅的评论虽然是善意的，但却暴露了她对自闭症的专业认识较为有限。凯尔在房间里的活动——或者在米娅看来是烦躁不安和不专心——是凯尔与伦敦青年艺术协会的空间和深重任务建立联系的关键。他的更专业的助手支持他在房间里活动，认识到他的行为是在寻找感觉，并简单地引导他，或根据需要与他一起活动，使他在环境中感到舒适。

这些课程包括像戏剧这样让凯尔认为很有挑战性的活动，也包括绘画和在伦敦青年艺术协会平板电脑上使用一款名为 Max[1] 的软件设计音乐应用程序。通过努力，凯尔小组将 Max、Arduino[2] 电路板和身体手势（握手来创建电路，触摸一根连接到 Arduino 上的香蕉）结合在一起制作音效和音乐。古斯（Gus）是伦敦青年艺术协会的包容性技术官员（inclusive

---

[1] Max 是由软件公司 Cycling'74 开发的一种可视化编程语言。
[2] Arduino 是一个开源的硬件和软件系统，制造商、设计师、工程师和学生们利用它来创造各种产品。

technology officer)（他把自己的工作描述为"世界上最好的工作"，他也自称是个极客），他仔细考虑了如何设计这个项目，根据他的经验，"不说话的青少年……是我遇到的最善于使用技术的人"。当然，在我们看来，当需要使用平板电脑和 Max 软件时，凯尔似乎最投入，他将电线连接到水果上，并有节奏地敲击水果，使声音通过 Max 和 Arduino 在平板电脑上播出。

当展望凯尔的未来时，瑞恩和艾米并不像卢卡斯·斯塔布斯或杰克·科斯塔斯的父母那样，对于凯尔对技术的兴趣和能力可能发挥的作用持乐观态度。虽然他们认为凯尔很有天赋，也许可以在平面设计方面达到专业水平，但艾米知道这对他来说"完全不合适，因为他刚刚对平面设计失去了兴趣"。瑞恩补充说，凯尔缺乏"动力"，无法根据任务工作或与客户一起工作，尽管瑞恩把这种表现积极地表达为令人羡慕的缺乏自我意识，他"不在乎是否有人认为（他的作品）很棒或无用"。因此，尽管艾米和瑞恩喜欢并重视凯尔的数字技术实验，但当涉及他未来的就业能力时，他们知道他的技能"如果不能与人合作，那就没有用"。

瑞恩对凯尔的自我引导（self-direction）的尊重和钦佩让我们想起第四章对极客的讨论（尽管瑞恩和艾米没有使用这个词）——他们自学专业知识，不考虑传统或主流观点，自由地创造。虽然瑞恩和艾米似乎对自己照顾凯尔的角色很满意，对于凯尔对技术的兴趣也很敬畏，但当他们展望凯尔的未来时，他们却很悲观。他们的女儿皮娅（Pia）（20 岁）在一流大学里表现出色，在凯尔被诊断出患有自闭症时，她才 8 岁。

> 当她 10 岁时，她对我说："对你来说没关系，你会去世的。我将用一生照顾凯尔……我必须赚钱，这样我才能照顾他。"

瑞恩因此感到"非常内疚"，同时"鼓励她追随自己内心的想法"。他还认为她"很进取"，有一个自闭症的弟弟将"使她取得很高的成就"。我们再次看到，对于许多有特殊教育需求和残疾儿童的父母来说，未来是难以想象的。虽然有些父母把技术作为一种手段来支持他们的孩子在当前的生活，但对于有特殊教育需求和残疾儿童的父母来说，技术被更深的担忧掩盖了。

因此，凯尔的父母希望技术可以帮助他在当下创造、联系和学习，以获得社会技能并促进有助于未来发展的社会联系，即使这不能使他完全独立。现在他已经 13 岁了，他的父母在很大程度上专注于帮助他与他人建立社会关系，因为他们知道他比正常发育的同龄人需要更多的支持来做到这一点。

对于一些父母来说，他们的孩子在游戏中的出色表现深化了他们与兄弟姐妹和同龄人的关系，并帮助他们赢得了一些荣誉。杰克·科斯塔斯和卢卡斯·斯塔布斯的父母都指出，他们的儿子作为游戏玩家的技能帮助他们与正常发育的同龄人和兄弟姐妹建立联系。尽管担心，罗伯特还是很欣赏杰克的游戏，他说："他在社交场合不自在，觉得很难交朋友。"[1]

当父母分居时，技术也被证明是斯塔布斯一家的生命线。虽然由于收入有限，他们必须继续与桑德拉的祖父母住在一起，但朱诺回到北方有一段时间了，他通过玩游戏与卢卡斯保持联系："我通过耳机与他交谈，与他联系，因为他非常想念我。"同样令人感慨的是，几个有自闭症和注意力缺陷多动症儿童（事实上，还有正常发育的儿童）的家庭谈到，屏幕时间提供了一个宝贵的机会，可以真正融入他们的孩子，因为家庭生活的很多时间里，成员们都是分散的。[2]

---

[1] 另见：Pugh（2009）；Seiter（2005）。尽管许多自闭症青少年花了大量时间接触数字媒体，但他们使用社交网站的比例较低（Mazurek et al., 2012）。虽然数字媒体可以让自闭症青少年培养支持性的关系，但它们也带来了信任谁、如何评估信息、披露什么的问题，这些问题对自闭症青少年来说可能更难应对（Burke & Hammett, 2009）。
[2] Alper（2018）呼吁使用感官人类学来帮助"解释人类处理感官输入的更丰富的神经多样性，以及与新媒体更全面的多感官接触"。

对尼娜·罗宾斯来说，技术将艾里斯与世界联系在一起，因为即使在她的"感官问题非常严重的时候，她仍然可以虚拟地环游世界，与不同类型的人互动。她不只是透过窗帘向外看，她想知道外面发生了什么"。

尼娜和艾里斯使用谷歌街景① 或虚拟旅游等技术来缓解艾里斯在前往新地方之前的焦虑，因为这有助于她"了解她要去的环境"。在艾丽西亚访问他们家之前，尼娜让艾里斯在谷歌上看了她的照片，以为访问做好准备。对这些父母来说，数字技术不仅仅是一个简单的解决办法：它们是一种手段，让他们的孩子使用一种能发挥他们特殊优势和满足他们特殊教育需求的媒介来建立关系。

也许是矛盾的，数字技术也提供了断开家庭联系的重要方式，最终支持他们的关系。例如，当我们与安德里亚·福斯特（Andrea Foster）② 交谈时，她描述了大女儿艾尔西（Elsie）（6岁）是如何与有两个弟弟妹妹的混乱局面做斗争的。她的 iPad 已经成为她退回到一个更平静、更容易管理的环境中的一种方式，而不至于使她需要从她的弟弟和妹妹那里"抽身"的行为被污名化。

> 有时她需要它……要让她耐住性子自己独处，从事一些安静的活动，可能非常困难……而且对她来说，这有点像在惩罚她，但如果她拥有 ipad，她知道她没有受到惩罚。

与此同时，这种策略引起了人们对屏幕时间的关注，安德里亚认为这对"任何孩子来说都不是一件好事，尤其是患有自闭症的孩子"。安德里亚

---

① 谷歌街景于2007年推出，是谷歌地图和谷歌地球的一个功能，展示了世界各地许多街道的全景街景。
② 64号家庭。

描述说，如果艾尔西看 iPad 的时间过长，她就会变得"很暴力"[①]，但她发现试图"取得平衡很困难"，因为艾尔西只有 6 岁，安德里亚对数字风险和机会的权衡主要着眼于当下。随着儿童年龄的增长，他们对家庭以外的社会世界的探索会引起更广泛的关注，这些平衡行为也会发生变化。

交叉的身份认同

自闭症儿童的父母经常自豪地告诉我们，他们的孩子是如何在网络世界中遨游的。但是，除了他们在"断开连接"时的冲突故事外，鉴于虚拟空间独特的交流可供性，父母也面临着被利用的担忧（Livingstone & Palmer，2012）。虽然我们在前几章中认为，父母关于数字技术的策略和做法——无论是接受、平衡还是抵制——都是源于他们的价值观和想象力，但本章提醒我们，父母也必须考虑到孩子的愿望以及对可能遇到的困难的理解。

萨娜·卡德尔（Sana Kade）[②]（16 岁）与杰克·科斯塔斯和凯尔·坎贝尔在伦敦青年艺术协会同班，是班上最有社交能力的成员之一。在采访她的父亲阿里（Ali）时，我们告诉他萨娜给我们看她的笔记本——上面刻意地贴满了"暮光之城"（Twilight）系列电影中人物的剪贴画，并告诉我们她对爱德华（Edward）、雅各布（Jacob）和贝拉（Bella）这些人物的感受。虽然他点头表示认可，但很明显，这触动了他的神经。他担心萨娜"把现实和电影完全混为一谈"，"她喜欢这些人物，她想成为他们那样的人，她

---

① 安德里亚用了"暴力"这个词。虽然不完全清楚她这是什么意思，然而从采访中可以明显看出，她对女儿的强烈反应感到不知所措，而且这种反应是身体上的，安德里亚觉得是侵略性的。

② 9 号家庭。

认为他们是她的榜样"。阿里的担忧集中在"暮光之城"系列电影中有关性的内容和她喜欢的其他青少年喜欢的媒体内容，如泰勒·斯威夫特（Taylor Swift）的音乐视频。积极的一面是，由于她"非常天真"，当她看了一些"有人杀人或类似的东西"时，她会很乐意告诉她的父母，阿里认为这对他控制她的媒体接触是"有利的"。伦敦青年艺术协会的辅导员米娅知道萨娜对"暮光之城"的兴趣，她说："她有一种对某些节目着迷的倾向。"尽管米娅将戏剧描述为吸引萨娜的好方法，但她说辅导老师必须意识到她的"痴迷"，并在课程中引导她不要依赖它们。她的父母采取了更强硬的立场：在试图让萨娜摆脱对"暮光之城"的痴迷未果后，她的父母干脆拿走了他们为她买的 iPad 和电脑，告诉她"有病毒，不能用"。

在这个家庭中，并非所有围绕技术的斗争都是直接由萨娜的自闭症引起的。她父母的一些担忧是那些有十几岁女儿的父母们特有的担忧，而另一些担忧则是我们从许多父母那里听到的关于屏幕时间的普遍担忧。例如，当她确实可以使用 iPad 时，阿里说，"不能超过两个小时，这是规定"。[①] 他还提到看了一个节目，说"真正从事高科技的人，特别是尖端科技的人，他们不让自己的孩子使用 iPad 或数字技术"——这可能是指现在出了名的故事，即史蒂夫·乔布斯（Steve Jobs）本人是一个"低技术含量的父亲"。但阿里确实认为有些问题是她的自闭症所引发的，比如她很难将"暮光之城"的内容理解为"虚构的作品"；因此，阿里将她对媒体的使用描述为"对她来说真的很危险"。同样具体的是，对媒体的关注体现了父母对萨娜独立应对数字和现实环境能力的更深层的担忧，例如她的父母质疑她是否能够独立乘坐伦敦的公共汽车。与此相关的是，他们找到的解决

---

① 在这一点上，阿里似乎遵循了现已被取代的美国儿科学会的屏幕时间规则，尽管我们不能确定这是他的规则的起源（Blum-Ross & Livingstone，2018）。值得注意的是，在为家长提供的屏幕时间建议中，基本上没有考虑到特殊教育需要，除了来自常识媒体和"父母区域"（Parent Zone）的指导（Kamenetz，2018）。尽管 Alper（2014）讨论了屏幕时间规则对于有残疾儿童的家庭来说可能显得非常不同，因为辅助技术或其他技术的使用是日常生活的重要组成部分，因此很难适应基于时间的限制。

方案既独特又常规——家人一起去看电影[萨娜喜欢迪斯尼电影和威尔·史密斯（Will Smith）]，萨娜被允许使用她父母的手机，作为对她的奖励——这对她来说很有效，但对许多16岁的孩子来说可能已经不奏效了。

在这一章中，我们讨论了具有不同经济和文化状况的家庭，以及不同族裔、性别和缺陷性质的儿童，我们还注意到这些因素之间的相互关系常常使优势或劣势变得更加复杂。例如，阿里·卡德尔对萨娜的担心不仅是因为她患有自闭症，还因为她是一个16岁的女孩，所以他担心萨娜对性行为的兴趣。与此相关，桑德拉和乔诺·斯塔布斯对卢卡斯的担心部分是由于他的自闭症及社会疏离，但也是因为他是一个在伦敦南部长大的年轻黑人男孩。虽然桑德拉和乔诺欣赏卢卡斯在网上的能力，他在网上比在现实生活中更独立，但他们也认为他"有点像绵羊"，"容易被操纵"。当他的大表哥教卢卡斯如何使用照片墙时，卢卡斯的第一张照片是一张自拍，在大表哥的怂恿下，他"举着中指，上面写着文字标题'超酷的技能'"。尽管朱诺私下里认为这"很搞笑"，但桑德拉让卢卡斯坐下，说：

> 你是一个年轻的黑人，10年后，当人们在互联网上搜索你的名字时，你希望看到的是这张照片吗？就像你是某个黑帮街头的蹩脚流氓？就像一个毒贩？

虽然许多父母会（或应该）与他们的孩子讨论他们的"数字足迹"，但卢卡斯是黑人并患有自闭症的事实增强了桑德拉的紧迫感。因此，对于本书中的所有家庭来说，理解其中的父母需要采用一种交叉的方法（intersectional approach），关注他们的希望和担忧是如何通过他们的身份认同、经验与社会期望等不同方式相互影响的。

如第三章所述，获得（或缺乏）经济和文化资源以及特权是家庭的机会与风险的基础，包括有特殊教育需要和残疾儿童的家庭。例如，坎贝尔和罗宾斯家庭是中产阶级，白人，生活在舒适的半郊区家庭。这使得坎贝尔夫妇能够为凯尔找到支持他的教育工作者。这也使尼娜·罗宾斯能够留在家里对艾里斯进行家庭教育，不仅在经济上，而且在研究和模仿非学校教育的经验方面，她也有了信心。毕竟，尼娜投入了相当的文化资本，利用艾里斯对《罗布乐思》（*Roblox*）、《我的世界》和《泰拉瑞亚》（*Terraria*）等开放世界游戏的热爱，将《我的世界》作为艾里斯非学校教育的吸引点。[①] 尼娜说：

> 几个月来，根据《我的世界》，我们买了铁屑，我们研究了磁性，这导致我们研究了化学解决方案，所以我们对醋、小苏打、酸和碱有了很多兴趣。[②]

同样地，珍·皮尔逊在阅读研究论文对运用了她的高文化资本，以支持夏洛特的家庭教育，尽管她的经济资源要有限得多。但是，尽管特权在相当程度上以有价值的方式缓解了有特殊教育需要和残疾儿童的家庭的生活压力，但它并没有消除有缺陷的现实。尽管技术也可以在某些方面缓解这些家庭的生活压力，但它不能解决结构性问题。事实上，技术在某些方面可能会强化先前的劣势，情况很复杂。我们的问卷调查显示，有特殊教育需要和残疾儿童的父母宣称，与其他父母相比，他们（父母）使用互联

[①] 非学校教育是一种体验式教育理念，它避开了学校教育的等级和程度，利用孩子自己的兴趣来驱动学习（Holt，2017）。开放世界游戏拥有非线性且开放的关卡，以及通向目标的各种路径（Sefton，2008）。
[②] 同样地，他们最近收集了接骨木花来制作甜酒，这是另一种探索化学的方式，部分灵感来自他们喜爱的一个名为"斯潘格勒效应"（"Spangler Effect"）的YouTube频道，该频道教孩子们如何用日常家用材料做科学实验。

网的频率较低，而且面临更多的使用障碍。[1]

我们访问了单身母亲劳拉·安德鲁（Laura Andrews）和她 17 岁的儿子扎卡里（Zachary）[2]，他们参加了伦敦青年艺术协会的一个课程，主要是针对有严重缺陷的青少年的沟通技巧。他们住在伦敦北部市政产权楼房的一间狭窄的公寓里，对于一个主要靠轮椅行走的男孩来说，条件很差，也没有资金来更新他们破损的家具。在采访劳拉的过程中，扎卡里一直在看电视，他一边仔细观看，一边发出声音并来回摇晃。他很依赖他的母亲，她全职照顾他，似乎已经到了令人担忧的极限，她也面临着自己的身体和精神健康问题，而且几乎没有社会支持。对劳拉和扎卡里来说，他们对技术作为交流或就业的手段并没有很大的期待。参与在伦敦青年艺术协会的课程、在电视机前的时间为劳拉提供了急需的喘息机会，也为扎卡里提供了快乐和安慰。17 岁的他很快就会因为年龄太大而无法享受为残疾青少年提供的许多公共服务，包括参加伦敦青年艺术协会的课程（以及载他去那里的公共汽车）。劳拉和扎卡里彼此深爱着对方，但他们似乎与周围的社群隔绝了。数字技术提供了宝贵的方式来度过当下的时间，但未来的问题可能远非数字技术所能解决的。

发声和支持的困境

劳拉描述了扎卡里损伤的严重性如何导致她亲密关系的破裂、与家人的隔离，以及由于她是全职照料者，她所遭遇的贫困。对她来说，技术并

---

[1] 有特殊教育需要儿童的父母中，有21%的人认为上网时间太长是上网的负面因素，而没有特殊教育需要儿童的父母中，这一比例为11%。然而，据报道，有特殊教育需要儿童的父母使用了更广泛的设备，并为孩子提供了更全面的线上支持，如在互联网上寻求关于孩子健康的信息或帮助孩子学习（Zhang & Livingstone，2019）。

[2] 46号家庭。

没有给她带来特别的学习或连接机会，尽管它在其他日常生活方面发挥了作用。与我们交谈的其他父母已经开始使用技术，特别是社交媒体，以发展一个实践共同体（community of practice）①，为有特殊教育需要和残疾儿童的父母在协调生活时提供实际与情感支持。例如，伊莱恩·科斯塔斯是社交媒体的忠实用户，她参加了自闭症儿童的母亲团体，并为她现实生活中有特殊教育需要儿童的母亲朋友们建立了一个特别活跃的 WhatsApp 社群（Jordan，2016）。

但是，使用社交媒体、博客、消息群组和其他形式的在线交流虽然很受欢迎，也不是没有问题。罗伯特·科斯塔斯努力寻找与其他自闭症儿童家长的良好联系：他曾访问过网上的论坛，但发现成千上万的家长（妈妈多于爸爸）写的博客，有时也有孩子写的，其中有不少为了推动某项议程的博客（包括饮食，主张特定的行为干预，或反对接种疫苗）。他描述说，他试图在网上寻找关于他儿子的深层问题的答案，这让他觉得"就像渔夫在寻找一条特定的鱼……你怎么能在整个海洋中找到你要找的那条鱼？"

一位家长的故事捕捉到了当今"晒娃文化"的潜力和风险。②尼娜·罗宾斯曾在"时尚、潮流预测和媒体"领域工作过，这份工作很有创意，且报酬丰厚。后来，为了留在家里照顾艾里斯，她放弃了工作。采访时，艾里斯快满 8 岁了，她长长的卷发从背后披散下来，虽然是个寒冷的日子，但她只穿了她父亲的大号 T 恤，以避免束缚她的身体而导致发痒和焦虑。她早熟地能言会道：带着一丝自豪地称自己为"亚斯伯格征患者"，并以令人回味的细节解释她的病征和感觉统合问题。有时，当艾里斯的感觉统合问题不那么严重时，这对母女就能一起上课，包括数字和非数字的课程。但在其他时候，由于放弃了工作和离开了她一直引以为豪的学校社群，尼

---

① 实践共同体是一群拥有共同兴趣并参与集体学习的人（Hoadley，2012；Wenger，1999）
② 正如我们在其他地方讨论过的，对于一些父母来说，"晒娃"（指在网上分享关于孩子的图片和信息）已经成为分享他们的经历、建立社群、获取急需的建议和支持的重要方式（Blum-Ross & Livingstone，2017）。

娜也在寻找连接。她寻求与其他有特殊教育需求的孩子的父母连接的一种方式是通过她自称的"尖酸刻薄"的生活博客，利用她恶作剧般的幽默感来反映她在做艾里斯母亲时的挣扎。她是在感觉"突然被关在家里"时开始写博客的，她发现很难"处理'我不想'的感觉"。这个博客的内容是发自内心的，有时也有些粗俗。尼娜如此描述她的感受：

> 我就是这样的一个人，坐在酒吧里，拿着一杯，不，一桶酒和一包烟……在别人的世界里不存在的人。

这段描述既心酸又令人回味，因为尼娜几乎不能离开家、离开艾里斯，她对艾里斯的照顾是如此必要，所以博客就成了"在酒吧里发泄情绪"的地方。在我们采访前不久，尼娜为自闭症宣传周写了一篇不同类型的博文。① 这是一首关于坐在女儿身边的诗，女儿难以适应这个世界，但也有很出色的天赋，尼娜发现她很难安慰，但她迫切需要安慰，医生和专家都认为她需要帮助，但无法提供帮助，陌生人和亲人都为她提供"修复"的建议。尼娜将她的诗链接到一个筹款活动，并在她的脸书页面上分享了它，想象着她的阿姨们和其他一些读者为其捐款。一夜之间，这首诗走红了，尼娜将其描述为：

> 几乎是一种灵魂出窍的体验，所有人都在论坛上讨论它……感觉它不再与我有关……

突然间，尼娜的小博客有超过 100 万的点击率。她迅速删除了艾里

---

① 关于宣传的重点应该在于采取认识（医学模式）还是接受（社会模式）自闭症，存在一些争论（Alper，2014）。尼娜对艾里斯的态度介于这两者之间：作为一种政治视角，她在很大程度上倾向于社会模式，但作为艾里斯的主要照料人，她也觉得其与医学界有联系。Yergea（2018）写道，"某些形式的自闭症意识［被］称为危险的更好，而不是……积极或有益的"。

斯、克里斯（Chris）和她自己的旧照片，删除了可识别的信息，并试图处理所发生的事情。一些赞扬性的电子邮件告诉她："你是一位了不起的母亲。"一些是"令人心碎的求助"，一些是可怕的攻击，建议她用漂白剂给艾里斯灌肠或带她去找驱魔师。所有这些反应对她来说很难理解：一些是令人无法承受的，另一些是唐突的和令人不安的。显然，博客在可以说什么和如何说的问题上造成了困境——例如，如何在幽默和抱怨之间取得一种平衡语气，而不被误解，也不会引发评判或充满敌意的反应。[1]

在她的那首诗火了之后，尼娜反思如何不要陷入成为"另一个自闭症患儿的母亲"的泥淖，而是应该"推动艾里斯为自己发声，而不是由她为艾里斯发声"。对尼娜和其他人来说，父母写博客也提出了伦理上的难题，即谁有说话的权利——因为家长代表自己说话，而孩子们仍然没有被听到（Lopez，2009；Pedersen & Lupton，2018）。对尼娜来说，"晒娃"必然涉及她在伦理方面的妥协，因为在分享她自己作为母亲的经历时，她必然也会把艾里斯的经历暴露出来。虽然许多对身份认同的心理学理解都强调其社会性和关系性（Burkitt，2008；Gergen，2009），但在日常判断中，身份认同是以个人主义的术语来理解的。尼娜真的可以脱离她与艾里斯的联系来表达自己吗？或者，更具普遍意义地说，父母能否在不承认其作为父母的身份认同的情况下，将自己作为个体表达出来？在面对尼娜女儿的脆弱性时，这种两难的情况更加严重，因为尼娜作为父母，恰恰是主要负责保护孩子隐私的人（Blum-Ross & Livingstone，2017；Livingstone et al.，2018）。然而，正是这些困境使她的故事更有影响力——这样的故事通常不为人知，需要在更广泛的社群内被讲述和分享。

---

[1] Ammari et al.（2014）讨论了有特殊教育需要儿童的父母如何使用社交网络，发现这些父母会使用社交网络来获取特定诊断信息和特定地理信息，同时也努力在埋怨孩子和当孩子做得不错时表现得过于得意之间取得恰当的平衡。总体而言，有特殊教育需要孩子的父母认为线上空间比线下空间的评判要少一些。

重要的是，尼娜批评自己（并感到自己被想象中未来的艾里斯追究责任）试图代表她女儿发声。她和我们讨论了很多儿童，包括"不说话的自闭症儿童，现在用技术为自己发声……我认为理解程度会提高，因为人们现在可以为自己辩护"。艾里斯能够使用技术来表达自己的想法对尼娜非常重要，她想象着艾里斯的未来：

> 她有能力记录她的感受。她可以请愿，她可以去参加各种论坛。所有的孤立都消失了，所有她是唯一一个像［这样］的人的误解都消失了。她是一个少数派，但她是一个重要的少数派。

为了将她的设想付诸行动，尼娜帮助艾里斯开设了一个博客，在我们访问时，该博客有一个条目——艾里斯对作为一个"亚斯伯格征患者"的看法。她还帮助艾里斯写了一篇关于她在学校的经历的文章，刊登在一家国家报纸上。

修辞学和残疾研究学者辛迪亚·莱维基－威尔逊（Cynthia Lewiecki-Wilson）将中介化的修辞性（mediated rhetoricity）描述为这样一个过程：父母或照料者与残疾儿童——尤其是那些不说话或不善于沟通的儿童——"共同构建"语言，从而使儿童可以为自己发声（Lewiecki-Wilson，2003）。艾里斯当然有能力进行语言和自我表达，但尼娜利用她的文化和社会资本，包括她对数字媒体的了解，在国家媒体上放大了艾里斯的声音。这与阿尔珀关于残疾儿童的父母如何支持和参与孩子的交流的研究相呼应，不是技术本身为"声音"创造了条件，而是它们如何被嵌入本身由不平等资源构成的社会环境中。正如阿尔珀所解释的，在某些条件下，一些父母可以利用这些工具，"有选择地在不同的公众和受众中放大声音，但他们的存在并不会自动使结构性不平等的现状……受到质疑"（Alper，2017）。此外，尼娜觉得她必须谨慎行事，不想成为另一个刻板的自闭症"英雄"或

"战士母亲"（正如自闭症父母博客上所讨论的），尤其不想侵犯艾里斯的隐私或她代表自己发言的能力（Jack，2014；Sousa，2011）。①

具有讽刺意味的是，我们在写这一章时重新访问了尼娜的博客，我们发现只有那首朴素的（走红的）诗还在。尼娜以前发表的那些比较平凡、有趣、自嘲和非常有亲和力的帖子的消失似乎放大了她试图抵制的那种影响。② 以前有一些关于去图书馆、玩泥巴的帖子，这些都是让两人开心的事情，与艾里斯的自闭症无关。现在只有尼娜的声音，请求支持（我们在采访中得知，这是不情愿的），并为读者标明支持的来源（她还保留了走红帖子收到的近 700 条评论）。

瑞恩和艾米·坎贝尔也有类似的"特权"，但对凯尔"表达"他的经历的期望较低。他们对挑战有关残疾的主流说法或分享自己的育儿经验不太在意。但他们确实想确保凯尔的意见、喜好和需求被那些能够帮助他的人所了解。他们花了几个小时拍摄商场橱窗的照片，或者把他的图画和电脑设计装满文件夹，展示给学校的老师看，这是他们促进他发声的方式。③ 瑞恩直言不讳地指出了这个问题："那些不发声的人，人们认为他们不存在。"他的使命就是补救这一切，在可能的时候为他的儿子发声，和他一起发

---

① 自闭症自我倡导社群对最近的一些自闭症母亲回忆录进行了几次大的反击。例如，《以爱致 Siri》（*To Siri with Love*）是一本由一位有十几岁自闭症儿子的神经发育正常的母亲撰写的书（Newman，2017），分享了苹果公司的智能语音系统 Siri 如何帮助她的儿子适应世界。作者关于自闭症患者不适合做父母的假设，遭到了自闭症社群的大规模反击（Sparrow，2017）。流行的自闭症图书还有《母亲战士》（*Mother Warriors*）（Mclarthy，2008）等，相关批评可参见：Kehler（2015）；Robison（2017）。

② Yergeau（2018）问道，是否有空间可以同时倾听父母和孩子、自闭症患者和非自闭症患者的声音？当然，尼娜在网上可以或应该分享多少关于艾里斯的信息，同时也为自己寻求生存的支持，这是许多活跃在社交媒体上的父母共同的难题，特别是对于那些无法离开家或参与每天面对面的育儿仪式（如参加音乐课或在学校门口打招呼）的父母来说，社交媒体维持着他们的联系。

③ 瑞恩和艾米计划告诉学校凯尔的兴趣可以被解读为对学校的信任，值得注意的是，我们也听到了积极的故事，这些故事表明学校承认父母和校外的努力。例如，患有唐氏综合征的索菲娅（Sophia）（15 岁）的母亲艾丽斯·谢尔登（Alice Sheldon）（1 号家庭）说："索菲娅在学校的媒体主管因为索菲娅在伦敦青年艺术协会的学习经历，要求她上学。"媒体主管说："索菲娅真的鼓舞人心。"

声。桑德兰和朱诺·斯坦布斯没有什么经济来源，但他们同样决心找到一种方法来支持卢卡斯的"表达"，至少也能展现他的激情，他们坚持认为这是对他未来的一种积极的展望。

结 语

在这本书中，我们思考了大众媒体、政策制定者的判断，商业和同龄人的压力催生了父母对未来的特定希望与担忧，助长了父母的想象和焦虑。考虑到有特殊教育需要和残疾的儿童，特别是自闭症儿童的父母的经历，我们看到这些希望和担忧与父母对数字技术的可供性以及孩子的兴趣和天赋的理解交织在一起。尽管自闭症与技术可供性之间的选择性亲和的观点为父母们指明了一条积极的道路，但本章的分析揭示了不平等，限制了可能的机会和提供机会的对象。

有特殊教育需要和残疾儿童的父母，像所有父母一样，正在努力平衡数字技术的巨大前景和它们带来的挑战——无论是此时此刻还是关乎未来的想象。在此过程中，他们不断地回顾过去，经常重新评估当下的价值观、资源和期望，并从侧面考虑他们的同龄人和他们孩子的同龄人的情况。迈尔斯·泰勒[①]解释说：

> 你对和孩子在一起的生活有一种先入为主的想法，你试着去追求它。当你被告知他们不能做这个，他们不能做那个……起初，你试图挑战这些想法，因为你不想实践或相信它，但随着事态发展，结果可能会令你沮丧。

---

① 5号家庭。

有特殊教育需要和残疾儿童的父母表达了一种强烈的感受，即他们与"正常发育"的其他人的父母格格不入（这有时包括与他们自己养育一个正常发育的兄弟姐妹的对比），这种格格不入有时伴随着自豪，有时伴随着悲伤。正如尼娜·罗宾斯所说：

> 我们可以随心所欲地梦想未来的样子，但是，你知道的，它不会是教科书上的情景。你必须放下所有那些众所周知的让你期望的未来的愿景，然后你必须去重建它。

为他们的孩子提供数字途径不仅带来了机会，而且增加了父母的个人负担，从而使多种形式的不平等长期存在。本章讨论的许多家庭都获得了某种形式的国家福利，但这些福利通常不足以支持特别脆弱的家庭。正如迈尔斯告诉我们的，在为杰米争取政府支持的过程中，"我几乎失去了理智"。此外，当孩子长大成人后，关键的政府支持被撤销，这给他们投下了长期的倒退的阴影，使许多父母根本无法考虑未来。

因此，在很大程度上，是那些相对有特权的父母对未来的想象推动他们在现在创造出变通和新的解决方案——无论是用《我的世界》游戏进行家庭教育，还是提供教学辅助工具，或者是将他们的希望寄托在数字技术上，认为它能在现在（社会联系、自信、表达）或未来（就业、独立）提供一种补偿机制。[①]

尼娜的重建工作包括全心全意地接受技术：她把自己和丈夫描述为对艾里斯的未来可能出现的情况持"谨慎地歇斯底里地兴奋"的态度。但必须承认，她的知识、热情和特权使她对艾里斯的未来的看法相比许多没有特权的家长更有说服力，也更积极。桑德兰和朱诺·斯坦布斯拥有较少的

---

① 数字未来育儿调查显示，有特殊教育需要的孩子的父母不太可能说自己做得很好，从朋友和家人那里得到的支持更少，对自己的生活更不满意（Zhang & Livingstone，2019）。

经济资源，但他们和尼娜一样，也接受技术，甚至拥有一些类似的文化资本，所以他们希望通过巨大的努力和大量的支持，使卢卡斯也能在这个世界上找到自己的位置。劳拉·安德鲁对扎卡里没有表达这样的期望：她对技术在目前给他们带来的快乐感到高兴，但她的视野仅限于此，这个家庭的前景高度不确定。

我们对有特殊教育需要和残疾儿童的父母的关注提醒我们，平衡是高度个体化的，因家庭而异。这些父母所珍视的好处——社会联系、自豪感、温暖、休息和平静——以及他们在上网时间、适当的内容和行为或将数字兴趣转化为未来利益方面的努力，与我们采访的其他父母有很多共同之处。因此，与其将这些家庭视为例外，我们认为，这些家庭的经历以及这些父母为平衡孩子的特殊脆弱性所做的工作可以反映出所有父母为调整其家庭媒体使用所做的往往不为人知的工作。

同样，这些家庭提醒我们，虽然有特殊教育需要和残疾儿童有特殊的需求，但他们也享受数字技术的乐趣，并以类似于正常发育的同龄人的方式考验他们的父母。然而，这些儿童的脆弱性可能会因为技术的使用（包括个人和社会）而加剧——例如，卢卡斯无法抵制社会压力，杰克在网上花的时间让他的父亲惊恐不已，萨娜难以区分现实和虚构的世界。

与本书中的其他家长一样，有特殊教育需要和残疾儿童的家长根据他们自己的经验、技能和价值观，以及他们孩子的需要和愿望，在接受、平衡和抵制技术之间徘徊。接受技术可能意味着对未来充满希望，而非担忧，也意味着由社会联系和所获支持界定现在的生活。对技术的抵制可能是支持弱势儿童或减少家庭冲突所必需的。

由此，我们可以看到，对这些家庭采取基于价值（asset-based）的研究路径，有助于我们理解它们（Alper et al.，2016）。本章所讨论的父母往往直觉地追求一种个性化学习的形式，他们将他们的孩子视为具有特殊兴趣、优势和潜在轨迹的个体，并坚定地寻找合适的工具（技术和其他方面）

来支持他们（Grant & Basye，2014）。

总之，有特殊教育需要和残疾儿童的家庭颠覆了数字养育只有一种方法的观念。更笼统地说，正如媒体和通信学者所主张的那样，通过将残疾研究和媒体研究结合起来，我们应该颠覆这样的观念：只有一种解释或理解数字媒体用户的方式，包括所谓的（隐含的）健全的"数字原住民"，或者说所谓的正常（Ellcessor，2016；Goggin & Newell，2003）。我们甚至可以说，"不平常的"孩子的父母实际上在做出育儿决定时有更大的自由，因为这些父母可以看到机会，并以不太"标准"的方式做出反应，避免受到其他人都在做什么的规范性压力，因为这些标准显然不适用于他们。我们并不是要对有特殊教育需要和残疾儿童的父母持有虚假的羡慕态度，而是要指出其他大多数父母经常在不知不觉中受到的适应压力，这反过来又使排斥不适应者的规范得以延续。更为积极的是，这些父母的经验表明，教育工作者能为父母提供更好的支持和参与的机会，以及包容性或儿童权利友好的技术设计，从而使有特殊教育需要和残疾儿童的家庭以及所有家庭受益（Clarkson et al.，2003；Inger，2011；Newell，2003）。我们将在下一章中探讨这些问题。

第六章
父母与数字技术学习

　　蓝铃小学的家长兼志愿者贝丝·哈勒（Beth Hale）在该小学的储藏室中找到了一个破旧的硬盘。当我们参观学校的电脑室时，贝丝和两个四年级的男孩（8岁和9岁）正忙着拧开四四方方的硬盘。贝丝向他们介绍主板作为计算机神经中心的概念时，开玩笑地问："谁控制你的家庭？"当贝丝加入一个"理工科（STEM）女性"社群时，她正在攻读计算机科学博士学位。通过这个社群，她听说了一个全国性的非营利组织，该组织教孩子们编程，为教师或志愿者经营的课后俱乐部提供课程，教授基本的计算机思维（Wing，2008）。

　　贝丝想让蓝铃小学——一个资源明显不足的学校——的学生，"对编程有一些基本的了解"，以及参与"制作和试错修补"活动，如拆开硬盘，以帮助学生们深入理解相关概念。参加俱乐部的学生有非裔、加勒比黑人、亚裔和一些拉丁美洲裔的背景，这反映了该校的招生情况；其中，三分之二是男生。课程使用 Scratch，这是麻省理工学院为孩子们开发的一种编程语言，这样青少年就可以在学习"重要的数学和计算机概念，以及如何创造性地思考、系统地推理和协作使用所有21世纪的基本技能"的同时，"分享和生成"想法（Resnick et al.，2009）。[1]

---

[1]　除了这些更具普遍意义的成果，编程已经作为学习目标得到了推广，这在2013年英国计算机课程的推广中得到了证明（Department for Education，2013）。

在俱乐部观察时，艾丽西亚记录了如下内容：

> 当他们成功地让火箭到达月球或让太阳变成疯狂的颜色时，他们的兴奋感触手可及，他们会向我或贝丝大声喊道："女士！女士！来看看！过来看啊！"

虽然 Scratch 的发明者为他们的程序设计了社交层面——例如通过他们网上的社交功能进行社交，但在实践中，蓝铃小学的学生是独立学习的，出于隐私和儿童保护的原因，学校阻止了对 Scratch 网站的社交网络功能的访问。在俱乐部里，学生们坐在他们的"工作站"里，很少向他们的邻座征求意见，当他们遇到麻烦时，他们更可能向贝丝和她的合作志愿者伊丽莎（Eliza）（甚至是艾丽西亚）求助，也许是因为向老师求助反映了学生对学校生活的期望。

虽然贝丝不知道，拆电脑的学生之一，9 岁的布雷顿·大同①，在他的兴趣方面得到了母亲萨曼莎和父亲奥卢的大力支持。萨曼莎（我们在第二章中提过她，她分享了这个家庭对电子游戏的热爱）希望布雷顿参加编程俱乐部，认为这可能有助于他的职业发展，因为奥卢在附近的医院从事信息技术支持工作。她解释说：

> 布雷顿一直说他想要一份与电脑打交道的工作。所以我说，也许这对你有帮助……我说，你很快就要上中学了……如果你确切地知道计算机是如何运作的，那将会很有帮助——真的只是为了他自己的知识。

萨曼莎从来没有真正看过布雷顿任何的 Scratch 设计，因为学校不允

---

① 13号家庭。

许学生使用 Scratch 网站上面向公众的图库。她也无法从布雷顿那里了解到很多东西，因为他从来没有详细介绍过这门课——尽管萨曼莎可以看出来他"很开心"。然而，感到被排斥让她充满焦虑，因为她以前在儿童保护方面的工作意味着她对数字风险有详细的了解。布雷顿与奥卢谈得更深入：萨曼莎说他们"谈论二进制，奥卢向布雷登展示了他的工作以及当他接到电话时，他必须在家里完成这些工作"。萨曼莎笑着说，奥卢"几乎要把布雷顿培养成另一个 IT 男"。

布雷顿并没有完全忽略贝丝，因为他是俱乐部的一个积极参与者。当贝丝拿出一个 Makey Makey（物理计算）装置时，布雷顿立即掌握了系统的原理。他说："你用它的装置做一个圈，然后电流就会进入你的血液！"①然而，贝丝几乎没有机会了解布雷顿在家里一直在做或谈论的东西，也没有机会在课程中加以利用，萨曼莎和奥卢也同样没有机会在课堂上支持布雷顿的编程。然而，布雷顿的父母比大多数家长更了解这所资源匮乏的学校想要让学生走上数字工作道路的雄心。通常情况下，免费俱乐部的学生都是自己报名参加的，他们的父母几乎不知道他们在做什么。虽然总体上父母们的态度是积极的，但大多数父母（他们不像萨曼莎和奥卢）对编程的想法感到困惑。

在这一章中，我们研究了父母与教育工作者之间的联系和脱节。在关于家校联系的教育研究（Hallgarten，2000）和公共政策以及连接性学习理论的启发下，我们探讨了家庭的价值观、实践和对数字技术的信念如何影响儿童在家庭以外的学习机会。②正如我们所发现的，萨曼莎和奥卢远不

① Makey Makey是一个电子发明套件，可以向用户展示日常物品如何连接到计算机程序。贝丝请求学校购买Makey Makey工具包，想要用它来连接叉子或香蕉等物体，从而触发Scratch界面中的编程命令。
② 正如第一章和第四章所解释的那样，连接性学习的理论认为，当兴趣主导、同伴支持、协作和以生产为导向时，学习是最赋能的。为了满足这些条件，青少年的学习应该包括并连接他们在不同场所的活动，这些活动可能以数字化中介的方式出现（Ito et al.，2013，2020）。

是唯一被"数字未来"愿景所引导的父母，尽管为了正确看待这一点，我们的问卷调查显示，三分之二的孩子在过去 1 年中参加了某种课外（课后或在幼儿园 / 中小学校 / 大学等学习场所以外）小组或课程，但其中大多数并没有涉及数字技术。[①]

在数字学习活动中，家长的作用是如何被设想和付诸实践的？根据对课外数字学习场所的观察和对教育工作者的采访，我们要问，为什么家长的投资和承诺很少被认可或重视？（Livingstone & Sefton-Green，2016；Sefton-Green，2013a；Sefton-Green & Erstad，2016，2019）我们还考虑了可以做出哪些改变。

预测父母的角色

在一系列公共和私人机构及资助者的支持下，伦敦和其他主要城市一样，长期以来一直是数字青少年倡议、创客空间、创意艺术中心和课外活动特别广泛且充满活力的所在地。近年来，编程、应用程序和游戏开发、音乐和电影制作、网页设计等的儿童学习活动激增，家庭环境中的非正式数字学习的市场也在不断扩大。2013 年，当时的教育部部长迈克尔·戈夫（Michael Gove）呼吁学校为"学生在技术变革的最前沿工作"做好准备（Gove，2012）。这一呼吁得到了技术倡导者的广泛支持，他们强调英国这个日益后工业化的国家需要为儿童准备未来的"数字工作"，中心是在学

---

① 41%参加体育俱乐部或团队，24%参加创意或表演艺术（例如，音乐、舞蹈、戏剧、艺术、工艺）课程，14%参加童子军校的学习，12%参加科学或数学俱乐部，9%参加学术辅导，7%参加宗教学习，7%参加计算机或编程俱乐部（例如，code. org、CoderDojo 或 Scratch），6%参加其他一些技术相关的俱乐部（例如，视频游戏、乐高头脑风暴、视频编辑或音乐技术）。

校教授编程（Curtarelli et al.，2017；UK Digital Skills Taskforce，2014）[1]，而不是专注于备受批评的像微软 Office 软件包这样被视为死记硬背的计算机技能课程。在蓝铃小学，编程俱乐部并不是正式课程的一部分，但是 IT 老师和学校的高层领导对贝丝提出的开办课后俱乐部的建议表示强烈支持，认为编程对学生来说是有用的，并有助于学校达到自己的目标——当时学校正受到学校监管机构即英国教育标准办公室（Ofsted）的密切关注，之前的检查结果很糟糕。[2]

　　虽然有很多类型的学习场所，但我们关注的是那些与更受限制的正式课程相比，优先考虑数字技术可以激励、多样化和增强儿童学习能力的方式（Sefton-Green & Erstad，2019）。在本章中，我们比较了三个学习场所：蓝铃小学（一所资源不足的小学，我们在那里参观了课后编程俱乐部和相关的学校活动）、伦敦青年艺术协会（一个免费的、低成本的、跨艺术的学习场所，我们在那里参观了课后、周末和其他假期的数字动画与音乐制作课程，以及我们在第五章详细介绍的为有特殊教育需要和残疾的儿童提供的每周数字技术课程），以及数字营（一个昂贵的夏令营，提供从数字制作到使用 Python 等高级编程课程）。这三个学习场所都倾向于吸引那些在某种意义上"用脚投票"来迎接想象中的数字未来的父母或孩子（取决于谁发起的报名）。然而，他们有很大的不同，其中包括我们在第三章中讨论的三个群体：生活在贫困线以下的人（通常来自少数族裔）、那些创造性地生活的人（通常受过教育但经济拮据），以及精英阶层（在多个方面

---

① Davies & Eynon（2018）批评了当今对编程学习的热情的技术乌托邦式话语。在威尔士的一个编程项目中，青少年被要求相信他们的编程能力将超越就业市场的结构性标准。事实证明，这是不合理的，它既引发了竞争性的个人主义，又让人的幻想破灭，因为主流利益和小众利益都不太可能转化为通往繁荣的通道。

② 教育标准办公室是英国的官方教育标准检查机构。从2013年开始，计算机课程开始嵌入学校。它与我们在本章描述的一些更具创造性的数字技术学习机会形成了对比。此外，尽管声势浩大，但该计划的开展一直不稳定，往往依赖于准备不足的教师，而不是更有理想、更有创意或更关键的数字参与形式（Royal Society，2017）。

享有特权和竞争力）。在本章中，我们的观察与访谈证据包括父母、孩子和教育者的观点。

对于各行各业的父母来说，他们对待数字学习机会的态度是以被描述为"民间"或"外行"的学习理论框定的，这些理论通常以技术的教育性或创造性以及对儿童具有高度激励的想法为中心（Drummond & Stipek，2004；Sefton-Green，2013b；Swartz & Crowley，2004）。正如前几章所探讨的，正是通过对数字技术的学习潜力的想象，父母才得以证明他们对家中的数字资源和孩子在家庭外教育活动的大量的投资是合理的。他们更大的期待是，数字技术可以为青少年的自发兴趣提供支撑，使他们取得学术成就，实现职业发展或社会参与。

奇怪的是，人们很少关注儿童对数字技术的兴趣从何而来，尽管不乏有关于儿童"找到"他们的"火花"或"激情"的讨论。人们也并不总是承认，鉴于父母在他们的一生中而不仅仅是在某个特定时刻了解他们的孩子，他们比教育工作者更有能力长期支持儿童的兴趣。然而，对儿童社会化的研究表明，家庭文化和实践对儿童的发展与人生机遇有着深刻而持久的影响（James，2013；McCarthy & Edwards，2011）。教育学家苏珊娜·希迪（Suzanne Hidi）和安·任宁格（Ann Renninger）提出了一个兴趣发展的模型，发现学习者的兴趣是以情景为基础的，在家庭中得到了很大的激发和维持（Ben-Eliyahu et al.，2014；Csikszentmithalyi et al.，1993；Hidi & Renninger，2006；Peppler，2013；Renninger & Hidi，2011）。父母通常凭直觉知道这一点，通过与孩子一起尝试多种课外和非正式的学习机会来尝试可能的兴趣，将自己定位为孩子在学校的"拥护者"，热衷于传授自己的特殊兴趣和爱好，或鼓励孩子发展他们自己认为被剥夺的兴趣。在我们的田野调查中，父母们描述了如何为他们的孩子提供尽可能多的诱人的选择，看看什么能引起或激发他们的兴趣。这是一个耗费大量资源的过程，多年来面对反复的希望和失望，父母会总结孩子们的兴趣爱好，有时还遗憾地回头看一下没有走过的路。

这在数字学习方面是如何运作的？发展心理学家布里吉德·巴伦和她的合作者研究了在享有特权的硅谷，父母如何充当孩子的学习伙伴，并确定了父母的七种支撑方式：教学、合作开展项目、提供非技术性支持、提供学习机会、提供学习资源、向其学习，以及雇用孩子协助开展技术项目（Barron et al.，2009）。父母可能根据其价值观和所处环境，采用不同方式。[①] 鉴于他们样本的特权性质，我们不禁要问，途径更多元的父母是否能将家庭利益和活动转化为外部成就（参见我们在第三章的讨论）？

与此相反，传播学者梅丽莎·布拉夫（Melissa Brough）和她的合作者采访了对数字技术投入特别多的低收入连接性学习者的父母，揭示了这些父母鼓励他们的孩子实现技术兴趣的一系列"动手"和"放手"的方式。[②] 父母的支持可以简单地用"鼓励触点"（encouraging touchpoint）来激发对话——例如，孩子看到他们的父母在拍照片。在这样的家庭中，父母支持孩子对他们的数字生活发展高度的自主权。其他研究发现，这种使用数字技术的民主方法在移民家庭中很常见，例如，当儿童使用（数字和非数字）媒体来帮助他们的父母在不熟悉的语言或环境中进行协商（Katz，2014）。维基·卡茨（Vikki Katz）和维多利亚·赖德奥特（Victoria Rideout）发现，美国的低收入拉丁裔家庭更有可能与他们的孩子一起观看或摆弄科技产品，或使用技术来支持学习和获得成就，包括与学校有关的方面（Rideout & Katz，2016）。

这些研究和其他研究表明，对许多家庭来说，数字技术为儿童的兴

---

① 通过这种方式，父母可以确保他们的孩子利用学校提供的选修课，加入俱乐部，参加夏令营，找到线上教程和案例，参加亲密的团体，阅读图书和杂志，并在学习伙伴关系中聘请非父母的导师（non-parent mentor）（Barron et al.，2009）。另见：Gutiérrez et al.（2010）；Hoover-Dempsey & Sandler（1997）。

② 连接性学习受到批判教学法传统的启发，在批判教学法中，成年人不是传统的信息传播模式中的教师，而是一个支持者，支持年轻参与者决定他们自己的知识创造形式（Friere，1973）。

趣、认知和社会发展提供了"支柱"。例如，在第二章中，我们看到有宗教信仰的家庭使用应用程序和在线媒体来支持他们的宗教活动，而其他移民父母使用卫星广播或互联网内容来提高他们的孩子在以英语为主导的文化中成长时说父母亲母语的能力。[①] 研究人员称，共同媒体参与（joint media engagement）在推动形成一系列具体的学习成果和培养数字媒体素养方面具有特别的价值 Gutiérrez et al.，2009；Nathanson，2015；Reiser et al.，1988）。

学习科学家洛丽·竹内（Lori Takeuchi）和里德·史蒂文森（Reed Stevens）认为，社会对"人们如何共同使用媒体以及他们在使用过程中学习什么和如何学习的情况了解得过于狭隘"：

> 儿童在媒体上的学习和行为在很大程度上取决于媒体的内容，但也许同样取决于使用媒体的情境，以及与谁一起使用（Takeuchi & Stevens，2011）。

认可连接性学习或共同媒体参与的潜在好处，比我们在第二章中批评的"屏幕时间"的医学模式更有希望，为父母开辟了更多的角色，而不只是限制和监督儿童使用技术的时间（Blum-Ross & Livingstone，2018）。但是，如果父母在家里为支持孩子的数字兴趣所做的一切努力要转化为未来的成功，他们必须与家庭以外的其他人建立联系并得到其认可。无论是通过教师、其他教育工作者，还是通过线上或线下同行的认可，家庭中的数字兴趣和价值观都需要在其他地方得到支持，才能改变青少年的生活。我们认为，为数字未来所做的准备不仅仅包括提供具有工具性价值的学习机会，因为正如我们将表明的那样，父母和教育工作者都试图塑造学习者的为人——用斯坦顿·沃瑟姆（Stanton Wortham）的话说，就是塑造孩子的

---

① 例如，16、24、25和35号家庭。

"学习者身份认同"（learning identity）。[1]

对所有家庭来说，正如我们在极客家庭（第四章）和孩子有特殊教育需要或残疾的家庭（第五章）中看到的那样，父母对数字学习的投资不仅包括金钱和时间，而且还包括孩子的身份认同、家庭实践和父母对未来的希望，但能否为未来带来好处仍然非常不确定。然而，正如我们在第三章中所探讨的，一些父母有更好的资源来寻找和确定机会，让他们的孩子学习他们已经认可的东西。[2]而其他父母发现他们有一连串的障碍或总是错过机会。无论他们的情况如何，许多父母随时准备（或不准备）支持孩子。然而，父母在数字学习方面投资的"成功"不仅取决于他们自己的能力，也取决于其他在儿童生活中起作用的成年人的能力。因此，除了与父母交谈之外，我们还从教育工作者的角度考虑连接性学习，询问他们对父母所做的努力的了解和看法。

蓝铃小学——包容的努力

在蓝铃小学建立编程俱乐部之前，贝丝曾在当地一所资源较好的公立学校开办过这个俱乐部。但她发现那里的学生不爱学习，他们的行为具有挑衅性；因为他们有许多其他的课后俱乐部，编程对他们而言似乎"太累了"。蓝铃小学能够提供的其他课后机会很少，享受免费校餐（一种贫困指数）的学生的比例是全国的两倍，因此该俱乐部的报名人数超过了额定

---

[1] Wortham（2006）指出，通过学习者身份认同，个人、社会、学术和文化的影响结合在一起，在任何特定时刻创造出一种自己是学习者的感觉。另见：Erstad et al.（2016）；Livingstone & Sefton-Green（2016）；Sefton-Green & Erstad（2016）。

[2] 请参阅Rafalow（2020）中高收入父母的实践，他们为自己的孩子寻找了一所豪华的私立学校，然后采取行动，以确保学校的数字课程符合他们在家里的数字价值观。

人数。^①蓝铃小学的 IT 老师肖恩（Sean）和蔼可亲，他负责实施计算机课程和运行"数字领袖计划"^②，尽管他只是兼职，但他的任务不仅是教学生，还要教其他老师相关的技术。此外，他还是学校的"线上安全卫士"，需要按照政府检查团（英国教育标准办公室）的要求培训学生和教师。有一天放学后，艾丽西亚观察到他带领明显疲惫不堪的老师们进行了一次关于线上安全的专业发展会议。不难看出，会议没有提到技术在教学中的积极用途，重点完全在风险上。当讨论转向家长时，教师们热衷于"对家长进行有关培训的教育"，他们哀叹"家长们把他们的智能手机交出来"，导致一些学生"在公交车上，在回家的路上"受到互联网上其他人的欺凌。给人的感觉是家长们毫无头绪，让教师感到不仅要教育孩子，还要教育照料者。^③

正是在这种情况下，贝丝试图开办编程俱乐部，并让家长参与进来。她形容老师们"真的很能适应……他们只是出去到处寻找资源"，但遗憾的是，他们"太忙了"，不能来参加俱乐部。家长们通常也很忙，他们在楼下的入口处与他们的孩子见面，并没有被邀请到电脑室。有几位家长的英语能力有限，所以尽管他们对贝丝很友好，但即使他们想问问题，也不能涉及太多关于课程的事情。

塞西莉·阿帕乌^④（我们在第二章和第三章中提到过她）知道她的儿子尤金参加了编程俱乐部，但她说："我不知道他到底在做什么。他试图解释，但我不太明白他想告诉我什么。"塞西莉没有问贝丝，也许是因为没有

---

① 课外活动是学校领导正在积极开展的事情，因为在之前英国教育标准办公室出具的报告中，这被指定为需要改进的方面，所以当贝丝提出要开办俱乐部时，他们非常兴奋。
② 这些"数字领袖"是肖恩根据他们对技术的兴趣招募的一群年龄较大的学生，他们可以被叫到其他教室帮助老师解决电脑或互动白板等技术问题。许多"数字领袖"是贝丝在编程俱乐部的第一批学员。
③ 作为我们和学校协议的一部分，艾丽西亚需要给家长们做一个网络安全讲座。部分家长来了，有些家长准备了一长串关于合适的游戏或网站的问题，许多家长则担心技术成瘾、线上猎手或网络欺凌。在预热活动中，艾丽西亚邀请家长们对技术进行自由联想。有一两个人提到和亲戚通过 Skype 聊天，大多数人说的则是不同形式的"浪费时间"。
④ 34 号家庭。

什么机会，也许是因为她发现以前与学校互动的尝试并不令人满意。当我们去她家里访问时，我们试图促使尤金向塞西莉说明他在编程俱乐部所做的事情，但他不能阐明编程的部分，而是专注于游戏的部分。可能他没有在俱乐部领悟到编程的本质或潜力，因为他只学习了一段时间便退出了，他将编程描述为"无聊"。而他的母亲则想知道这是不是"因为他不能在家里练习"。即使对于那些更有动力继续的人来说，也没有这样的选择。报名俱乐部的人数过多，所以没有人被允许在一个学期后继续学习，以便为其他人让位。

简而言之，编程俱乐部的许多学习内容对家长来说是不透明的，但与此同时，家长们有其他更为常见的方式与学校发生联系。例如，贝瑟妮·卡森（Bethany Carson）[1]是一位低收入的单身母亲，她对 9 岁的迪克森（Dixon）在编程俱乐部的活动知之甚少，只知道"他真的很感兴趣，很专注，这很好，因为他很难长时间保持专注"。然而，贝瑟妮与他在学校的活动脱节是个例外，而不是常规。她沮丧地指出，迪克森在蓝铃小学的老师每天都与她联系，因为迪克森显然在课堂上喋喋不休，经常嬉皮笑脸，而且功课落后。因此，贝瑟妮被叫去参加面谈是为了解决问题，而不是为了达到更积极的目的。当我们说我们看到迪克森参与编程俱乐部并与他的同学们合作时，贝瑟妮明显地感到高兴——对她来说，编程有一种抽象的好处，它不仅使迪克森学习技术，还使他参与、倾听和专注，从而受益。

蓝铃小学也开始使用数字技术与父母们联系，通常是通过单向的短信，把信息传送到父母端，而不是邀请父母们提供意见。这些信息主要是为了满足学校的行政需要，比如通过一个家长无法回复的号码来提醒家长带体育服。然而，塞西莉·阿帕乌大女儿的老师告诉她，有一个应用程序可以帮助她准备全国范围的标准化考试。在我们的田野调查中，学校正在

---

① 14 号家庭。

推出一个新的数字家庭作业平台，名为"教育城"。参加信息宣讲会的时候，我们观察到信息技术教师肖恩勇敢地试图要求家长和孩子们在学校的 iPad 上设置密码，但因为一半的 iPad 上没有安装 Flash 软件，因此演示未能成功。此外，只有少数家长参加了此次活动，因此密码问题和 iPad 外借问题持续了数周。"教育城"由一系列关于"训练和技巧"的加强读写能力和算术能力的应用程序组成，与贝丝试图在编程俱乐部中参与的更具创造性的活动相去甚远。[①]

在我们观察的课程中，我们看到蓝铃小学设法接触到的主要是那些自己寻找学校的家长，通常是那些文化资本较高的家长（在某种程度上也是经济资本较高的，因为虽然他们都不富裕，但他们比蓝铃小学的许多生活在贫困线以下的家长经济状况要好一些）。学校与其他家长的联系要么不成功，要么问题多于机会，正如我们在前面看到的塞西莉·阿帕乌和萨曼莎·温斯顿的情况。具有讽刺意味的是，编程俱乐部作为一项课外活动，其非正式性可能有助于建立更好的家校联系，因为孩子们在家里和学校里都经常对技术充满热情。但是，父母仍然被他们孩子行为的不透明性所阻碍。在我们的问卷调查中，我们也发现，只有大约一半的父母认为他们很了解他们的孩子在幼儿园、中小学或大学所学的东西，通常是那些有较小年龄孩子的父母而不是青少年的父母。

我们在蓝铃小学的经历强调了问题和可能性。塞西莉、萨曼莎和贝瑟妮都对她们孩子所学的东西感兴趣，但没有机会接触到这些东西，也没有被邀请参与其中。在这三人中，萨曼莎和她的丈夫奥卢最积极地支持他们儿子的兴趣。贝瑟妮和塞西莉都是单身母亲，因此，虽然她们可能有一些

---

① 虽然这个系统不太方便，但一些家长还是能成功使用它。阿里亚姆·帕克斯（11 号家庭），她的女儿艾伦是一位数字技术佼佼者，她描述了艾伦如何喜欢上电脑。"［数字作业］让她有机会做一些和学习相关的事情……她的数学技能大幅度提高了。"艾伦以前是编程俱乐部的成员，她告诉我们她是如何培养自己的兴趣的，她解释说："我真的很喜欢使用 Scratch，而且我在家里有一个账户。我做了很多项目。"

意愿，但她们的时间有限，而且都没有奥卢的数字技能（我们这样说并不是说母亲们不能或不具备这些技能，例如，贝丝·黑尔也是该学校的一位母亲）。我们不禁要问：鉴于志愿者管理的课后俱乐部的局限性和家长自身的压力，这些家长，特别是母亲，如何才能被邀请参与学校的活动？我们不禁注意到编程俱乐部的经历和蓝铃小学在孩子遇到麻烦时积极与家长联系的努力之间的反差，例如指导他们的上网安全，或为他们提供工具性的数字活动，如考试准备或"训练和技能"的家庭作业应用程序（Barseghian，2013；Marsh et al.，2015）。更具创造性或开放性的事情，正如我们在第四章中所讨论的那样，回报可能是显著的，但往往是虚无缥缈的，父母在很大程度上只能靠他们自己。

数字营——领先的优势

数字营的快速原型设计班在伦敦市中心的一个创客空间开办，那里充满了零碎的"制造"工具，从可穿戴设备到乙烯基卷，再到用于导电的铜织物。我们观察到学生们在开始进行原型设计（这是一个快节奏的课程，学生们在其中学习如何设计、制造和迭代实物）时进行了生动的合作学习。所有人都穿着印有"创造未来"口号的 T 恤。这些学生大多是男孩，而且大多是白人，尽管有相当一部分亚裔学生。那里的教育工作者们自信地谈论着这是一个"世界级的中心"，以及学生们对技术的"擅长"（"你是创造者""你是专家"）。数字营在课程第一天就向学生们强调了一个有说服力的比喻："每个人都在一架飞机上工作，而你是飞行员。我们要确保你在本周结束前起飞。"教育工作者是"控制塔"，准备帮助学生"发射"。

技术企业家和数字营创始人苏珊娜·罗杰斯（Suzanna Rogers）的愿景

是做一家真正专业的企业："我不想把我的事业建立在志愿者身上，因为我希望能够告诉人们我希望它以何种标准完成，以及我希望他们如何行动。"她特意决定在能够传达她的营地的威望的机构举办课程——在伦敦一所精英大学租用房间并与创客空间合作，希望能够激励学生走向未来。她虽然对工作人员要求很高，但对学生的要求比较灵活，"只要孩子们在一周结束时有完成的东西就行"。她解释说：

> 他们可以让设计变得漂亮，也可以让它变得复杂，他们可以有拼写错误，我们不会阻止这些事情的发生。我们所做的是让他们保持专注，完成任务。

除了原型设计，数字营还开设了一系列课程，从学习如何编程（使用 Python 和 Java 等更复杂的编程语言）到创建视频游戏，再到设计可穿戴装备。这种模式是通过解决问题和试错修补（无论是用实物还是用编程）来进行自定进度的独立学习，并在必要时得到同伴和专家的指导。数字营的工作人员是年轻的教育工作者，他们热衷于告诉我们，他们在业余时间以及在大学或工作中是创造者、程序员、设计师和游戏玩家，数字营课程只提供最低限度的指导，其精神是让学生做出创造性的决定，然后接受他们的错误或让他们加倍努力。这种极客精神赞美数字专业知识，而很少关注营地的社会维度。例如，马克·蒂埃博[①] 在家里非常自信，在 Python Ⅱ 课上却是个孤独的人，他认真学习，但在休息时间却独自坐着，似乎沉浸在自己的世界里。在这一点上，他是相当典型的，缺乏有组织或自发的社会互动，而这些按理说对学生和营地的极客身份认同有促进作用。

在网页设计课上，我们观察到学生们在舒适、规矩的沉默中工作，偶尔会聊天和与邻座互相帮助。编程很烦琐，学生们没有什么创造性、灵活

---

① 57号家庭。

性，他们必须从白板上复制指令，一丝不苟地在一个已经完成的网站上找出任何拙劣的错误，并重新创建一个网站。

12岁的奥利弗[1]是一个身材矮小、戴眼镜的男孩，他很愉快，但工作起来不是很有效。他邀请他的同学贾斯珀[2]和他一起参加数字营。这两个男孩很喜欢这类课程，他们努力工作，但也很喜欢听 YouTube 上的音乐并一起欢笑。数字营让学生带自己的笔记本电脑——男孩们热衷于向我们展示他们专业的游戏机，有大量的内存和令人印象深刻的视频、声卡。那些带自己的笔记本电脑的人可以带着根据数字营许可证安装的软件副本离开，这意味着那些有更多"特权"的人更容易在家里继续学习，这与蓝铃小学形成鲜明对比。蓝铃小学的孩子们都没有在俱乐部之外继续学习，而且大多数家长没有办法检查他们的学习情况。

当贾斯珀的母亲努力欣赏或支持他的极客精神时，奥利弗从他的母亲凯莉那里得到了更多的支持。凯莉是一位高收入的女商人，在我们招募的富裕家长中因没有上过大学而显得与众不同。她让奥利弗去数字营上课的动机是双重的。首先，她试图弥补她所看到的他的私立学校的缺陷，该学校限制在课外时间使用信息技术，而且学校的课程集中在有用但缺乏创造性的微软办公软件上。正如她所说："那只是日常事务管理。信息技术应包括编程、网页设计和移动设备设计。"她还说道：

> 现在的孩子都很精通数字技术，我认为学校，甚至是那些本应装备精良的私立学校，在这方面做得不够好。[3]

---

[1] 52号家庭。

[2] 61号家庭。

[3] 事实上，尽管享有相当大的"特权"，凯莉还是感到在家、学校和非正式学习之间有相当大的脱节。谈到奥利弗在数字营的学习，她向我们抱怨说："我还没有向学校提过……这是一个不同的世界……学校，尤其是私立学校，只是做学校该做的，假装对父母的想法感兴趣……我要做的是关注学校没有做到的事情，我可以帮助弥补，让孩子们了解在学校没有接触到的东西，基本上是这样的。"

其次，她认为需要对奥利弗采取不同的方法，她解释说，奥利弗是一个视觉学习者（visual learner），喜欢设计，但对编程没有经验，可能会觉得"深度编程……太无聊"——因此，他报名参加网页设计课程，而不是Python课程。[①] 看着他玩《我的世界》，凯莉觉得"他可能很擅长编程，而且有一种工程思维，因为他一直在建造这些神奇的东西"。因此，凯莉描述了典型的兴趣驱动、同伴支持的学习过程，她说："他去论坛上找东西，从大孩子那里得到帮助，你知道的，建议和材料……不管他想找什么，他都能找到。"她明确表示不赞成逼迫奥利弗成功。在一次涉及技术、体育、音乐和其他活动的采访后，凯莉总结说：

> 我想向他介绍很多东西，但他只会去做他该做的事。他经常喜欢一些东西却不去追求，这让人有些沮丧。

我们从许多家长那里听到了这种混合的尝试，看看什么东西被孩子们接纳了，虽然这可能看起来是协同培养，但这也是家长支持兴趣驱动的学习和自我激励的学习认同的手段。凯莉注重提供家庭以外的学习活动，以弥补她所认为的奥利弗学校的局限性，而12岁的埃斯梅[②]的父母则认为家庭、学校和课外学习之间有更大的互补性。在我们看来，埃斯梅是快速原型设计班中最有自主性的学生之一。我们观察到她设计了一个荒岛，准备用激光切割机切割。当大多数学生试图实践他们在网上找到的想法时，埃斯梅的项目是雄心勃勃的和原创的。她也很执着，在学习如何使用Inkscape软件进行"交叉"和"联合"时，她一遍又一遍地操作，以便她的部件在制作完成后能够合在一起。

埃斯梅认为编程是"未来"，是成功就业的途径，因此她热衷于让数字

---

① 视觉学习者学习风格的概念长期以来一直受到教师和家长的欢迎，尽管越来越多的研究驳斥这种学习风格有效的想法（Husmann & O' Loughlin，2018）。
② 53号家庭。

营作为她在学校和家里学习的 Scratch 与 Python 的补充。例如，埃斯梅将从她的公立小学升学到私立中学，她知道那里会使用 Scratch，她告诉我们：

> 我尝试过，因为在我去新学校之前，我对用 Scratch 编程或类似的东西并不了解。所以我只是做了尝试，查阅了资料，然后当我回到学校时，把我练习过的东西融进去。①

在这里，我们看到了连接性学习的语言：兴趣驱动、基于试验和错误、同伴支持（埃斯梅的一个好朋友也喜欢编程），以及学业上的认可（Ito et al.，2013，2020）。

值得注意的是，埃斯梅有机会在家里、学校、放学后和数字营追求她的兴趣，从而形成了一个良性的支持循环。她的母亲安妮告诉我们："我认为这些东西一般都是要接受的，我认为孩子必须驾驭生活，就是这样。"埃斯梅的父母都是职业上的成功人士，她的父亲特别热衷于支持她的媒体素养和数字制作，并在家里提供专业资源。埃斯梅对她父母在圣诞节送给她 Makey Makey 很兴奋［这是对她已有的树莓派（Raspberry Pi）计算机和 LittleBits 机器人设备的补充］。她和她的父亲戴夫——一个计算机的早期使用者，他告诉我们他从 1983 年起就"自豪地上网"——正在一起琢磨它。②

安妮和戴夫的热情超过了焦虑，他们热爱技术，在我们的采访过程

---

① 当被问及她未来的志向时，埃斯梅告诉我们："我想成为一名程序员，和编程有关，比如技术，比如设计，比如给手机编程之类的。"

② 树莓派是一种价格实惠的微型计算机，用户可以用它来学习编程。LittleBits 是一家初创公司，提供易于使用的电子积木，这些积木可以扣在一起，让孩子们创造各种玩具和工艺品。为了说明接受儿童数字兴趣的父母与拥有高文化资本和职业特权（professional previlege）的父母的力量，戴夫讲述了这样一件事：年幼无知的埃斯梅愚蠢地把她的密码给了一个朋友，让他去玩《莫希怪兽》（Moshi Monsters）游戏。当这位朋友泄露了密码后，埃斯梅精心照料的宠物被毁了。戴夫通过他在领英（LinkedIn）网站上的专业关系，让它们恢复了原状。

中，他们喜欢比较社交媒体平台，讨论玩家门①、3D 打印的潜力和物联网。他们对数字营也持积极态度——戴夫去参加了展示会，安妮在她的办公室里陈列了埃斯梅制作的棕榈树，而且父母都愿意和埃斯梅谈论她所学的东西。尽管戴夫批评教育工作者没有充分解释原型设计中失败的重要性，以及失败是过程的一部分，但埃斯梅还是从老师那里学到了关键的独立性，戴夫也一直参与她的学习。

埃斯梅的父母显然利用了他们相当多的技能、兴趣和资源来支持埃斯梅，但在我们的田野调查中，很少有人能够利用他们的机会来达到如此好的效果。在这个家庭中，有两种学习理论在起作用：一种是极客文化的试错修补性叙述(the tinkering narrative of geek culture)（在第四章中讨论过）；另一种是更常见的叙述，即在维持和培养有时摇摆不定的青春期兴趣的同时，又不显得强求，这需要微妙的平衡。正如戴夫所解释的，这并不是说"她会成为一个软件开发者；这关乎自信"。

数字营的创始人苏珊娜也更明确地表达了自己的雄心壮志，她告诉我们，"孩子们很有创业精神，我们想开始经营一些初创企业和训练营之类的东西"，因为学生们一直在问关于"货币化和经销"的问题（Blum-Ross & Livingstone，2016b）。苏珊娜煞费苦心地将各种背景的学生纳入其中，她寻求企业赞助，为卢卡斯·斯塔布斯②等低收入家庭的孩子提供奖学金。但是，尽管安妮和戴夫似乎更看重埃斯梅当前的兴趣而非未来的回报，但我们在数字营学员的家长中看到的大量文化和经济资本表明，他们隐约了解数字营所开辟的可能途径。相比之下，尽管萨曼莎和奥卢对尤今在蓝铃小学的情况有类似的叙述，教育工作者贝丝也在努力创造具有创意的环境，但范围要有限得多，视野没有那么宽广，结果也不那么宏大。

---

① 玩家门指发生在2014—2015年针对电子游戏行业女性的网络骚扰活动。这些骚扰主要来自白人男性右翼玩家，他们抱怨女性和女权主义在游戏行业的崛起与影响力。——译者注
② 62号家庭。

伦敦青年艺术协会——创造性重塑

伦敦青年艺术协会从一个以儿童为中心的学习愿景出发，与苏珊娜的创业精神截然不同。伦敦青年艺术协会将数字媒体艺术与其他类型的创造性活动（音乐、戏剧、舞蹈）混合在一起，目的是培养一系列的表达能力和"软技能"（Jenkins，2006）；或者，正如针对特殊教育需求的教育工作者古斯所说，"这些都是关于乐趣和艺术，以及使用艺术作为沟通的方式"。古斯在解释其社会使命时补充说，"在伦敦青年艺术协会的混合能力教学环境中，每个人都处于平等的地位，这在学校是不存在的，在其他地方也不太存在"。尽管伦敦青年艺术协会避开了数字营更多的个人化和竞争性的风气，但它也不能幸免于个人化和竞争性的数字未来的强大的公共话语（Blum-Ross & Livingstone，2016b；Selwyn，2014；Williamson et al.，2018）。例如，伦敦青年艺术协会热情而严肃的动画老师戴安娜（Diana）与同学们讨论了：

> 电脑游戏正在成为当下收入最高的行业，英国实际上是游戏行业的领头羊之一，但真的非常缺乏人才。[1]

在一系列课程中，戴安娜让学生们制作关于我的未来生活的连环画，从 Word 文档中的故事梗概开始，用 Photoshop 软件编辑从谷歌搜索中找到的照片，然后用 Flash 软件制作整个动画。

在伦敦青年艺术协会，我们看到 12 岁的利·斯泰尔斯（Lee Styles）[2]耐心地花了几个小时，用 Photoshop 仔细地去除他所选图片上的版权标识，

---

[1]　戴安娜在教学中经常将游戏的美学和符号学世界的批判性讨论与游戏产业更广泛的政治经济结合起来，从而为她的学生建立了当前乐趣与未来就业可能性之间的联系。
[2]　45 号家庭。

而戴安娜则鼓励全班同学，告诉他们将来可以通过编辑碧昂斯（Beyoncé）等名人的图片，每年赚取 4 万至 5 万英镑。利的哥哥埃文（Evan）（17 岁）参加了这个班，并担任戴安娜的助理。他告诉我们：

> 我基本上是在做一款游戏，我知道有人做了和我一样的东西作为找工作的作品，他们获得了工作。

埃文的父亲彼得（Peter）完全支持，他认为，如果青少年要适应不断变化的世界，就需要发展具体的技能和学习认同。反思自己被意外裁员的经历，彼得认为：

> 说实话，铁饭碗早已不复存在……如果你很灵活，你会尝试不同的东西，而不是说"哦，我不会"，你就能继续干下去。（所以）如果你能向人们展示你的价值，你就会做得不错。

从伦敦青年艺术协会的家长那里，我们听到了很多关于找到自己的激情或天赋并培养它的重要性的谈话，事实上，很多家长自己就是这样做的，他们是艺术家、教师或设计师（有几个家长自己小时候也参加过伦敦青年艺术协会的培训）。关于数字学习的实践在伦敦青年艺术协会比比皆是，这可能是因为它特意为自己构建了一种反叙事，即它的机构身份并非学校（Sefton-Green，2013a）。特别是对于在学校缺乏信心的孩子来说，数字技术被认为是在一个包容、赋权和尊重的社群内实现创造性表达的一个有吸引力和参与性的途径。因此，伦敦青年艺术协会强调自定进度、兴趣驱动的学习，教育者根据需要给予个人关注和及时反馈，高年级学生指导低年级学生。正如我们听到教育工作者在多个场合对学生说的那样，"由你负责"。然而，教育工作者们在是让孩子们玩得开心还是让他们取得成绩和表现上纠结不已——他们的教学方法促使他们选择前者，但来自资助者和家长的期待，甚至可能是他们的自尊心，促使他们选择后者。

我们一次又一次地看到，尽管技术吸引人，有时还能增强能力，但它也带来了自己的问题。有时，教育工作者似乎花了更多的时间来解决问题而不是教学。例如，学生们用没完没了的小技术问题打断动画老师戴安娜：它保存在哪里？密码是什么？为什么它不能启动？同时，学生们悄悄地忽略了软件不断向他们提出的令人费解的问题：你想保存你的密码吗？你想更新软件吗？除了课堂上的困难，在使用软件进行跨场所学习方面也有一些特别的问题。往往课堂上使用的软件与家里的软件不一样，所以孩子们不能在家里继续他们的学习，他们的父母也不能看到他们孩子的学习或支持他们的发展（与数字营中那些更有"特权"的学生形成对比，他们在离开课程时把软件安装在自己的手提电脑上）。就像第五章中的凯尔一样，我们经常看到孩子们在免费的情况下使用令人兴奋的新软件，然而却没有资金继续使用。

欧文（Owen）[1]（14岁）和班上唯一的女孩乔凡娜[2]（13岁）最终在伦敦青年艺术协会并肩而坐，尽管他们的起点很不一样，但欧文的母亲丽贝卡·考克斯（Rebecca Cox）为她的孩子在伦敦寻找免费或廉价的文化活动，她认为"教育不应止步于学校"。虽然她对学校的评价大致上是积极的——"我觉得他们已经发现了他的长处，他们想推动他，因为他们相信他，并能看到他的某种天赋……我很感谢他们"，但她捕捉到了许多家长告诉我们的关于伦敦青年艺术协会作为学校的补充的情况：

> 我认为这给了他自由。他可以去表达自己，成为他想成为的人，和不同的人一起做他想做的事。他可以在他感兴趣的领域发展技能。

---

[1] 47号家庭。
[2] 15号家庭。

所以我觉得这对他的信心和自尊心有好处。

在戴安娜的课上，欧文根据我的未来生活的提示设计了一幅连环画，并花了很多时间在网上寻找非常具体的图片，以符合他的审美。[①] 他对自己的作品很有信心，也许是因为，正如他告诉我们的那样，他的父亲（已与母亲分居）对 Photoshop 软件非常在行，他们有时会制作一些有趣的图案来"取笑对方"。尽管欧文有自己的优势，但他需要戴安娜的密切管理。他戴着耳机工作，不时大声唱歌来打断课堂，并在课堂讨论中加入生动的政治评论（关于性别、环境主义）。

乔凡娜上课时也戴着耳机，但安静地工作，似乎对分配的任务或房间里的其他人不感兴趣。我们观察到她在用 Photoshop 软件处理单一的图像，而不是试图讲述一个故事，她在一张职业足球运动员的图片上进行剪裁，希望足球被"踢成碎片"；她向索尼娅展示了启发她的 YouTube 动画。戴安娜认为乔凡娜的数字动画"有些小众"，但乔凡娜在下一堂课上获得了更多的信心，她担任了视频制作的助理导演（欧文是明星演员）。

正如经常发生的那样，在课外与这些青少年以及他们的父母见面，加深了我们对他们的理解，例如看似安静的乔凡娜和顽皮的欧文。[②] 与乔凡娜的母亲路易莎·特雷维西见面是一个惊喜，路易莎告诉我们她是如何离开她在意大利的富裕家庭和丈夫，来到伦敦的一个小公寓，给乔凡娜和她的姐姐一个更好的生活。路易莎说她"为了女儿们而活"，牺牲了很多来确保她们成为"数字运动和社会肌理（fiber）的一部分。如果可以的话，要走在时代的前面"，但对她们选择的任何方向都持开放态度："我让她们尝试了几乎所有的东西，所以她们会决定自己想做什么。"我们也注意到她对

①　另见：Rideout & Katz（2016）。
②　我们在伦敦青年艺术协会的课间休息时间分别采访了乔凡娜和她的母亲，我们还拜访了欧文家，分别采访了他和他的母亲丽贝卡，另见：Gutiérrez et al.（2009）；Nathanson（2015）；Reiser et al.（1988）。

技术缺乏了解或兴趣，只是把它当作达到目的的手段（尽管是"更好地生活"的手段），尤其是她还希望女儿们能享受"那些慵懒的周日早晨"，阅读（纸质）小说（她们确实这样做了），并享受她们的童年。尽管付出了巨大的努力，确保她的女儿们通过了一所学术性很强的公立学校的入学考试，但路易莎对谈论女儿们的学校或其与伦敦青年艺术协会的关系并不感兴趣，她轻率地认为它们会相互补充。她的重点是为她的女儿们尽可能地安排学习机会。

乔凡娜告诉我们，她喜欢在家里用手机拍照，用 iPhone 应用程序来编辑照片，她来到伦敦青年艺术协会是因为她家里没有 Photoshop 软件，而且这里的教学水平比学校高得多（她一边解释，一边富有表现力地转动眼睛）。她虽然在数字动画课上很安静，但在课外找到了志同道合的伙伴，她说她的朋友们和她"一样喜欢摄影和编辑图片"。虽然只有 13 岁，但这种朋友、母亲的支持和在伦敦青年艺术协会 5 年的学习经历似乎给了她关于未来的信心：

> 我想在电影方面有所作为。我喜欢导演，我也喜欢表演，但这是一个相当难进入的行业，而 Photoshop，我认为它更像是一种爱好。我想进入电影加工行业。

路易莎的与众不同之处在于，她大大地重塑她的生活以推动她的女儿们进步，无论她们选择什么方向；而丽贝卡面临的挑战是努力跟上她的儿子欧文。他以电脑天才的身份虚张声势地描述自己，计划开创电脑游戏事业，并对实现这一目标所需的条件表现出相当的认识，他告诉我们：

> 当我第一次听说政府说要让人们学习编程时，我就已经喜欢编程了。我真的相信，编程和所有这些都是未来的趋势，所以现在进入这

个领域有助于为未来的机会做好准备。

两位母亲都强烈支持她们的孩子，并且都倾向于将她们的育儿理念理论化（露易莎更多地谈到了面对竞争的必要性；丽贝卡将自己描述为"相当的波希米亚"），她们都认为自己面临着一项艰巨的任务，即超越她们的微薄收入和单亲家庭的责任，确保她们的孩子能够出人头地。因此，虽然丽贝卡希望她的孩子在未来能有"有趣的工作"和成就感，她的理念是"我们永远不会停止学习"和"一切皆有可能"，但她也觉得她自己"不能真的离开，去追寻一个梦想"。因此，她告诉欧文，"把你所有的精力都集中在你感兴趣的事情上，而且要做得开心"。关于技术，丽贝卡的设想比露易莎的设想更反乌托邦：她认为未来是一个自动化的世界，担心随着世界变得更加技术化，"很多事情都缺少人情味"。这些矛盾心理——对数字未来的乌托邦或反乌托邦的看法和竞争或者人文主义的学习哲学——在我们对教育工作者的采访中也得到了回应。虽然与父母有许多相同的关注点，而教育工作者往往比父母更积极地看待数字化的未来，而对父母本身的看法却不那么积极。

连接性学习——父母如何融入？

在连接儿童学习场所的机构和个人努力中，儿童不可避免地成为焦点，因为他们经常在不同的场所之间转换，而对父母来说，这种转换通常被有意或无意地阻碍了。这让父母们猜测他们孩子的学习经历是如何相辅相成的，以及他们自己的责任，难怪他们对孩子学习什么、在哪里学习、如何学习以及什么对孩子有好处充满了往往未经证实的理论。正如我们所看到的，父母对学校或数字学习班里实际发生的事情的了解是有限的，因为教育工作者和孩子们都不太愿意透露。具有讽刺意味的是，家长的理论会使他们与教育工作者的期望产生冲突，从而进一步与之脱节。教育工作者——如果他们根本没有听到家长的意见——往往会认为家长的问题多于见解。

也许令人惊讶的是，家庭和学校之间的脱节在数字营这个优越的学习场所和在蓝铃小学这个资源不足的学校里一样明显，尽管原因不同。虽然我们了解到埃斯梅和奥利弗的家庭环境对他们非常支持，以及贾斯珀和其他一些孩子为获得类似的支持所面临的困难，但我们听到一些教育工作者说家长是"苛刻的"，期望课程帮助他们自己"特别的雪花"（special snowflake）取得成果。

数字营将家长定位为期望获得高级服务的客户（Blum-Ross，2016），并努力满足家长需求或安抚家长，同时设定明确的界限以保持对过程和质量的控制。每堂课都是自成一体的，既没有假设孩子们已经知道很多，也没有提到项目如何在家里继续进行或在学校有用。在课堂上，很少有人谈到父母如何帮助孩子学习，尽管创始人苏珊娜知道一些家长有自己的技术专长。同样，尽管她知道一些家长已经购买了树莓派等，但她认为这些设备在家里都被尘封了。训练营在每周课程结束时，为家长们提供了一个精心策划的展示活动。学生们在周五下午的课程中展示，而家长们都在鼓掌。紧张的气氛在家长们的喧闹声中可见一斑，因为每个人都在寻求争取苏珊娜或其他教育工作者宝贵的几分钟的关注。

在蓝铃小学则相反，在那里，教育工作者努力在接送孩子的时间里引起家长的注意，或者让他们来参加学校主办的展示和活动。老师们认为家长们没有什么知识或兴趣，因此错过了与像布雷顿·大同这样的孩子的家庭联系的机会，他的父母在家里积极地参与他的数字兴趣。这主要是一个资源问题：承担过多义务的教师往往只有在出现问题时才会伸出援手，经济拮据的家长只有在活动看似重要时才会参加，而管理编程俱乐部的志愿者贝丝·哈勒没有多少时间来召集教师或家长。要如何安排时间，让家长、教育工作者，甚至是孩子们自己能够走到一起，建立联系？

在伦敦青年艺术协会，家长们被邀请参加学期末的展示会（在假期开设的班级的展示会安排在周末），并且有一个为有特殊教育需要和残疾的学生服务的工作人员（米娅），她会定期给家长打电话。一个新成立的家长团体已经开始为伦敦青年艺术协会筹款。但事实证明，这一切都不容易维持，也不容易实现包容性。米娅真的希望技术能够帮助建立与家长的关系。正如她所说：

> 我有我需要的所有信息，但我没有持续的对话。我不知道他们在家里的情况，也不知道他们在学校的情况，这些信息对我们的工作而言非常重要。我有个想法，比如，每个青少年都拥有一个 U 盘，我们可以把他们所有的工作记录在上面，这样他们就可以带回家了……我想，任何家长都希望看到孩子们取得的一些进步。我希望在这里的学习能够对他们的家庭生活和学校生活产生影响。

尽管米娅积极寻找支持这些联系的方法，正如她选择的"希望"一词所暗示的那样，她还不确定参加伦敦青年艺术协会的活动是否能使孩子们在家里或学校受益。

在与教育工作者的访谈中，我们通常会以一个开放性的问题开始，即该学习场所是如何运作的，谁在使用它，以及学习的方法是什么，然后他们会自发地提到父母。通常没有什么内容，就好像孩子们来了又去了，又不知去了哪里，或者没有什么有趣的地方。我们邀请教育工作者想象一下，当孩子把他或她的新知识带回家或表现出对下一堂课的期待时，家长的反应。虽然想了解更多关于伦敦青年艺术协会孩子的家庭生活，但特殊教育需求教育工作者古斯表达了他的沮丧，即家长们在家里无法跟上课堂上的学习和进步。在蓝铃小学，老师们认为家长大多是孩子纪律方面的合作伙伴，包括控制他们的屏幕时间，但在数字学习方面不是特别重要。

但比起对父母的负面看法，更常见的是完全没有看法。这令人费解，因为教育工作者通常对他们的教学充满热情和反思，并且在对待学生方面细致入微。这使我们想知道在学习过程中使父母变得可见是否存在结构性问题？学习场所提供给家长的参与机会很少。上下学时往往很匆忙，有点混乱。表现性的展示和讲述可以向父母单向展示孩子学到了什么。通信、电子邮件、内部网和其他数字通信同样是单向的（Bazalgette，2010；Buckingham，2007），对话内容只限于解决孩子的问题。

然而，在数字时代，有一些实验正在进行，以连接学校、家庭和其他地方的学习。这种连接可以支持跨场所学习，也可以支持场所内学习。[①] 但它们有可能带来不平等——时间有限或数字技能较差的父母对使用这些服务的信心不足；在家里获得的非标准形式的知识不受欢迎，或被认为在学校不受欢迎；教育工作者在实践中不愿意让父母问大量的问题，包括不太愿意接纳中产阶级父母进入他们精心管理和负责的学习场所（Buckingham，2007）。[②]

结　语

虽然孩子们在家庭和外部学习场所之间移动，但他们生活中的成年人却没有，因此，有时每个人都会感到沮丧。教育工作者感叹父母"难

①　连接性学习研究网络探讨了非正规学习活动如何尝试使用数字技术，以提供灵活和富有创造性的连接、学习和参与方式。连接性学习试图重构教育机构，以便数字技术的独特属性可以被用来"引导"青少年的兴趣，使他们取得学术成就、职业发展等（Ito et al.，2013，2018，2020；Sefton-Green & Erstad，2016）。
②　可以说，数字营找到了用一些学习者主导和导师支持的实践来补充其工具性教学的方法，而在以社会正义为主导话语的伦敦青年艺术协会，资金压力导致了一定程度的工具性（Blum-Ross & Livingstone，2016b）。

以接触"，或者在某些情况下"咄咄逼人"。父母对他们的孩子正在（或没有）学习的东西感到不满，但他们往往太忙，或者在某些情况下被剥夺了权利来解决这个问题。在我们的研究中，家长和教育工作者的学习理论既包含数字技术，也包含情感和身份认同主导的方式，儿童从中获得了诸如专注、沟通、毅力，以及真正的创造力等技能。家长和教育工作者都认为自己有责任培养这些品质或能力，但他们似乎都在孤立地这样做。在我们的问卷调查中，大约一半的家长认为他们孩子的老师重视他们在家里学到的东西，更少的家长认为他们孩子的老师重视他们在课外活动中学到的东西，只有三分之一的家长认为他们孩子在幼儿园或中小学或大学学到的东西与他们的家庭活动有关。问卷调查还显示，家长们在应对风险的同时，也在努力创造在线学习的机会，尽管他们往往缺乏应对数字困境的支持或关于哪些机会可能带来实际利益的指点（Livingstone et al.，2018）。[1]

甚至当教育工作者提到家长时，也没有准备了解家长和儿童的兴趣与专长，教育学家伯里·梅奥尔（Berry Mayall）尖锐地评论道，"家长基本上被视为确保儿童适应……国家议程的代理人"（Mayall，2015）。当然，教育机构可能会与家长保持距离，因为担心倾听和采纳家长的意见会造成干扰。但是，正如我们所发现的，对家长来说，学校不赞成对他们的角色及其可能性的设想做出回应是有问题的。因此，学校虽然大谈家长参与，但往往错过了许多已经在儿童家中的教育和文化实践（Livingstone & Sefton-Green，2016；Silander et al.，2018）。[2]

这种脱节是由制度上的保守主义、倾向性、缺乏时间和想象力造成的，有时还因旨在解决这些问题的技术而加剧，这意味着新的学习途径

---

① 例如，四成以上的英国父母使用互联网来协助他们的孩子学习或完成作业（48%），或者观看视频（如在 You Tube 上）来帮助他们或他们的孩子学习新东西（44%）。
② 例如，Brooker（2015）展示了穆斯林儿童如何通过相当大的努力，记住了《古兰经》的经文，结果发现，在学校里，这相比于他们的同龄人学到的英语童谣是不被认可的。Guernsey & Levine（2017）正式确定了社群组织为构建这种支持所需要的东西，呼吁关注包容性、对社群需求的回应、影响的证据、对家长导师的培训，以及利用在线连接的潜力。

的承诺常常被错失的机会和不公正的结果所破坏。父母和家庭教育的不足而不是赋权的断言听起来越是理所当然（Ito et al.，2013；Ramaekers & Suissa，2012），就越让父母感到沮丧，也让教育工作者感到沮丧，因为他们感到必须为家庭教育的不足做出补偿。① 当然，其结果是一个恶性循环，即学习场所之间的积极联系变得越来越难，进一步加重了儿童的负担，使其不得不将自己的学习和学习认同"联系起来"。

为了回答那些认真提高儿童数字技能的政策制定者和教育工作者：我们在数字学习场所的经历表明，加大努力以争取家长的支持并与儿童在家里的学习生活产生联系，可能会带来红利。资源丰富的学习场所也许可以指明方向，因为它们通常在主动接纳或联系家长方面做得更好，而且拥有更多文化资本的家长能够更好地建立家庭、学校和其他学习场所的连续性。当然，这并不令人惊讶，但我们希望通过对这一过程的研究，为政策制定者提供思考的素材，只要有意愿，他们就可以为处境不利的儿童提供资源（资金、设备、培训）。如果家长——他们中的许多人愿意参与——能够加入到学习场所的设计中来，这些资源将得到进一步的拓展：欢迎、告知、倾听、尊重他们自己的技能和兴趣，也许还可以让他们想办法在家里拓展孩子的学习。尽管这仍然是一个建议，而不是现实，尽管政策制定者和教育工作者的努力可能会进一步加重家长的负担，使家庭"课程化"（Buckingham，2000），但我们的田野调查表明，如果创造性地加以管理，各方都会有所收获。目前家长、儿童和教育工作者对数字学习的热情，可以为这种实验提供肥沃的土壤。

---

① 课外教育工作者感到他们不仅要弥补家庭的不足，而且要弥补学校的不足。他们对学校的批评有时是合理的，因为学校的老师们疲惫不堪或负担过重，被国家课程的指令束缚，或者缺乏激情或创新的能力。

第七章
想象未来

回顾过去，展望未来

尽管只有 8 岁，米娅·埃利（Mia Ealy）[1] 已经是一位"数字领袖"，并为在蓝铃小学的编程俱乐部学习到的一些"特别的东西"而感到兴奋不已。她的母亲们，蕾切尔（Rachel）和艾琳（Erin），决心不让米娅的性别引导她"走旁观者的路线，而不是行动的发起者、创造者和实干家"。蕾切尔兼职做艺术家和园丁，这是一个富有创造性的工作，尽管很难赚钱，但她有时间在学校做志愿者，并密切关注米娅的"一系列"机会。就像我们为本书采访的许多家长一样，蕾切尔认为数字技术为她的女儿提供了一条自我实现的道路，她也接受了这种自我实现的道路，在家庭、阶级和性别方面进行了新的实践（Averett，2016）。更重要的是，这是她自己没有经历过的机会，因为她作为一个女孩，年轻时被禁止追求她对木工活的兴趣。

然而，蕾切尔对这些数字机会并没有什么具体的看法——在这一点上，她也是我们采访过的父母中的典型。数字技术在未来是很重要的——不管是好的还是坏的，但父母们都在努力了解这对他们的孩子可能产生的影响。在回顾过去以了解现在和想象未来时，蕾切尔把她受性别限制的具

---

① 20号家庭。

体经历作为比较点，而其他人则有不同的经历可以比较。并非所有的父母都像蕾切尔那样乐观地认为自己可以采取措施，确保数字技术使他们的孩子受益。但是，不管是出于对逝去的童年"黄金时代"的怀念，还是热衷于改善对"糟糕日子"的记忆，过去至少是切实的。许多父母向我们抱怨他们的童年有太多的规则，父母是"老派的"或"传统的"，父亲太严格或不在身边。这种生动的记忆促使他们以不同的方式养育孩子，这与更民主的家庭相称。相比之下，也是必然的，未来仍然是一个抽象的概念——遥远而难以预知，因此对父母来说是不确定的来源。作为一名父亲，网络设计师亨利·斯托达德（Henry Stoddard）[1] 说：

> 如果我们要生活在一个处处受技术影响的社会……那么孩子们就必须学习不同的思维方式，学习不同的做事方式。我不知道这是否一定是坏事？

中产阶级的妈妈博主梅丽莎·贝尔[2] 忧心忡忡地说：

> 我真的无法预测。即使在过去的 10 年里，事情也发生了很大的变化……我不知道 15 年后会出现什么。

同时，达亚·塔库尔[3] 是一位有四个孩子的低收入单身母亲，她重复了许多人模糊但充满希望的观点："我只希望他们快乐、独立……成功。"达亚想象她孩子的未来会在比她自己童年更具挑战性的环境中展开。她成长于一个关系紧密的孟加拉社群，所有人都住在附近。她说："我小时候，周围每个人都互相认识，现在几乎没有人认识彼此。他们现在已经过着封闭

---

① 32号家庭。
② 38号家庭。
③ 10号家庭。

的生活。"有特殊教育需求的孩子的父母对这种社会支持的丧失感受很深，对他们来说，未来几乎是不可想象的。萨娜[①]（16 岁的自闭症患者）的父亲阿里·卡德尔说："我没有对未来想太多，真的！否则我就会生气，所以我最好是一步一步地来。"艾丽斯·谢尔登[②] 是一位单身母亲，她自己和她患有唐氏综合征的女儿索菲娅几乎没有得到社会和经济支持，当被问及索菲娅的未来时，她简单地说："我希望我比她活得更长久。"

正如我们在第一章中所讨论的，父母在应付具有挑战性的现在和不确定的未来时被"放任自流"的感觉，并不是其个人行为的结果。更确切地说，它是个体化和新自由主义长期趋势的产物，这两种趋势共同分隔了父母们，并让他们对社会变革的影响"负责"。这些趋势表现在不断变化的、往往是困难的、塑造家庭生活的社会和经济条件上。正如我们在本书中所展示的，社会告诉父母，他们应该通过接触和管理数字技术来支持孩子的发展及建设他们的未来。但是，社会似乎更喜欢批评父母的数字实践，而不是支持他们。[③] 这就涉及一个关键问题：鉴于传统形式的支持正在减弱，需要什么样的社会结构和团结形式？

在我们对伦敦不同群体的家庭和生活的考察结束时，我们认为：一方面，父母对数字未来的想象塑造了家庭目前的生活；另一方面，目前关于数字技术的许多行动可能会产生未来的后果。然后，我们研究了这些将过去、现在和未来联系在一起的日常协商是否以及如何发生在数字技术领域里。因为，正如我们进一步论证的那样，数字技术并非中立的，它带来了自己的机会和风险。在这些问题上，就像在其他问题上一样，父母经常被谈论，而没有被真正倾听。因此，我们以他们的观点作为结尾，将其转述为给那些有能力通过发展、促进新形式的参与和包容来改善家庭生活的人

---

① 9号家庭。

② 1号家庭。

③ 正如 Gee et al.（2017）观察到的那样，父母收到的信息可能会让他们"感到担忧又充满希望，并通常只是带来纯粹的困惑"。

的建议。

关于未来的谈话

对父母来说，想象未来似乎既是必要的，又是不可能的。它是必要的，因为父母和孩子最平凡的活动都会被不断权衡——它们在几十年后能否让父母对孩子的期望和担忧变为现实。如果"作为父母的部分经历是想让自己的孩子成为某种人和做成某些事情"，那么能够想象这些并在实践中实现它们是至关重要的（Ramaekers & Suissa，2012）。但这是很难的，不仅因为父母知道未来是无法预测的，而且还因为公共领域对未来的预测（来自政治家、专家、媒体大师、营销人员和科幻小说家）是矛盾的和有争议的，涉及多种互相竞争的利益团体。[1]

Alper（2019）使用"未来的谈话"（future talk）这一术语，分析了社会和政策制定者对未来与技术的讨论被用来在家庭中构建个人的、亲密的叙事的对话过程。例如，莉娜·乌邦关于"未来的谈话"以"我们正在走向一种虚拟的和机器人的未来"的预期为中心，以明显的抵制方式塑造了她现在的育儿方式。[2] 她开始慷慨激昂地讲述如何教她的孩子做饭以及他们的食物来自哪里。她关心的不是制作美食，而是鼓励孩子"尽可能多地接触实物，让他们为虚拟世界做好准备，确保他们接触虚拟世界之前有一个具体的世界"。然而，莉娜的反抗只进行到此，因为她也在寻求平衡，比如让她的女儿米丽娅姆在博客上分享她的诗歌。

这种平衡与关于"现在"的意义的相当矛盾的心理有关。现在指的是

---

[1]　Penue & Connor（2018）"呼吁人们更加明确地关注未来想象的来源，这样我们就可以适当地对它们进行批评"。
[2]　6号家庭。

父母记忆中的童年和他们盼望的孩子们成年的未来之间的当下。像许多人一样，博客作者梅丽莎·贝尔在向后看［"我希望我的孩子拥有一个《五伙伴历险记》(*The Famous Five*)一样的成长环境，在花园里跑来跑去"］和向前看（"技术是前进的方向，从就业上来说，它会给他们一个先机，我只是认为这将成为一种规范"）之间纠结。[①] 这样的父母对过去充满了怀念——童年的新鲜空气、富有创造性的游戏和泥泞的膝盖，这些都是对过滤后的、神秘的科幻未来的令人回味的反衬。但他们也很务实：如果技术是未来，那就赶快行动起来。

我们的问卷调查表明，整个社会普遍对技术抱有希望：几乎所有的父母（88%）都认为"我的孩子了解如何使用技术对他们的未来很重要"。相关的焦虑也基本上与社会经济地位无关：一半的受访父母说，社会应该关注技术变革，这些父母的收入各异。对数字技术采纳平衡的策略并不简单。莉娜、梅丽莎和蕾切尔对她们育儿的描述证实了一种矛盾的混合，不仅是对技术的接受和抵制，也是对普遍提倡技术价值的个人主义竞争文化的接受和抵制。

我们从中产阶级的母亲那里最清楚地听到了这些反思（尽管不是唯一的），她们似乎承担着在家庭中和社会的规范性期望中平衡各种价值与愿望的责任（Oster，2019；Warner，2006）。也许她们也更容易感受到过去那种令人向往的（也许是美好的）愿景，因为梅丽莎·贝尔确实在她的郊区排屋外有一个绿树成荫的花园，而不像达亚·塔库尔，她住在高层的市政公寓里。然而，诋毁中产阶级母亲的焦虑太容易了——想想最近出版的关于"直升机式教育""虎妈""偏执型"（paranoid）、"放养型"（free-range）或"神圣的"（sacred）育儿的书（Faircloth & Murray，2014；Furedi，2008；

---

① 《五伙伴历险记》是一本广受欢迎的儿童冒险推理小说合集，作者是伊妮德·布莱顿（Enid Blyton）。

Hartas et al.，2014；Kohn，2016；Littler，2013）。[1] 家长们一般都会对他们所感受到的不断增强的焦虑进行反思——他们试图（并不总是成功地）抵制这种焦虑。凯莉·杰克逊[2] 是 12 岁的奥利弗和一对 8 岁的双胞胎女儿的高收入母亲，她描述了以下情况：

> 从他们出生的那一刻起，我就生活在担忧之中。因为……他们很脆弱，事情可能出错……［但是］我不能过度保护，那会对孩子产生不利影响。我不能把我的全部时间都花在唠叨上，缠着他们，让他们去做他们应该做的对他们有好处的事情，这只会让每个人的生活变得很痛苦。

与担忧做斗争，并试图以某种方式超越它，这远非父母与技术斗争所特有的。正如玛吉（Maggie）（5 岁）的母亲安布尔·布恩（Amber Boon）告诉我们的，面对"大量的选择是相当令人焦虑的，［因为］我们生活在一个极具竞争力的世界"。[3] 正如我们在下面论证的那样，数字的不确定性，以及来自社会的竞争压力，加剧了这些焦虑，明显地削弱了许多父母的力量。

然而，我们有时会惊讶地发现一些平静和愉快的家庭，这恰恰说明这种焦虑父母的形象已深入人心。正如本书所揭示的那样，在不同的阶级背景下，我们遇到了一些对孩子的数字活动感到放松的父母，他们似乎能够在当前的快乐和未来的愿望之间形成一种轻松的自洽。有时，这或明或暗反映了父母对他们特定的育儿哲学的信心（Clark，2013）。有时，父母对他们在面对社会变革时的能力充满信心，因为，用戴安娜·鲍姆林德（Diana Baumrind）的有影响力的术语来说，他们采取了一种权威的（authoritative）

---

[1] Douglas & Michaels（2005）认为："密集的育儿工作是女性终极的奥林匹克。"

[2] 52 号家庭。

[3] 19 号家庭。

的育儿风格，其特点是开放和热情地沟通，但也保持着明确的界限。[①] 对于一些技术水平较高的父母（例如第四章中的达尼[②]），这种信心是源于他们具有高级数字素养，同时对孩子的极客兴趣感到好奇。这使他们能够通过技术与孩子进行有意义的接触，提供资源，为他们设置挑战并激发他们的兴趣，从而弥合现在与未来之间的差距。

即使父母对数字技术知之甚少，对数字技术的开放心态或对作为孩子的经历的移情认同，也能让他们通过提问和寻找新资源来支持孩子。达亚·塔库尔没有特别的数字技能，但她可以"享受"女儿从 YouTube 上学到的日益增长的做头发的能力。蕾切尔·埃利也没有特别的数字技能，但她可以看到（并知道询问）米娅作为"数字领袖"活动中的创造性和学习元素，包括编程、游戏和机器人。其他父母则看重数字机会，以便与远方的家人和朋友保持联系，或维持宗教、文化习俗和价值观。正如我们在第三章中所讨论的那样，我们听到了一些收入低但受过良好教育的父母对育儿的具有反思性的描述，他们避开了社会的（过度）批判，创造了替代或抵制协同培养或精细育儿（intensive parenting）这种看似公认的规范的育儿理念。换句话说，他们在数字教育方面取得的平衡是建立在他们"另类的"育儿价值观上的。

但是，无论他们的情况是幸运的还是困难的，无论他们的期望是雄心勃勃的还是适度的，在我们看来，许多父母似乎充满信心，甚至是乐观的——这也被我们的问卷调查结果所证实，四分之三的英国父母说他们对

---

① Baumrind（1971）里程碑式的研究发现，育儿风格在父母对孩子施加权威的程度与他们对孩子表现出温暖和喜爱的程度上存在差异，并区分了专制（authoritarian）（高控制，低温暖）、权威（authoritative）（高控制，高温暖）和纵容（permissive）（低控制，高温暖）父母。发展心理学已经揭示了专制与优化的权威育儿风格相比的弊端。在中介化育儿文献中也有类似的发现（Clark，2013；Livingstone et al.，2017；Nikken & Schols，2015）。
② 56号家庭。

自己孩子的未来相当有信心或非常有信心。[①] 移民电影制片人文比·卡扎迪在谈到他的女儿马尼对时尚的羞涩兴趣和儿子宾图对机械的日益增长的兴趣时，颇为浪漫地说："我希望看到他们实现自己的梦想。"这种乐观情绪不仅与媒体对技术的恐慌形成鲜明对比，也与社会科学批评文献对新自由主义的崛起充满悲观的预测形成鲜明对比，其中，灵活性被定义为不稳定性，技术被认为是不平等的驱动力，团结被认为是注定要失败的。[②]

我们听到了一些熟悉这些预言的家长，但他们还是创造了积极的愿景，以保留对未来的希望。彼得·斯泰尔斯[③]励他的儿子获得数字媒体技能，他利用金融媒体中流行的关于劳动力市场危机的反乌托邦式的预测，向我们解释说，"铁饭碗很久以前就没有了"。然而，与他自己被"规则、规则、规则"支配的"糟糕的童年"和"没有真正花时间陪我"的父母相比，他对他们的未来充满希望。作为一名中等收入的信息技术工作者，彼得在被意外裁员时，曾经历过不稳定的情况。现在，他敦促他的儿子们努力保持灵活和开放，以适应未来可能对他们提出的任何要求。

看着和听着父母们对数字技术的接受、平衡与抵制（有时带着强烈的焦虑，有时没有），我们开始理解关于未来的谈话如何塑造当下。接下来，我们将探讨未来本身是如何通过现在的活动无形地或间接地形成的。我们的重点是不平等，因为我们发现经济和文化资本可以帮助中产阶级父母面对他们的问题，而让较贫穷的家庭以及有特殊教育需要和残疾儿童的父母承担更严重的个人负担。利拉·穆罕默德[④]把大部分收入用于为她的女孩提

---

① 我们的问卷调查结果显示，与自己的童年相比，70%的父母认为他们的孩子有更多的机会，尽管三分之二的父母也认为他们面临更大的压力。与此相关，The Children's Society（2019）的《美好童年报告 2019》(*The Good Childhood Report 2019*) 显示，尽管近年来幸福程度略有下降，但英国儿童总体上是幸福的。

② 我们在 Livingstone & Blum-Ross（2019）中发展了这些想法；另见: Ito et al.，（2013，2020）; Jenkins et al.（2016）。

③ 45号家庭。

④ 35号家庭。

供额外的课程和技术，卢卡斯·斯塔布斯[1]的父母为自己的孩子获得数字营的奖学金感到高兴。[2] 这些父母对技术的投资是如此寄予厚望，但却不被社会认可，往往使他们得不到支持，无法帮助他们的孩子实现父母可能想象的目标。

关于未来的后果

父母认为，通过鼓励在家里、学校或通过课外活动进行数字媒体学习，他们可以增加孩子跟上甚至领先于时代的机会——这样的想法是否正确？这个问题以及类似的关于父母教育投资的问题，现在变得更加紧迫，因为几十年来第一次预测青少年的成功程度将低于他们自己的父母。[3]

在二战后的英国、美国和其他富裕国家，工作机会很多，教育为获得良好的生活水平提供了可靠的途径，中产阶级的规模正在扩大，不平等现象正在减少。社会学家约翰·戈德索普记录了今天的祖父母年轻时的情形：

> 工薪阶层的崛起——创造了更多的上层空间——以及相应的工人阶级的衰落……在 20 世纪中叶，创造了被恰当地称为社会流动的"黄金时代"，当时社会地位上升的现象明显多于社会地位下降的现象

---

① 62号家庭。

② Cooper（2014）注意到，客观上更富裕的家庭似乎具有不相称的对风险和安全的担忧。

③ 正如 Goldthorpe（2016）指出的："年轻一代的男性和女性现在面临的流动前景不如他们的父母或祖父母：也就是说，他们向上流动的可能性较小，而向下流动的可能性较大。"

（Goldthorpe，2016）。[1]

但近几十年来，不平等现象增多[2]，工会化程度下降，财富更加集中于精英阶层，教育（本身也越来越分层）不再产生安全的红利，社会流动性下降。就像拉鲁和其他学者一样，戈德索普预测，中产阶级的父母将更加努力地给他们的孩子提供优势，即使他们不能保证孩子们向上流动，也要防止孩子们向下流动。一种回应是希望数字技术能够提供保证孩子前景的神奇元素。对另一些人来说，在数字媒体和技术上"浪费时间"象征着孩子可能会落后。

正如我们所表明的，这些希望和担忧不仅对中产阶级有说服力，而且出于各种原因，对整个社会不同经济阶层的父母都有说服力。根据社会流动委员会的报告，伦敦的家庭比居住在其他地方的家庭有更多理由感到乐观："与其他地方相比，首都为其居民——包括最贫穷的居民——提供了更多的进步的机会。"[3]（Social Mobility Commission，2017）其中，一些机会特别存在于在数字和创意领域。社会学家萨维奇补充说，信息技术领域的

---

① 尽管关于20世纪社会流动性的主张在社会学家和经济学家之间仍然存在激烈的争论（Savage，2015b），但英国青少年对他们的社会流动性前景持悲观态度（Social Mobility Commission，2018）。另见：Exley（2019）。大众媒体用诸如"超过三分之二的千禧一代认为他们这代人会比他们的父辈'更糟糕'"的标题来强化这种悲观态度。有趣的是，有技术经验的父母尤其乐观，因为他们可以让孩子为数字未来做好准备（TechUK，2019）。

② 长期趋势表明，自20世纪70年代末以来，大约在今天的父母出生时，收入不平等已经加剧，但自2008年经济危机以来，英国政府通过福利和税收来减少不平等现象的努力已被证明是有效的（Corlett，2017；Cribb et al.，2013；Goldthorpe，2016；Office for National Statistics，2017a）。

③ 具体而言，伦敦拥有"迄今为止最优秀的弱势儿童发展成果"，以及"弱势儿童与同龄人之间最小的成绩差距"。Social Mobility Commission（2017）还指出："伦敦的良好结果可能是由于……人口统计学上的各种因素，是人口因素、育儿方式、社会资本和伦敦提供的广泛机会（例如，父母和婴儿课程、博物馆、图书馆、艺术馆等）的结合。"过去10年学校成绩的改善也起到了一定的作用（Balestra & Tonkin，2018；Selby-Boothroyd，2018），但生活在伦敦还带来了其他问题。虽然 Social Mobility Commission（2018）发现，伦敦人对自己享有的机会比英国其他地方的人更乐观，但他们也更有可能"在整体生活水平、工作保障和住房方面感到比他们的父母更差"，而住房成本在其中起了很大作用。

精英职业"可能对不同群体的人才更加开放",这支持了父母的希望,即数字革命可能使社会流动性更大(Savage,2015b)。[1]

支持这些就业前景的是首都可以提供的大量教育和文化资源,我们采访的许多家长都非常清楚这一点。当然,父母是否积极地让他们的孩子利用这些资源也很重要:长期的社会科学研究表明,父母的早期投资对塑造儿童的生活机会非常重要(Coleman et a.,1966;Feinstein & Sabates,2006;Putnam & Fairhurst,2015)。[2]

但是,这是否会带来变化?社会流动性总体上是稳定的,在今天的父母一代中,约有三分之一的人与他们的父母处于相同的社会阶层,三分之一的人向上流动,三分之一的人向下流动。如果这种模式继续下去,孩子比父母做得更好或更差的概率是一样的,这就说明了人们为何对孩子寄予厚望或忧心忡忡。正如我们的田野调查和问卷调查所发现的那样,家长们通常是乐观的,而不是悲观的,有将近一半的家长认为他们的孩子在未来能够稳定生活的机会比他们自己的好,不管这是否理所当然。[3]

支撑社会流动性(或其缺失)的因素已经得到了大量研究。但它们不能为每个孩子提供一个明确的预测,因为对孩子生活机会的许多影响是难

---

[1] 我们并不认为所有的父母都希望他们的孩子未来在数字领域就业,尽管他们知道大多数工作将以某种形式涉及技术。但家长们确实认识到,数字活动吸引了孩子,激发了他们学习的动力,建立了他们的信心,提供了多样化的选择和可见的学习途径,并承诺了可信的结果。简而言之,它们提供了一种实用的,但往往有风险的手段,以实现父母的价值观——为他们的孩子,也为他们自己。关于这一点,我们采访的父母博主表达得最为清楚(Blum-Ross & Livingstone,2017)。

[2] "成功成长"到成年或获得工作取决于父母的作用,特别是对于边缘化或少数族裔青年来说,取决于当地的非正式网络(Henderson et al.,2012;Sefton-Green et al.,2020)。

[3] 在问卷调查中,当被问及对孩子未来财务状况和职业稳定性的看法时,44%的父母认为他们孩子的机会比他们的更大,36%的人认为他们孩子的机会和他们的差不多,20%的人认为他们自己的机会更大。

以厘清的。[1] 对几年甚至几十年后的青少年进行跟踪研究，往往会得出这样的结论：强大的社会再生产的力量意味着，一般来说，儿童的生活机会往往，但并不总是，与他们的父母相似（Henderson et al.，2012；Lareau，2011；McClelland & Karen，2009；Thomson，2011）。我们有机会探索这种情况，因为我们在2018年时访问的一些家庭在几年前，即2014年时，作为前一本书《班级：数字时代的生活和学习》的研究对象被访问过。[2] 在这个相当短的间隔时间后，我们发现根据家庭所处的阶级地位不能直接预测孩子的结果。例如，来自低收入家庭的艾比·亚当斯（Abby Adams）[3] 解决了重大的个人问题，包括学习如何应对网上的仇恨和欺凌，并被一所优秀的大学的商学院录取。她将自己对商科的兴趣归功于童年时在父亲的市场摊位上帮忙的经历。作为一个年长的父亲，乔纳森（Jonathan）认为"数字世界是一个陌生的领域，因为我们还没有习惯它"。但他的信心来自他作为基督徒和前青年工作者的个人与专业经验，这帮助他为艾比的学习提供了支撑并重建了她的自尊。他高兴地告诉我们，"她有一个美好的未来"。

对于那些来自较富裕家庭的人来说，4年后的结果也是喜忧参半。艾丽斯·坎特雷尔（Alice Cantrell）[4] 计划去一所优秀的大学学习心理学，似乎是在追随她母亲的脚步。她的父母是专业人士，玛丽亚（Maria）和西奥（Theo），一直相信她会做得很好，尽管她的父母曾因学校未能解决艾

---

[1] Livingstone & Sefton-Green（2016）确定了一系列看似微小但有潜在影响的因素，这些因素塑造了儿童的未来。与此相关，Sefton-Green & Erstad（2016）探讨了"教育的意义与机构教学法在日常生活的所有角落和缝隙里不断变化的位置"，他们对所谓的日常生活日益"教学化"（pedagogicization）感到担忧。另见：Bernstein（1990）；Erstad et al.（2016）。
[2] 《班级：数字时代的生活和学习》一书中的28名儿童（来自不同的族裔和社会经济背景）当时只有13岁或14岁，其中，8人同意在18岁时再次接受采访。重访有助于了解在这关键的几年里他们是如何发展的。在这8个愿意被重访的孩子中，2个来自低收入家庭，3个来自中等收入家庭，3个来自高收入家庭。
[3] 66号家庭。
[4] 68号家庭。

丽斯的阅读障碍问题而与学校进行了长期的斗争。^①然而，来自中上层职业家庭的塞巴斯蒂安·库珀（Sebastian Cooper）^②放弃了传统的大学，将他对戏剧的热爱（长期与母亲共享）转化为对电影事业的渴望。在我们重新访问的前一年，他出现了心理危机，他的母亲说，原因是他的学业压力和对未来的焦虑。在家庭的大力支持下，他在学校的媒体部门担任技术员，同时努力考取电影学院。因此，他的未来似乎是"数字化的"，而且非常不确定。

据我们所知，造成差异的最大因素是父母自己的兴趣和专长，以及家庭与学校的文化和资源，还有一些不能被计划的人生事件。在我们的田野调查中，家长向我们谈及数字是希望和担忧的来源，但第四章中讨论的极客家庭可能是个例外，很难知道家长专门投资于数字机会是否会带来超越其他机会的好处。儿童参与数字媒体学习场所，如我们在第六章讨论的，与他们在学校和校外的教育参与及坚持学习之间有积极的联系。因此，尽管技术资源和专业知识的分配是不平等的，就像使社会优势再生产的社会和文化资本形式一样^③，我们不能排除这样的可能性：那些努力利用数字时代的极客机会的父母和孩子，如我们在第六章讨论的，可能会看到他们的身份认同与资源投资带来的一些成功。

---

① 艾丽斯自己学习管理数字沟通标志着她的日益成熟——不再卷入与陌生人在网上的不愉快的交流了。我们与梅根（71号家庭）进行了类似的交流，她决心反驳关于年轻一代的负面说法（没有隐私意识、沉迷于技术、粗鲁、没有价值观），并愤怒地断言，这种说法本身就对青少年有害。听到她的母亲焦急地重申这样的负面观点，她感到心酸。

② 73号家庭。

③ 例如，中产阶级父母采用更具体的措辞讨论育儿的途径——意识到要采取的步骤，说出要申请的大学，讲述专业的统计数据，阅读思想领袖的观点对他们的影响，如果他们判断可以做得更多，会准备与他们孩子的学校打好交道。约瑟芬和米歇尔·蒂埃博，来自我们招募到的最富有的家庭之一，在采访中提到了熊彼特（Schumpeter）的经济学、颠覆性资本主义理论（the theory of disruptive capitalism）、神经网络（neural wetnork）和数字身份的未来。

为什么数字技术如此重要？

在我们开展研究时，算法、虚拟和增强现实、机器人、人工智能，以及从家庭到城市的一切智能创新，都是新闻中的热点。科幻小说与公共政策预测和商业模式逐渐模糊，所有这些变化不是发生在遥远的未来，而是在短短几年内。专家和公众都在努力把握与应对高度复杂、快节奏、全方位的变化及其对工作、休闲、学习、公共和私人生活可能产生的广泛影响。

尽管正如社会科学家反复指出的那样，社会变革是进化的，而不是革命的，但关于数字技术的流行说法（如"数字育儿"或"数字原住民"，甚至"数字未来"）则更支持一种令人信服的论述，即一系列技术革新带来引人注目的社会变革——互联网的发明、智能手机的推出和物联网的发展（Helsper & Eynon，2010；Livingstone，2018；Mansell，2012；Prensky，2010；Twenge，2017）。同时，人们用乌托邦式的、未来主义的、科幻小说式的图像和反乌托邦式的、充满厄运的政策预测（铁饭碗的终结、人口"定时炸弹"、福利国家的破产、健康危机、定期大流行病等）来看待未来。①

难怪提到数字技术似乎会催生人们对现在和未来的孩子们的希望与担忧。对于这一代父母来说，他们自己的童年相比他们孩子的在技术应用上要简单得多。因此，转型的叙事作为一个组织原则似乎具有特别的吸引力。9岁的艾伦·帕克斯② 也是蓝铃小学的"数字领袖"，希望得到一份与技术有关的工作。她从她的母亲阿里亚姆（Ariam）那里得到很多支持，她

---

① 例如，"到2030年，人口的需求和资源将由自主学习、数字技术来协调。"数字原住民"将引领潮流。［但好处］将仅限于有数字素养的人"（Institute for the Future for Dell Technologies，2017）。

② 11号家庭。

的解释说明了我们的几个发现：

> 我确实认识到现在技术比以往任何时候都更重要。我相信人类的
> 进步，相信我们已经走了很远。我（从厄立特里亚）来到这里是为了
> 更好地生活，我绝对打算利用［这里］的优势。我认为生活已经发生
> 了最好的变化。关于技术有很多负面的东西，但我认为正面的东西超
> 过了负面的东西。

像许多家长一样，阿里亚姆相信技术正在以重要的方式改变社会，为
"人类进步"做出贡献。同样像许多人一样——正如我们的问卷调查所证实
的那样①，她相信她可以在积极因素和消极因素之间取得平衡。此外，像我
们采访的其他移民家长一样，阿里亚姆·帕克斯来到英国，"为了更好的生
活"，她设想，这包括让她自己和她的女儿从数字技术中获益。这种迁移
的挑战肯定是（而且肯定将继续是）相当大的。

因此，虽然对大多数父母来说，数字化标志着他们自己的童年和他们
孩子的经历之间的差距，但对移民家庭来说，它也象征着他们已离去的生
活和他们现在可以为家庭提供的生活之间的差异。父母还有其他理由将他
们对未来的希望寄托在孩子的数字活动上：技术与孩子的特殊教育需要和
残疾之间存在"选择性亲和"；数字机会有可能克服贫困或劣势；极客身份
认同提供了一条摆脱个人困难的替代途径。我们的观点是，数字技术是重
要的，因为无论家庭面临什么深层次的问题，它似乎提供了一条可行的未
来之路——对于一些父母来说，这是他们所能预见的唯一道路。

综合了父母关注数字技术的各种原因，我们认为，他们无法回避社

---

① 我们的问卷调查发现，父母认为技术带来的好处略大于坏处，他们认为技术对支持学
校学习、追求爱好和兴趣、创造性和表现力以及为未来工作做准备有价值。他们对技术能够
改善孩子与家人或朋友的关系比较怀疑，但总体上仍不消极（Livingstone et al.，2018）。

会群体对所有数字事物所表现出的强烈兴趣。[1] 仅仅用了几年时间，全球技术公司就取代了那些来自制造业或自然资源领域的公司，成为世界上最大和最有利可图的公司，而它们的业务正是填补我们的时间和想象力（Livingstone & Blum-Ross，2019；Wooldridge，2016）。大量关于技术对工作、教育、社会流动性、健康等方面影响的预测，以及不断出现的警告数字风险的头条新闻，让父母发现他们正在对数字未来进行激烈猜测的文化氛围中培养孩子。家长们不仅想和我们讨论他们的个人困境，还想讨论技术创新的社会影响——它的伦理、它的创造潜力、对教育的影响、大量的在线伤害风险、犯罪的未来、数据化和隐私的终结，等等。问题不仅仅是"我的孩子会有什么样的未来"，还关乎"他们将生活在什么样的世界里"。

这种普遍的推测文化明确地呼唤父母，呼吁他们：利用孩子的学习机会，但同时限制他们的屏幕时间；以数字方式与孩子的老师联系，但停止盯着屏幕或分享孩子的照片；跟上最新的发展，但规范孩子和他们自己的数字活动。为了满足这些期望，父母不可避免地被进一步吸引到监测媒体环境中，以寻找关于最新的机会或问题的新闻或可用的建议，丰富他们对数字责任的认识。由于育儿文化的兴起与数字时代相吻合，官方和非官方的关于数字育儿的建议爆炸式增长，专家研讨会、指南式图书、应用程序和技术工具的数量也在快速增长。也许其中一些是有帮助的，但它们会带来相当大的思想包袱，是由一系列（基本上是被默许的）官方、商业或意识形态的利益驱动的，这些利益可能把父母的利益放在首位，也可能没有把父母的利益放在首位。当然，它们是很难被忽视的。

尽管这些期望往往是负担，但对许多父母来说，数字技术与能动性有关——不仅是和他们的孩子相关，也和他们自己相关。家长们热衷于以

---

[1] 可以说，媒体出于自身利益的考虑，夸大了自己的重要性，部署了大量的资源来宣传最新的技术革新或灾难，并对未来进行乌托邦式或反乌托邦式的预测（Cassell & Cramer，2008；Critcher，2003；Kamenetz，2018；Nature Canada，2018；Nelson，2010）。

自己的方式培养孩子，认可一种个体化的精神，这意味着他们既不希望跟随自己父母的脚步，也不一定要遵从官方的建议。他们的主要策略是拓展孩子们在家里，在学校里，还有在其他地方的学习机会。家长们并非不知道，社会科学研究结果表明，教育是家长对孩子未来的最佳投资。而数字技术声称提供了这样的机会。

当然，在日常实践中，数字技术也很重要，莉娜·乌邦称之为进入家庭的数字产品的"海啸"——父母无论在字面上和隐喻上都被屏幕绊倒了。这些都需要一系列看似平凡却又致命的决定，这些决定涉及支出、时间和空间的使用以及专业知识，更微妙的是涉及关系、价值和身份认同。其中一些决定涉及父母自己的童年所不熟悉的伤害风险，尽管有些人能够从容地接受这些风险，但这种不熟悉增强了父母的焦虑。[1] 关于风险问题，就像数字环境的其他挑战一样，父母无法利用他们自己接受的教育。正如我们的问卷调查所显示的那样，他们也不能向自己的父母寻求数字方面的建议，就像他们在其他问题上可以寻求建议那样（Livingstone et al., 2018）。关于数字技术的决定也对父母的专业知识或资源提出了挑战，包括与子女的知识进行比较，有时子女的数字知识更丰富。

出于所有这些原因，数字技术可以是令人兴奋的，也可以是令人担忧的，会带来相当多的家庭协商，有时甚至是冲突。但是，数字技术尽管看起来广为人知，但在许多方面是陌生的和具有挑战性的，它们在改变家庭生活的同时，也在其中找到自己的位置，正如接下来我们的研究所展示的。

---

[1] 正如欧盟儿童在线项目（EU Kids Online）长期以来所主张的那样，随着社会技术环境的变化，风险也在不断变化，而对儿童的伤害却更广为人知。区分风险（伤害的概率）和实际伤害的意义在于，认识到育儿方式、儿童的脆弱性或适应力、媒体素养、社会环境、教育和一系列其他因素都是风险与伤害之间的中介因素（Livingstone, 2013）。

数字技术带来了什么变化？

在这本书中，我们首先从父母想象（parental imaginary）的角度回答了这个问题，研究了当代育儿文化是否被数字技术占据。反思父母是如何热衷于谈论他们如何在家里管理数字技术的，我们认为与他们面临的其他挑战——如不平等、人际冲突、价值观、移民、贫穷、性取向或种族偏见——相比，数字技术当然提供了一种"安全"的方式来表达焦虑，以及寻求对育儿决定的支持。经常伴随着我们采访的情绪使我们怀疑，虽然看似在讨论与数字技术有关的经验，但父母实际上是在告诉我们他们的付出——维持生计，为有学习困难的孩子设想未来，与他们的原籍国保持联系，甚至感觉要"控制"他们的孩子和人际关系。也许与数字技术有关的谈话更容易，因为关于数字技术的话题是一个不管特殊情况如何，每个人都感兴趣的领域，允许心照不宣地解决更多分布不均匀的问题。

但与此同时，谈论数字技术可能会取代甚至是掩盖其他问题。家长们面临的许多结构性问题都不是由他们自己造成的，他们很难甚至不可能解决。但是，父母确实觉得自己对数字媒体涌入他们孩子的生活负有责任。因此，他们感到双重负担——有责任将这种有风险的技术引入家庭，但仍然希望它们能够成为宝贵的学习资源、创造机会和重要的工作技能。因此，许多家长告诉我们，当看到孩子迷失在手机里，盯着屏幕，或在楼上沉浸在游戏中而对呼唤充耳不闻时，他们感到很沮丧：这些日常经历中的不可及让家长看到他们管理孩子的数字活动的有限权力，而且更深刻地感受到无法把控孩子们的现在和未来。

无论是否有效，至少数字育儿指导提供了实用的步骤（购买电脑、参加编程俱乐部、下载教育性的应用程序、安装过滤软件或限制屏幕时间）。这使父母感到他们可以而且应该控制他们家庭的数字生活。这与家庭生活的其他方面形成了强烈的对比，后者往往缺乏实际步骤。例如，对于父母来说，为他们的残疾孩子确保未来，或改变他们作为移民家庭的边缘性地位，或应对贫困或家庭破裂并不容易。事实上，"民主家庭"中围绕权力的普遍斗争并没有提供有用的指导，因为培养一种相互授权的文化很难像购买一件科技产品一样简单。

但数字技术对家庭生活的影响很难是中性的。因此，我们也要问：通过研究数字技术本身的性质，数字技术会带来什么不同？我们认为，数字技术的可供性是特别重要的。[1] 技术是复杂和快速变化的（因此对人们来说，要利用数字技术塑造自己的优势是很困难的），在很大程度上是专有的（为了全球商业的利益而运作）。数字技术带来了新的受众，可以与他们分享经验，但也带来了根本的不确定性，即谁在聆听或如何控制自己的隐私。可扩展的平台使人们能够随时获得大量的可用信息，但却没有提供简单的方法让人们选择对自己的孩子有利的信息。此外，技术提供了新的实践——例如，使父母能够居家工作，找到新的社会支持，并重新设计家庭生活的时间表和空间，以创造性的方式支持和连接儿童的学习。[2] 令许多家长兴奋的是，数字技术提供了"经营家庭"（doing family）的新方式。正如一位来自职业家庭的年轻妈妈博主贝丝[3] 很惬意地描述的那样：

> 有时，比如在周末，孩子们会来到我们的床上，我们会一起在床上吃烤面包，我们可能会把电视打开，孩子们可能想玩 iPad，……我们可以在床上多待半个小时。

---

[1] Boyd（2011）认为，数字设备、服务与网络具有持久性、可复制性、可扩展性和可搜索性等显著特征。

[2] 连接性学习研究网络（Ito et al.，2020）不仅寻求开展研究，而且寻求：指导数字媒体学习倡议的设计，从而培养青少年自己的兴趣；指导以亲缘关系为基础的活动；建立从青少年活动到机会系统（system of opportunity）的无障碍联系；支持协作生产；提供跨环境参与、协调和斡旋的途径；维护进步和成就的机制。

[3] 7号家庭。

　　一家人蜷缩在床上，有时一起看节目，有时在睡觉或在 iPad 上的应用程序中追求个人的喜好和兴趣。这首先表明了数字技术提供了平等主义和娱乐活动的方式，这符合晚期现代"民主家庭"的精神。数字技术使公共和个人的偏好成为可能，同时也体现着这两者之间的张力，这种复杂的表现在大多数家庭中都显而易见。然而，新的机会催生了新的不平等，我们发现了一系列错失机会、产生紧张关系或设置障碍的方式，特别是对于生活在贫困中的家庭或因其孩子的特殊教育需要和残疾而面临问题的家庭。因此，数字技术的影响与其他情况相互作用，包括性别、族裔、家庭或社会支持的存在与否，以及父母的背景，因此有必要采取一种交叉的方法。

　　社会对数字技术的部署加剧了未来的不确定性，因为它承诺了更多的机会，但与传统途径相比，风险更大——我们也看到了基于父母影响和社会资本的不平等。这种基于数字技术的承诺的本质是质疑已接受的知识，例如，可能是玩电脑游戏而不是好成绩带来在创意产业的工作计划。但是，我们发现这些基于数字技术的承诺是否会实现必然是不确定的，因为目前的研究很难预测未来的结果。通过与长达几十年的纵向研究比较，这些纵向研究考察了在教育、邻里社区或良好的育儿方式方面的选择会产生的好处。因此，父母几乎没有办法判断这些数字承诺的成效或控制其过度行为。简而言之，他们被困在数字育儿实验之中，他们和他们的孩子都无法逃避。由此产生的焦虑不仅加剧了原有的紧张关系，而且还让父母去寻找专家的指导，这些指导可能会回答他们的问题，也可能不符合他们的利益。然而，一些父母——特别是拥抱数字生活方式的极客父母，以及我们研究中的一些较贫穷或较边缘化的父母——可能成功地利用数字技术的替代潜力，避开或找到一个消除传统形式的社会排斥的变通办法。

　　尽管他们对当下如何控制数字技术感到沮丧，但在某些方面，父母准备接受未来的不确定性，因为寻求对孩子生活的完全控制并不符合当代父母的精神。蕾切尔·埃利说：

我在某种程度上决定了她在 35 岁、40 岁和 50 岁的时候会做什么——这在我看来似乎很疯狂，因为我以为这个世界充满了选择。

事实上，许多父母告诉我们，正如路易莎·特雷维西 [①] (乔凡娜的母亲) 所说，他们的原则是让孩子 "尝到一切滋味，这样他们就会决定自己想做什么"。换句话说，现代父母选择给孩子机会，让他们自己选择。他们的努力往往不是为了开辟一条特定的路线，而是为了确保孩子们有选择的余地。这或许可以解释他们对未来的模糊期待，因为他们可能没有甚至不期望为他们的孩子想象一个特定的未来。食品博主安德里亚 [②] 告诉我们：

> 我只是希望他们能够做出正确的决定。我希望他们能够对自己的身份认同感到舒适和自信。我不希望他们成为绵羊，只是随波逐流。

具有批判性的学者可能会判断，父母在赞同这种看似新自由主义的哲学时误解了自己的最佳利益。但毫无疑问，许多人表达了这一观点，而且它与数字时代的快速变化和未来的不确定性相吻合，为父母提供了一种对生活的叙事方式。

倾听父母的意见——我们学到了什么？

我们邀请家长对数字时代的家庭生活进行思考。他们告诉我们，数字技术使生活变得更加艰难，因为它们吸引人的注意力，维护成本很高，往往会产生分歧或有争议的直接影响，而且长期后果也不确定。但是，数字

---

① 15 号家庭。
② 64 号家庭。

技术也让生活变得更容易，他们补充说，因为它们能安抚人心，能带来回报，能让人们分享快乐、知识和未来的可能性。但是，除了告诉我们他们如何接受、平衡或抵制数字技术，在实用和他们所希望的"最佳"之间找到一条路径之外，父母还揭示了他们更深层次的价值观和信仰。在写这本书的时候，我们试图倾听的正是这些信息。

我们挑战了仍然在政策和公共领域流传的过时的观念，即父母是"数字移民"，他们对技术知之甚少，或者只关心对孩子的监管。我们还挑战了工人阶级父母忽视或不关心孩子，以及中产阶级父母过度焦虑和施压的错误假设。恰恰相反，我们发现，许多父母是自信的，而且许多父母试图通过继续学习来做育儿好工作，这是一个终身的过程——利用数字时代的可供性。[1]

我们还挑战了家庭问题主要集中在数字设备上的说法，认识到父母面临的与经济不安全、移民、残疾或家庭重建有关的深刻的尽管不那么抢眼的困难。这使我们能够挑战将父母同质化或断章取义的流行做法，从而揭示家庭生活的不同状况。然而，我们听说，数字技术尽管往往不是主要问题，但在父母的脑海中占据了很重要的位置，家庭的问题被数字技术中介化，其方式远非中立，往往以新的方式重新出现，使以前的问题复杂化或加剧。

尽管父母的叙述有许多相似之处，实际上似乎将"独立的人生故事"结合成一种"集体经验"，但这似乎没有在父母之间催生集体意志（Beck & Beck-Gernsheim，2002）。家长们没有表现出集体能动性的意识，而且，他们一次又一次地告诉我们，他们感到没有得到他们自己的父母、他们的同龄人、他们孩子学校和专业人员的支持，而这些人的任务正是为他们提供建议或发展家庭政策和实践。他们也相对不受数字环境的支持，数字环境

---

[1]　例如，我们的问卷调查发现，许多父母认同"我觉得自己作为父母做得很好"（29%强烈同意，55%同意），而社会经济地位、族裔或孩子的年龄不太影响对这个问题的回答。

在很大程度上将他们视为与他们孩子的线上经历无关,尽管偶尔会给他们提供监督或打气的机会。

正如父母通过对数字技术的关注来协调他们家庭的过去、现在和未来一样,关注家庭健康、儿童和早期教育的政策制定者也关注数字时代的父母,经常把屏幕时间作为父母教育优劣的重要指标。

在回应官方的屏幕时间建议时,我们听到父母因为孩子的屏幕时间而把自己说成是"懒惰的"或"糟糕的",或者他们试图通过告知我们非数字家庭活动来证明自己的良好育儿行为。我们发现,这种建议既抹杀了家庭使用技术的不同且通常是合理的动机,又引发了代际冲突,现在我们很高兴看到对屏幕时间"两两的魔咒"进行重新思考的迹象。①

但这一领域涉及的不仅仅是屏幕时间。从起源和后果来看,数字供给应该被理解为物质的、社会的和制度的。设计师、营销人员、政策制定者和用户的行为及价值观结合在一起,赋予数字以意义和后果,正如关于技术的社会研究长期以来所坚持的那样,反对任何简单形式的技术决定论(Hartmann,2008;Mansell & Silverstone,1996)。因此,同样地,这些行为和价值观可以被重新思考或重新设计,从而改变数字技术在现在和未来给家庭带来的作用。

在听取了父母的希望和担忧,研究了他们情况的巨大差异并反思了他们缺乏集体的声音之后,我们在本书的最后提出了六项建议,这些建议可以支持父母们采取行动,实现他们对孩子在数字时代的未来的愿景。

1. 为父母提供包括数字环境在内的支持

许多负责指导和支持父母的专业人员(健康顾问、社会工作者、教育工作者、地方政府官员、图书馆员、普通医生、消费者保护甚至执法部门等)都在努力跟上有关数字环境的最新发展、研究和建议。在其与父母合

---

① 对屏幕时间的重新思考请参阅 Stiglic & Viner(2019),更保守的观点请参阅 World Health Organization(2019)。美国儿科学会也在开发新的建议。

作的过程中，需要建立机制让国家、公共机构或第三方组织（third-sector organization）提供信息，以便在快速扩大的针对家长的商业产品市场之外，为家长们提供独立的信息来源。此外，还需要采取创造性的方法，以触及城市中产阶级以外的父母及其他照料者，包括祖父母，以及有特殊教育需要和残疾儿童的父母。这可能会利用公众对数字技术的兴趣，但也应该更进一步，因为数字技术问题很少是孤立于其他类型的困难而出现的。对家庭的扩展服务不仅要强调儿童的网络安全，还要帮助父母和其他照料者触及高质量的经验与有益的学习环境。在没有机会的情况下优先考虑安全问题，只会加剧数字不平等现象。

2. 在公共和媒体的讨论中为父母提供一个现实的愿景

对于被夸张手法所吸引的记者和政策制定者来说：不要迎合父母最大的希望和最坏的担忧，与父母、儿童、技术有关的问题都要避免两极分化和极端化的表述。相反，要认识并反映父母的生活现实，提供积极的方向、有根据的指导和平衡的解决方案。在讨论童年、教育或家庭生活时，以儿童为中心的方法应与尊重父母的方法相结合，避免将儿童和父母作为战斗或零和游戏中的对手。虽然数字创新引起了人们对其潜在影响的合理猜测，但要确保报道是以证据为基础的，不会掩盖对家庭所面临的其他问题的必要关注。行业供应商应避免推广令人担忧的信息和产品，这些信息和产品将父母视为无知的，鼓励将儿童置于监视之下（尤其是在他们不知情的情况下），或过度推销技术"解决方案"以解决深层次的问题。

3. 认识到父母在教育环境中的贡献

教育机构——特别是但不仅仅是学校——应该认识到父母在使儿童获得教育资源方面起着重要作用，需要为他们提供信息、理解、情感和可能的投诉途径。预见到父母将试图促进他们的孩子在不同场所的学习，包括在家里，并为父母设计方便和持续的机会，让父母在孩子于学习场所学习之前、期间和之后都能投入并支持孩子，包括设计机会让父母自己从教育环境或直接从他们的孩子那里学习。虽然人们的媒体和数字素养正在提高，但数字环境的复杂性也在增强。更好的技术设计和真正具有教育价值的资源——尽可能独立地进行评估——可以广泛共享和使用，应该减轻家长与教师理解、评估和有效使用技术的负担。

4.加强对数字环境的设计和管理的关注

在许多国家，关于公众通过教育赋权与监管数字环境之间的理想平衡，存在着激烈的辩论。任何解决方案都可能随着时间的推移而展开，活动家们呼吁保护儿童、言论权利（包括儿童的）、伦理设计（ethical design）、隐私和数据保护监管、对企业的监管监督、符合儿童和家庭利益的技术创新等。在这一经常喧嚣的争论中，父母的意见应该被纳入，以尊重他们在极度不平等和不确定的时代为赋权孩子与保障他们的未来所做的努力。实际上，这对政策制定者和行业都有影响。双方都应该创造和传播易于使用的资源——例如一个方便的"一站式商店"，从而为家长提供信息并有效地回应他们的关切。行业尤其应该利用其接触家长的能力，提供适合不同群体需求的家长友好型资源和指导，并且应该有一个关于这些资源是否产生了预期的影响的强有力的公众讨论。该讨论应该包括家长、行业、政策制定者和研究人员，应该涉及哪些设计特点可以增加机会，哪些会减少机会，从而损害父母的利益或潜在地伤害儿童的利益。现在也是时候采纳适合儿童的和有利于家庭的服务设计了。

5.在政策制定中为父母的意见留出空间

对于那些负责制定影响家庭、儿童和数字环境的法律、法规和政策的人来说，不要把父母视为"难以接触的"并将其排除在外，也不要在父母能够为自己发声时为他们说话。不要认为父母不了解数字世界，也不要认为他们只是对监督或监视儿童的媒体使用感兴趣，更不要想象他们是一个面临同样挑战的同质群体。官方在谈论家或家庭时，应避免象征性地抹去父母作为人的身份认同，并积极考虑父母在儿童获得资源方面的中介作用。识别并支持那些为家长群体发言的团体，并努力在制定影响他们的政策、服务和实践中考虑父母的多样性和他们的处境。承认父母们的集体和个人能动性与利益，以预测和满足他们的需求，并使他们能够参与教育和其他相关机构的活动。

6.确保政策和技术的设计以证据为基础

目前有大量关于育儿的文献，内容包括父母对于数字技术的中介化和家庭动态，但在政策辩论中或与数字服务有关的设计中这些内容很少被听到。政策制定者、教育工作者及业界应该为父母提供建议、工具和资源，建议应以证据为基础，而不是以媒体恐慌为基础，并能够解决短期和长期的问题。对于家长来说，选择具有教育价值的应用程序或数字资源，知道它们已经被设计和评估、以确保有证据证明其声称的学习好处是至关重要的。这可以包括独立评估、与专家合作，或者是迭代设计和测试的机制，其中包括来自父母、儿童、教育工作者和研究工作的反馈。家长和社会都想知道当前和新兴的数字商业化形式是否真正限制或损害了儿童的选择及生活机会。现在是时候拿出强有力的证据来结束关于技术使用与儿童健康和福祉的激烈辩论了。终结以上争议和解决一系列深层次问题所需的证据必须考虑到交叉问题，如性别、阶级、族裔和残疾等。而且，需要证据来说明社会和个人在数字育儿方面的困境——例如，关于日益增长的父母羞辱文化（parent shaming）[①]，或以儿童隐私为代价的不断变化的父母监控规范，或成人以严重影响儿童和家庭的方式破坏网络文明。

---

① 父母羞辱文化是指批评和评判父母们养育孩子的行为。一般是指他人认为自己根据某些科学证据或经验能做出比父母们更恰当的选择，并以此为他们的行为或价值观辩护。——译者注

结 语

社会往往通过或越过父母来看待他们的孩子，而没有适当考虑父母的身份承诺和投入的资源。回顾贝克和贝克－盖恩斯海姆的观察，即西方已经把孩子作为其"魔法的最后希望"（last hope of enchantment），本书将养育孩子设想为一个特别密集的"自我工程"（project of the self）（使用吉登斯的术语）。吉登斯的"自我工程"概念被证明和晚期现代性文化特别有共鸣，而且我们也发现他的"民主家庭"概念很有帮助。然而，令人吃惊的是，吉登斯对家庭生活，尤其是父母与子女之间的生活几乎没有提及。因此，他比我们更容易将"自我工程"与个体化的历史趋势（甚至是个人主义的意识形态）结合起来。我们反而强调了家庭生活的共同性质和责任，包括大家庭（以及对某些人来说，社群）和跨时代的家庭。因此，"家庭工程"（project of the family）的思想抓住了对自己和家庭的富有想象力的投入，其重要性超越抚养孩子的实际需求。在数字时代，父母的想象力被他们对技术的希望和担忧强烈地调动起来。助长这些希望和担忧的是一个对家庭数字生活的现实或向他们开放的机会几乎不承担责任的社会，它更愿意把责任转嫁给父母，然后又认为他们"失败"，或忽视他们，认为他们头脑混乱或"难以接近"。

我们认为，在晚期现代性中，父母陷入了两难，在新自由主义下，他们的责任更重，但却更难以施加控制，因为"民主家庭"的精神意味着他们必须尊重孩子的能动性，而风险社会的发展让他们失去了传统机构的支持。这就给社会和家庭留下了很多协商的余地。我们还认为，在很大程度上，权力、价值和关系的协商现在都与数字技术有关，特别是因为这些技术现在高度集中，具有吸引力，但经常令人不安。对于那些常常因为自己的特殊情况而特别拥护或抵制技术的父母而言，公众对数字事物的高度关注加剧了他们未来的不确定性。即使大多数父母在大多数时候在这些截然不同的方法之间寻求平衡，他们的日常挣扎可能会因为他们的家庭沉浸在数字世界中而变得更加复杂，因为数字世界有它自己新奇和复杂的可供性。

鉴于接受和抵制技术都有不确定的好处，我们倾向于认为父母寻求平衡的努力是明智的。但我们也试图展示不同的家庭是如何根据其倾向、资源和想象力，以不同的方式进行平衡。确切来说，平衡是一种不断的、必要的努力，以权衡实际的选择，并在家庭内部和外部进行协商。重要的是，我们的田野调查显示，在育儿实践、价值观、信仰和想象力方面存在着相当大的多样性，以至于替代性的生活方式变得很普通，而所谓的典型则被证明是相对难以捉摸的，"正常"本身也许就是一种育儿的想象。然而，我们也发现父母的经历有许多共同点，他们努力回应社会的要求和判断，利用现有的资源，应对（或不应对）他们所面临的挑战，并努力实现有意义的家庭和跨代的文化叙事。

数字时代意味着养育子女的可能性比以往任何时候都要大，但条件往往不是父母自己创造的。他们通过构建育儿理念，将日常生活中的努力和价值观注入普通的育儿任务，以及通过采取接受、管理和抵制的策略，在日常生活中不断权衡，即考虑什么值得做，为什么值得做，以及可能付出的代价是什么。因此，他们显示出自己在驾驭过去、现在和未来之间不确定的道路上的创造性。然而，这条道路充满了困难、误解和错失的机会。现在，社会——政策制定者、教育工作者、记者、设计师以及更多的人——应该倾听父母的意见，重视他们的努力，解决分裂他们的不平等问题，所有这些都是为了更好地支持他们，让他们努力了解数字未来并为之做好准备。

参考文献

Adams, V., Murphy, M., & Clarke, A. E. (2009). Anticipation: Technoscience, life, affect, temporality. Subjectivity, 28(1), 246–265.

Agar, M. (2008). The Professional Stranger: An Informal Introduction to Ethnography (2nd ed.). Bingley: Emerald Publishing.

Alper, M. (2014). Digital Youth with Disabilities. Cambridge: MIT Press.

Alper, M. (2017). Giving Voice: Mobile Communication, Disability, and Inequality. Cambridge: MIT Press.

Alper, M. (2018). Inclusive sensory ethnography: Studying new media and neurodiversity in everyday life. New Media & Society, 20(10), 3560–3579.

Alper, M. (2019). Future talk: Accounting for the technological and other future discourses in daily life. International Journal of Communication, 13, 715–735.

Alper, M., Ellcessor, E., Ellis, K., & Goggin, G. (2015). Reimagining the good life with disability: Communication, new technology, and humane connections. In H. Wang (ed.), Communication and the "Good Life". New York: Peter Lang, 197–212.

Alper, M., Katz, V. S., & Clark, L. S. (2016). Researching children, intersectionality, and diversity in the digital age. Journal of Children and

Media, 10(1), 107–114.

American Academy of Pediatrics(2011). Policy statement: Media use by children younger than 2 years. http://pediatrics.aappublications.org/content/pediatrics/early/2011/10/12/peds.2011-1753.full.pdf.

American Academy of Pediatrics(2016a). American Academy of Pediatrics announces new recommendations for children's media use. https://www.aap.org/en-us/about-the-aap/aap-press-room/Pages/American-Academy-of-PediatricsAnnounces-New-Recommendations-for-Childrens-Media-Use.aspx.

American Academy of Pediatrics(2016b). Media and young minds: Policy statement. https://publications.aap.org/pediatrics/article/138/5/e20162591/60503/Media-and-Young-Minds.

Ames, M. (2019). The Charisma Machine: The Life, Death, and Legacy of One Laptop per Child. Cambridge: MIT Press.

Ames, M. G., Go, J., Kaye, J. J., & Spasojevic, M. (2011). Understanding technology choices and values through social class. Hangzhou: Computer Supported Cooperative Work Conference.

Ammari, T., Morris, M., & Schoenebeck, S. Y. (2014). Accessing social support and overcoming judgment on social media among parents of children with special educational needs. Ann Arbor: International Association for the Advancement of Articial Intelligence Conference on Weblogs and Social Media.

Anderson, C. (2006). The Long Tail: How Endless Choice is Creating Unlimited Demand. London: Business Books.

Andrews, M. (2014). Narrative Imagination and Everyday Life. New York: Oxford University Press.

Appadurai, A. (2013). The Future as Cultural Fact: Essays on the Global Condition. London: Verso.

Archer, L., Dewitt, J., & Osborne, J. (2015). Is science for us? Black students' and parents' views of science and science careers. Science Education, 99(2), 199–237.

Atkinson, P. , & Hammersley, M. (1994). Ethnography and participant observation. In N. K. Denzin & Y. S. Lincoln (eds.), Handbook of Qualitative Research. Thousand Oaks: Sage Publications, 248–261.

Atkinson, W. (2007). Beck, individualization and the death of class: A critique. British Journal of Sociology, 58(3), 349–366.

Averett, K. (2016). The gender buffet: LGBTQ parents resisting heteronormativity. Gender & Society, 30(2), 189–212.

Aynsley-Green, A. (2019). The British Betrayal of Childhood: Challenging Uncomfortable Truths and Bringing about Change. Abingdon: Routledge.

Baggaly, J. (2017). PSHE: For your child's digital future. https://www.ags. bucks.sch.uk/wp-content/uploads/2020/01/DIGITAL-PARENTING-ISSUE-6.pdf

Bakardjieva, M. (2005). Conceptualizing user agency. In Internet Society: The Internet in Everyday Life. London: Sage, 9–36.

Balakrishnan, J., & Griffiths, M. (2018). Perceived addictiveness of smartphone games: A content analysis of game reviews by players. International Journal of Mental Health and Addiction, 17(4), 1–13.

Balestra, C., & Tonkin, R. (2018). Inequalities in Household Wealth across OECD Countries: Evidence from OECD Wealth Distribution Database. Paris: OECD Publishing.

Banet-Weiser, S. (2018). Empowered: Popular Feminism and Popular Misogyny.

Durham: Duke University Press.

Baraniuk, C. (2015). Ashley Madison: Two women explain how hack changed their lives. https://www.bbc.com/news/ technology-34072762.

Barassi, V. (2017). Baby veillance? Expecting parents, online surveillance and the cultural specificity of pregnancy apps. Social Media + Society, 3(2), 1–10.

Barron, B. (2006). Interest and self-sustained learning as catalyst of development: A learning ecology perspective. Human Development, 49, 193–224.

Barron, B., Martin, C. K., Takeuchi, L., & Fithian, R. (2009). Parents as learning partners in the development of technological fluency. International Journal of Learning and Media, 1(2), 55–77.

Barseghian, T. (2013). Money, time, and tactics: Can games be effective in schools?. https://www.kqed.org/mindshift/26776/ money-time-and-tactics-can-games-be-effective-in-schools.

Bauer, M. W., & Gaskell, G. (eds.)(2000). Qualitative Researching with Text, Image and Sound: A Practical Handbook for Social Research. London: Sage.

Baumrind, D. (1971). Current patterns of parental authority. Developmental Psychology, 4(1), 1–103.

Bazalgette, C. (2010). Teaching Media in Primary Schools. London: Sage.

Beck, U. (1992). Risk Society: Towards a New Modernity. London: Sage.

Beck, U. (1997). Democratization of the family. Childhood, 4(2), 151–168.

Beck, U., & Beck-Gernsheim, E. (2002). Individualization: Institutionalized Individualism and its Social and Political Consequences. London: Sage.

Beck, U., Giddens, A., & Lash, S. (1994). Reflexive Modernization: Politics, Tradition and Aesthetics in the Modern Social Order. Cambridge: Polity in association with Blackwell.

Beck-Gernsheim, E. (1998). On the way to a post-familial family from a community of need to elective affinities. Theory, Culture & Society, 15(3–4), 53–70.

Behar, R. (1996). The Vulnerable Observer: Anthropology that Breaks Your Heart. Boston: Beacon Press.

Bell, D. (2013). Geek myths: Technologies, masculinities globalizations. In J. Hearn, M. Blagojevic, & K. Harrison (eds.), Rethinking Transnational Men: Beyond, between and within Nations. London: Routledge, 76–90.

Ben-Eliyahu, A., Rhodes, J. E., & Scales, P. (2014). The interest-driven pursuits of 15 year olds: "Sparks" and their association with caring relationships and developmental outcomes. Applied Developmental Science, 18(2), 76–89.

Benford, P. , & Standen, P. (2009). The Internet: A comfortable communication medium for people with Asperger syndrome (AS) and high functioning autism (HFA)?. Journal of Assistive Technologies, 3(2), 44–53.

Bennett, S., Maton, K., & Kervin, L. (2008). The "digital natives" debate: A critical review of the evidence. British Journal of Educational Technology, 39(5), 775–786.

Bennett, T., Savage, M., Silva, E., Warde, A., Gayo-Cal, M., & Wright, D. (2010). Culture, Class, Distinction. Abingdon: Routledge.

Berker, T., Hartmann, M., Punie, Y., & Ward, K. J. (eds.)(2006). The Domestication of Media and Technology. Maidenhead: Open University Press.

Bernstein, B. (1990). Class, Codes and Control: The Structuring of Pedagogic Discourse (Vol. 4). London: Routledge.

Besio, S., & Encarnação, P. (2018). Play for all children: Robots helping children with disabilities play. https://blogs.lse.ac.uk/parenting4digitalfuture/2018/03/07/play-for-all-children/.

Bessant, C. (2018). Sharenting: Balancing the conflicting rights of parents and children. Communications Law, 23(1), 7–24.

Bevan, B., Gutwill, J., Petrich, M., & Wilkinson, K. (2015). Learning through STEM-rich tinkering: Findings from a jointly negotiated research project taken up in practice. Science Education, 99(1), 98–120.

Biressi, A., & Nunn, H. (2013). Class and Contemporary British Culture. New York: Palgrave Macmillan.

Blum, L. (2015). Raising Generation Rx: Mothering Kids with Invisible Disabilities in An age of Inequality. New York: New York University Press.

Blum-Ross, A. (2017). Voice, empowerment and youth-produced films about "gangs". Learning, Media and Technology, 42(1): 54–73.

Blum-Ross, A., Donoso, V., Dinh, T., Mascheroni, G., O'Neill, B., Riesmeyer, C., & Stoilova, M. (2018). Looking forward: Technological and social change in the lives of European children and young people. https://www.researchgate.net/publication/339230778_Looking_forward_Technological_and_social_change_in_the_lives_of_European_children_and_young_people.

Blum-Ross, A., Kumpulainen, K., & Marsh, J. (eds.)(2020). Enhancing Digital Literacy and Creativity: Makerspaces in the Early Years. London: Routledge.

Blum-Ross, A., & Livingstone, S. (2016a). Families and screen time: Current advice and emerging research. Media Policy Project Policy Brief Series. London: London School of Economics and Political Science.

Blum-Ross, A., & Livingstone, S. (2016b). From youth voice to young entrepreneurs: The individualization of digital media and learning. Journal of Digital and Media Literacy, 4(1–2), 1–22.

Blum-Ross, A., & Livingstone, S. (2017). "Sharenting", parent blogging, and the boundaries of the digital self. Popular Communication, 15(2), 110–125.

Blum-Ross, A., & Livingstone, S. (2018). The trouble with "screen time" rules. In G. Mascheroni, C. Ponte, & A. Jorge (eds.), Digital Parenting: The Challenges for Families in the Digital Age. Göteborg: Nordicom, 179–187.

Bold Creative. (2017). Digital lives: How do teenagers in the UK navigate their digital world?. http://www.boldcreative.co.uk/portfolio-items/digital-lives/.

Borchet, M. (1998). The challenge of cyberspace: Internet access and persons with disabilities. In B. Ebo (ed.), Cyberghetto or Cybertopia?: Race, Class, and Gender on the Internet. Westport: Praeger, 49–62.

Boston Consulting Group. (2017). The state of social mobility in the UK. https://www.suttontrust.com/our-research/social-mobility-2017-summit-research.

Bourdieu, P. (1986). Distinction: A Social Critique of the Judgement of Taste. London: Routledge.

Bowen, G. (2008). Naturalistic inquiry and the saturation concept: A research note. Qualitative Research, 8(1), 137–152.

Boyd, D. (2011). Social network sites as networked publics: Affordances, dynamics, and implications. In Z. Papacharissi (ed.), Networked Self: Identity, Community, and Culture on Social Network Sites. New York: Routledge, 39–58.

Briant, E., Watson, N., & Philo, G. (2013). Reporting disability in the age of austerity: The changing face of media representation of disability and disabled people in the United Kingdom and the creation of new "folk devils". Disability & Society, 28(6), 874–889.

Brooker, L. (2015). Cultural capital in the preschool years: Can the state "compensate" for the family? In L. Alanen, E. Brooker, & B. Mayall (eds.), Childhood with Bourdieu: Studies in Childhood and Youth. Basingstoke: Palgrave MacMillan, 34–56.

Brough, M. (2016). Game on☐ Connected learning and parental support in the CyberPatriot program. Irvine: Connected Learning.

Brown, J. D., & Bobkowski, P. S. (2011). Older and newer media: Patterns of use and effects on adolescents' health and well-being. Journal of Research on Adolescence, 21(1), 95–113.

Brown, P. , Lauder, H., & Ashton, D. (2012). The Global Auction: The Broken Promises of Education, Jobs, and Incomes. Oxford: Oxford University Press.

Buckingham, D. (2000). After the Death of Childhood. Cambridge: Polity Press.

Buckingham, D. (2007). Digital media literacies: Rethinking media education in the age of the Internet. Research in Comparative and International Education, 2(1), 43–55.

Burke, A., & Hammett, R. F. (eds.). (2009). Assessing New Literacies: Perspectives from the Classroom. Oxford: Peter Lang.

Burkitt, I. (2008). Social selves: Theories of Self and Society (2nd ed.). London: Sage.

Carlson, M. J., & England, P. (eds.). (2011). Social Class and Changing Families in an Unequal America. Stanford: Stanford University Press.

Carolan, B. V., & Wasserman, S. J. (2014). Does parenting style matter? Concerted cultivation, educational expectations, and the transmission of educational advantage. Sociological Perspectives, 58(2), 168–186.

Cassell, J., & Cramer, M. (2008). High tech or high risk: Moral panics about girls online. In T. McPherson (ed.), Digital Youth, Innovation, and the Unexpected. Cambridge: MIT Press, 53–76.

Centre for Economic and Business Research. (2017). An updated assessment of the macroeconomic contributions of the arts and culture industry to the national and regional economies of the UK. https://www.artscouncil.org.uk/ sites/default/ files/download-file/Contribution_arts_culture_industry_UK_ economy.pdf.

Chambers, D. (2013). Home, families and new media. In Social Media and Personal Relationships. London: Palgrave Macmillan, 102–120.

Chambers, D. (2019). Emerging temporalities in the multiscreen home. Media, Culture & Society, 43(7): 1180–1196.

Chaudron, S. (2015). Young children (0–8) and digital technology: A qualitative exploratory study across seven countries. http://publications.jrc.ec.europa. eu/ repository/handle/JRC93239.

Child Poverty Action Group. (2018). The UK poverty line. http://www. cpag.org. uk/content/uk-poverty-line.

Ching, D., Santo, R., Hoadley, C., & Peppler, K. (2015). On-ramps, lane changes, detours and destinations: Building connected learning pathways in Hive NYC through brokering future learning opportunities. https:// hiveresearchlab.org/ 2015/04/13/on-ramps-lane-changes-detours-and-destinations-new-communitydeveloped-white-paper-on-supporting-pathways-through-brokering/.

Chua, A. (2011). Battle Hymn of the Tiger Mother. London: Bloomsbury.

Clark, L. S. (2013). The Parent App: Understanding Families in the Digital Age.

Oxford: Oxford University Press.

Clark, L. S., Demont-Heinrich, C., & Webber, S. (2005). Parents, ICTs, and children's prospects for success: Interviews along the digital "access rainbow". Critical Studies in Media Communication, 22(5), 409–426.

Clarkson, J., Coleman, R., Keates, S., & Lebbon, C. (2003). Inclusive Design: Design for the Whole Population. London: Springer.

Coburn, C., & Penuel, W. (2016). Research–practice partnerships in education: Outcomes, dynamics, and open questions. Educational Researcher, 45(1), 48–54.

Coleman, G. (2014). Hacker, Hoaxer, Whistleblower, Spy: The Many Faces of Anonymous. London and New York: Verso.

Coleman, G. (2017). From Internet farming to weapons of the geek. Current Anthropology, 58, S91–S102.

Coleman, J. S., Campbell, E., Hobson, C., McPartland, J., Mood, A., Weinfeld, F., & York, R. (1966). Equality of Educational Opportunity. Washington: US Office of Education.

Colombo, F., & Fortunati, L. (eds.). (2011). Broadband Society and Generational Changes (Vol. 5). Frankfurt am Main: Peter Lang.

Common Sense Media. (2018). Truth about tech: How tech has kids hooked. https://www.commonsensemedia.org/videos/truth-about-tech-how-tech-has-kids-hooked.

Cooke, E. (2018). In the middle class, and barely getting by. https://www.nytimes.com/2018/07/09/books/review/alissa-quart-squeezed.html.

Cooper, M. (2014). Cut Adrift: Families in Insecure Times. Berkeley: University of California Press.

Corlett, A. (2017). Unequal results: Improving and reconciling the UK's

household income statistics. https://www.resolutionfoundation.org/
publications/unequal-results-improving-and-reconciling-the-uks-household-
income-statistics/.

Cranmer, S. (2017). Disabled children and young people's uses and experiences
of digital technologies for learning. https://www.research.lancs.ac.uk/
portal/en/publications/disabled-children-and-young-peoples-uses-and-
experiences-of-digital-technologies-for-learning(08306570-fadd-45b6-
8a68-6fa0d6f68e60).html.

Crenshaw, K. (1991). Mapping the margins: Intersectionality, identity politics,
and violence against women of color. Stanford Law Review, 43(6), 1241–
1299.

Cribb, J., Hood, A., Joyce, R., & Phillips, D. (2013). Living standards, poverty
and inequality in the UK: 2013. https://ifs.org.uk/sites/default/files/output_
url_files/r81.pdf.

Critcher, C. (2003). Moral Panics and the Media. Buckingham: Open University
Press.

Cross, M. (2013). Demonised, impoverished and now forced into isolation: The
fate of disabled people under austerity. Disability & Society, 28(5), 719–
723.

Csikszentmithalyi, M., Rathunde, K., & Whalen, S. (1993). Talented Teenagers.
Cambridge: Cambridge University Press.

Cunningham, H. (2006). The Invention of Childhood. London: BBC Books.

Curtarelli, M., Gualtieri, V., Shater Jannati, M., & Donlevy, V. (2017). ICT for
work: Digital skills in the workplace. https://digital-strategy.ec.europa.eu/
en/library/ict-work-digital-skills-workplace.

Daly, A., Ruxton, S., & Schuurman, M. (2016). Challenges to children's rights today: What do children think? A desktop study on children's views and priorities to inform the next Council of Europe Strategy for the Rights of the Child. https://edoc.coe.int/en/children-s-rights/7205-challenges-to-children-s-rights-today-what-do-children-think.html.

Data & Society Research Institute. (2017). Brief of amici curiae (16–402). Washington DC. https://datasociety.net/pubs/fatml/DataAndSociety_CarpentervUS_Amicus_Brief.pdf.

Davies, H., & Eynon, R. (2018). Is digital upskilling the next generation our "pipeline to prosperity"?. New Media & Society, 20(11), 3961–3979.

Davies, W. (2014). Neoliberalism: A bibliographical review. Theory, Culture & Society, 31(7–8), 309–317.

de Wolfe, J. (2014). Parents of Children with Autism: An Ethnography. New York: Palgrave Macmillan.

Demarrais, K. (2002). What happens when researchers inquire into difficult emotions? Reflections on studying women's anger through qualitative interviews. Educational Psychologist, 37(2), 115–123.

Department for Digital, Culture, Media & Sport (DCMS). (2018). Creative Industries: Sector Deal. London: Crown Copyright.

Department for Education. (2013). Computing Programmes of Study: Key Stages 3 and 4. London: Crown Copyright.

Department for Education. (2017). Special educational needs in England. https://assets.publishing.service.gov.uk/government/uploads/system/uploads/attachment_data/file/633031/SFR37_2017_Main_Text.pdf.

Dermott, E., & Pomati, M. (2015). "Good" parenting practices: How important are poverty, education and time pressure?. Sociology, 50(1), 125–142.

Deutsch, S. (2017). The Friendship Code #1. New York: Penguin Workshop.

Dickson-Swift, V., James, E., Kippen, S., & Liamputtong, P. (2009). Researching sensitive topics: Qualitative research as emotion work. Qualitative Research, 9(1), 61–79.

Domoff, S. E., Miller, A. L., Khalatbari, N., Pesch, M. H., Harrison, K., Rosenblum, K., & Lumeng, J. C. (2017). Maternal beliefs about television and parental mediation in a low-income United States sample. Journal of Children and Media, 11(3), 278–294.

Donzelot, J., & Hurley, R. (1997). The Policing of Families. Baltimore and London: Johns Hopkins University Press.

Doucet, A., & Mauthner, N. (2008). Qualitative interviewing and feminist research. In P. Alasuutari, L. Bickman, & J. Brannen (eds.), The SAGE Handbook of Social Research Methods. London: Sage, 328–343.

Douglas, S., & Michaels, M. W. (2005). The Mommy Myth: The Idealization of Motherhood and How It Has Undermined All Women. New York: Free Press.

Dredge, S. (2014). Coding at school: A parent's guide to England's new computing curriculum. https://www.theguardian.com/technology/2014/sep/04/coding-school-computing-children-programming.

Drummond, K., & Stipek, D. (2004). Low-income parents' beliefs about their role in children's academic learning. Elementary School Journal, 104(3), 197–213.

Duggan, M., Lenhart, A., Lampe, C., & Ellison, N. (2015). Parents and social media. https://www.pewresearch.org/internet/2015/07/16/parents-and-social-media/.

Dunbar-Hester, C. (2014). Low power to the people: Pirates, protest and politics in FM radio activism. http://hdl.handle.net/2027/heb.01134.0001.001.

Duncombe, J., & Jessop, J. (2012). "Doing rapport" and the ethics of "faking friendship. " In T. Miller, M. Birch, M. Mauthner, & J. Jessop (eds.), Ethics in qualitative research (2nd ed.,). London: Sage, 107–122.

Ellcessor, E. (2016). Restricted Access: Media, Disability, and the Politics of Participation. New York: New York University Press.

Ellcessor, E., & Kirkpatrick, B. (2017). Disability Media Studies. New York: New York University Press.

Ellis, K., & Goggin, G. (2015). Disability and the Media. London: Palgrave Macmillan.

Ely, M., Anzul, M., Friedman, T., Garner, D., & Steinmetz, A. (1991). Doing Qualitative Research: Circles within Circles. London: Falmer.

Ensmenger, N. (2010). The Computer Boys Take Over: Computers, Programmers and the Politics of Technical Expertise. London: MIT Press.

Erstad, O., Gilje, Ø., Sefton-Green, J., & Christian Arnseth, H. (2016). Learning Identities, Education and Community: Young Lives in the Cosmopolitan City. Cambridge: Cambridge University Press.

ESOMAR (2016). ICC/ESOMAR international code on market, opinion and social research and data analytics. https://iccwbo.org/news-publications/policies-reports/iccesomar-international-code-market-opinion-social-research-data-analytics/.

European Commission(2018). Digital competences and technology in education. https://education.ec.europa.eu/about-eea/strategic-framework.

Eurostat Press Office. (2016). Almost 8 out of 10 Internet Users in the EU Surfed via a Mobile or Smart Phone in 2016. Brussels: Eurostat.

Evans, C. A., Jordan, A. B., & Horner, J. (2011). Only two hours?: A qualitative study of the challenges parents perceive in restricting child television time.

Journal of Family Issues, 32(9), 1223–1244.

Exley, D. (2019). The End of Aspiration? Social Mobility and Our Children's Fading Prospects. Bristol: Policy Press.

Faircloth, C. (2013). Militant Lactivism? Attachment Parenting and Intensive Motherhood in the UK and France. New York: Berghahn Books.

Faircloth, C., Hoffman, D. M., & Layne, L. L. (2013). Parenting in Global Perspective: Negotiating Ideologies of Kinship, Self and Politics. Abingdon: Routledge.

Faircloth, C., & Murray, M. (2014). Parenting: Kinship, expertise, and anxiety. Journal of Family Issues, 36(9), 1115–1129.

Faucett, H., Ringland, K., Cullen, A., & Hayes, G. (2017). (In)visibility in disability and assistive technology. ACM Transactions on Accessible Computing (TACCESS), 10(4), 1–17.

Feinstein, L., & Sabates, R. (2006). Predicting adult life outcomes from earlier signals: Identifying those at risk. http://www.pm.gov.uk/files/pdf/PMSUreport.pdf.

Fisk, N. W. (2016). Framing Internet Safety: The Governance of Youth Online. Cambridge: MIT Press.

Fleischmann, A., & Fleischmann, C. (2012). Carly's Voice: Breaking through Autism. New York: Touchstone.

Flores, M., Musgrove, K., Renner, S., Hinton, V., Strozier, S., Franklin, S., & Hil, D. (2012). A comparison of communication using the Apple iPad and a picture-based system. Augmentative and Alternative Communication, 28(2), 74–84.

Florida, R. (2014). The rise of the creative class—Revisited. New York: Basic Books.

Foer, F. (2017). World without mind: The existential threat of big tech. New York: Penguin Press.

Fortunati, L., Taipale, S., & de Luca, F. (2017). Digital generations, but not as we know them. Convergence: The International Journal of Research into New Media Technologies, 25(1), 1–18.

Friere, P. (1973). Education for Critical Consciousness. London: Continuum.

Fuller, M. (2017). How to be a Geek: Essays on the Culture of Software. Cambridge: Polity Press.

Furedi, F. (1997). Culture of Fear: Risk-taking and the Morality of Low Expectation. London: Cassell.

Furedi, F. (2008). Paranoid Parenting: Why Ignoring the Experts may be Best for Your Child. London: Continuum.

Furedi, F. (2014). Forward. In Parenting Culture Studies. New York: Palgrave Macmillan.

Fusch, P. , & Lawrence, M. (2015). Are we there yet? Data saturation in qualitative research. Qualitative Report, 20(9), 1408–1416.

Gadlin, H. (1978). Child discipline and the pursuit of self: An historical interpretation. Advances in Child Development and Behavior, 12, 231–265.

Gee, E., Takeuchi, L., & Wartella, E. (2017). Children and Families in the Digital Age: Learning Together in a Media Saturated Culture. New York: Routledge.

Gergen, K. J. (2009). Relational Being: Beyond Self and Community. Oxford: Oxford University Press.

Gibeault, M. J. (2016). Embracing geek culture in undergraduate library instruction: The TIL Subreddit for resource evaluation and qualitative assessment. Reference Librarian, 57(3), 205–212.

Giddens, A. (1991). Modernity and Self-identity: Self and Society in the Late Modern Age. Stanford: Stanford University Press.

Giddens, A. (1992). The Transformation of Intimacy: Sexuality, Love and Eroticism in Modern Societies. Stanford: Stanford University Press.

Giddens, A. (1993). New Rules of Sociological Method: A Positive Critique of Interpretative Sociologies (2nd ed.). Cambridge: Polity.

Giddens, A. (1999). Runaway World: How Globalisation is Reshaping Our Lives. London: Profile Books.

Gillies, V. (2008). Childrearing, class and the new politics of parenting. Sociology Compass, 2(3), 1079–1095.

Gillies, V. (2011). From function to competence: Engaging with the new politics of family. Sociological Research Online, 16(4), 1–11.

Glover, D., Miller, D., Averis, D., & Door, V. (2005). The interactive whiteboard: A literature survey. Technology, Pedagogy and Education, 14(2), 155–170.

Goffman, E. (1963). Stigma: Notes on the Management of Spoiled Identity. Englewood Cliffs: Prentice-Hall.

Goggin, G., & Newell, C. (2003). Digital Disability: The Social Construction of Disability in New Media. Lanham: Rowman & Littlefield Publishers.

Goldberg, A. (2010). Lesbian and gay parents and their children: Research on the family life cycle. In Contemporary Perspectives on Lesbian, Gay, and Bisexual Psychology. Washington: American Psychological Association.

Goldthorpe, J. (2016). Social class mobility in modern Britain: Changing structure, constant process. Journal of the British Academy, 4, 89–111.

Gomez, K., & Lee, U.-S. (2015). Situated cognition and learning environments: Implications for teachers on- and off-line in the new digital media age. Interactive Learning Environments, 23(5), 634–652.

González, N., Moll, L. C., & Amanti, C. (eds.). (2005). Funds of Knowledge: Theorizing Practices in Households, Communities, and classrooms. Mahwah: Lawrence Erlbaum Associates.

Goodley, D., Lawthom, R., & Runswick-Cole, K. (2014). Dis/ability and austerity: Beyond work and slow death. Disability & Society, 29(6), 980–984.

Goriunova, O. (2014). Fun and Software: Exploring Pleasure, Paradox and Pain in Computing. London: Bloomsbury Academic.

Gove, M. (2012). "Harmful" ICT curriculum set to be dropped to make way for rigorous computer science. https:// www.gov.uk/government/news/harmful-ict-curriculum-set-to-be-dropped-to-makeway-for-rigorous-computer-science.

Graham, M., Hjorth, I., & Lehdonvirta, V. (2017). Digital labour and development: Impacts of global digital labour platforms and the gig economy on worker livelihoods. Transfer, 23(2), 135–162.

Grant, P. , & Basye, D. (2014). Personalized Learning: A Guide for Engaging Students with Technology. Washington: International Society for Technology in Education.

Gubrium, J., & Holstein, J. (2009). Analyzing Narrative Reality. Thousand Oaks: Sage Publications.

Guernsey, L. (2012). Screen Time: How Electronic Media—from Baby Videos to Educational Software—Affects Your Young Child. New York: Basic Books.

Guernsey, L., & Levine, M. (2017). How to bring early learning and family engagement into the digital age. http://www.joanganzcooneycenter.org/

wpcontent/uploads/2017/04/digital_age.pdf.

Guernsey, L., & Levine, M. H. (2015). Tap, Click, Read: Growing Readers in a World of Screens. San Francisco: Jossey-Bass.

Gulliford, R., & Upton, G. (eds.). (1992). Special Educational Needs. New York: Routledge.

Gutiérrez, K., Zitlali M. P. , & Martinez, D. C. (2009). Re-mediating literacy: Culture, difference, and learning for students from nondominant communities. Review of Research in Education, 33(1), 212–245.

Gutiérrez, K. D., Izquierdo, C., & Kremer-Sadlik, T. (2010). Middle class working families' beliefs and engagement in children's extra-curricular activities: The social organization of children's futures. International Journal of Learning, 17(3), 633–656.

Gutiérrez, K. D., & Rogoff, B. (2003). Cultural ways of learning: Individual traits or repertoires of practice. Educational Researcher, 32(5), 19–25.

Haddon, L. (2006). The contribution of domestication research to in-home computing and media consumption. Information Society, 22(4), 195–203.

Hallgarten, J. (2000). Parents Exist, OK!? Issues and Visions for Parent-school Relationships. London: IPPR.

Hamid, T., Nacu, D., Li, T., Gemmell, J., Stan Raicu, D., Martin, C. K., Pinkard, N. (2016). Recommender system to support brokering of youth learning opportunities. Omaha: 2016 IEEE/WIC/ACM International Conference on Web Intelligence Workshops.

Hamilton, L. T. (2016). Parenting to a Degree. Chicago: University of Chicago Press.

Hardyment, C. (2007). Dream Babies: Childcare Advice from John Locke and Gina Ford. London: Francis Lincoln.

Harkness, S., & Super, C. M. (1996). Parents'Cultural Belief Systems: Their Origins, Expressions and Consequences. New York: Guilford Press.

Hartas, D., Lee, E., Connect, P. , Bristow, J., Faircloth, C., & Macvarish, J. (2014). Parenting Culture Studies. London: Palgrave Macmillan.

Hartmann, M. (2008). Domestication of technology. In W. Donsbach (ed.), The International Encyclopedia of Communication (Vol.IV). Oxford: Wiley-Blackwell, 1413–1415.

Hays, S. (1998). The Cultural Contradictions of Motherhood. New Haven and London: Yale University Press.

Hays, S. (2004). Flat Broke with Children: Women in the Age of Welfare Reform. Oxford: Oxford University Press.

Heitner, D. (2016). Screenwise: Helping Kids Thrive (and Survive) in Their Digital World. New York: Routledge.

Helsper, E. J. (2017). The social relativity of digital exclusion: Applying relative deprivation theory to digital inequalities. Communication Theory, 27(3), 223–242.

Helsper, E. J., & Eynon, R. (2010). Digital natives: Where is the evidence? British Educational Research Journal, 36(3), 502–520.

Henderson, N. (2011). When Mumsnet speaks, politicians listen. http://www.bbc.co.uk/news/uk-12238447.

Henderson, S., Holland, J., McGrellis, S., Sharpe, S., & Thompson, R. (2012). Inventing Adulthoods: A Biographical Approach to Youth Transitions. London: Sage.

Herek, G. (2010). Sexual orientation differences as deficits: Science and stigma in the history of American Psychology. Perspectives on Psychological Science, 5(6), 693–699.

Hidi, S., & Renninger, K. A. (2006). The four-phase model of interest development. Educational Psychologist, 41(2), 111–127.

Higashida, N. (2013). The Reason I Jump. New York: Penguin Random House.

Hill, M., & Tisdall, E. K. M. (1997). Children and Society. London: Longman.

Hine, C. (2015). Ethnography for the Internet: Embedded, Embodied and Everyday. London: Bloomsbury.

Hinton, D., Laverty, L., & Robinson, J. (2013). Negotiating (un)healthy lifestyles in an era of "intensive" parenting: Ethnographic case studies from northwest England, UK. In C. Faircloth, D. M. Hoffman, & L. L. Layne (eds.), Parenting in Global Perspective: Negotiating Ideologies of Kinship, Self and Politics. Abingdon and New York: Routledge, 71–85.

Hoadley, C. (2012). What is community of practice and how can we support it? In S. Land & D. Jonassen (eds.), Theoretical Foundations of Learning Environments (2nd ed.,). New York: Routledge, 287–300.

Hochschild, A. R. (1997). The Time Bind: When Work Becomes Home and Home Becomes Work. New York: Metropolitan Books.

Hofer, B., Woody Thebodo, S., Meredith, K., Kaslow, Z., & Saunders, A. (2016). The long arm of the digital tether: Communication with home during study abroad. Frontiers, xxviii, 24–41.

Hoffman, D. M. (2010). Risky investments: Parenting and the production of the "resilient child". Health, Risk & Society, 12(4), 385–394.

Hollingworth, S., Mansaray, A., Allen, K., & Rose, A. (2011). Parents' perspectives on technology and children's learning in the home: Social class and the role of the habitus. Journal of Computer Assisted Learning, 27(4), 347–360.

Holt, J. (2017). How Children Learn (50th Anniversary ed.). Cambridge: Da

Capo Press.

Honore, C. (2008). Under Pressure: How the Epidemic of Hyper-parenting is Endangering Children. Toronto: Random House of Canada.

Hoover, S., & Clark, L. S. (2008). Children and media in the context of the home and family. In K. Drotner & S. Livingstone (eds.), International Handbook of Children, Media and Culture. London: Sage, 105–120

Hoover-Dempsey, K., & Sandler, H. (1997). Why do parents become involved in their children's education? Review of Educational Research, 67(1), 3–42.

Hulbert, A. (2003). Raising America: Experts, Parents, and a Century of Advice about Children. New York: Alfred A. Knopf.

Husmann, P. , & O' Loughlin, V. (2018). Another nail in the coffin for learning styles? Disparities among undergraduate anatomy students' study strategies, class performance, and reported VARK learning styles. Anatomical Sciences Education, 12(1), 6–19.

Inger, M. (2011). Developing the theoretical content in universal design. Scandinavian Journal of Disability Research, 15(3), 203–215.

Institute for the Future for Dell Technologies. (2017). Emerging technologies' impact on society and work in 2030. https://www.fenews.co.uk/skills/new-report-explores-emerging-technologies-impact-on-society-work-in-2030/.

Ito, M. (2009). Engineering Play: Children' s Software and the Productions of Everyday Life. Cambridge: MIT Press.

Ito, M. (2017). What a Minecraft server for kids with autism teaches us about haters and allies. https://medium.com/connected-parenting/what-a-minecraftserver-for-kids-with-autism-teaches-us-about-haters-and-allies-5a151db8dde7.

Ito, M., Baumer, S., Bittanti, M., Boyd, d., Cody, R., Herr-Stephenson, B., &

Tripp, L. (2010). Hanging Out, Messing Around, Geeking Out: Kids Living and Learning with New Media. Cambridge: MIT Press.

Ito, M., Gutiérrez, K., Livingstone, S., Penuel, B., Rhodes, J., Salen, K., & Watkins, S. C. (2013). Connected learning: An agenda for research and design. https://www.researchgate.net/publication/292135485_Connected_ learning_An_agenda_for_research_and_design.

Ito, M., Horst, H., Bittanti, M., Boyd, D., Herr-Stephenson, B., Lange, P. G., & Tripp, L. (2008). Living and Learning with New Media: Summary of findings from the Digital Youth Project. Cambridge: MIT Press.

Ito, M., Martin, C., Cody Pfister, R., Rafalow, M., Salen, K., & Wortman, A. (2018). Affinity Online: How Connection and Shared Interest Fuel Learning. New York: New York University Press.

Ito, M., Arum, R., Conley, D., Gutiérrez, K., Kirshner, B., Livingstone, S., Michalchik, V., Penuel, W., Peppler, K., Pinkard, N., Rhodes, J., Salen Tekinbaş, K., Schor, J., Sefton-Green, J., & Watkins, S. C., (2020). The Connected Learning Research Network: Reflections on a Decade of Engaged Scholarship. Irvine: Connected Learning Alliance.

Jack, J. (2014). Autism and Gender: From Refrigerator Mothers to Computer Geeks. Urbana: University of Illinois Press.

Jackson, L. A., Zhao, Y., Witt, E. A., Fitzgerald, H. E., von Eye, A., & Harold, R. (2009). Selfconcept, self-esteem, gender, race and information technology use. Cyber Psychology & Behavior, 12(4), 437–440.

Jackson, S., & Scott, S. (1999). Risk anxiety and the social construction of childhood. In D. Lupton (ed.), Risk and Sociocultural Theory: New Directions and Perspectives. New York: Cambridge University Press, 86–107.

James, A. (ed.)(2013). Socialising Children. Basingstoke: Palgrave Macmillan.

Jamieson, L. (2007). Intimacy. In G. Ritzer (ed.), The Blackwell Encyclopedia of Sociology. Malden: Blackwell Publishing, 1848.

Jancovich, M. (2002). Cult fictions: Cult movies, subcultural capital and the production of cultural distinctions. Cultural Studies, 16(2), 306–322.

Jaysane-Darr, A. (2013). Nurturing Sudanese, producing Americans: Refugee parents and personhood. In C. Faircloth, D. M. Hoffman, & L. L. Layne (eds.), Parenting in Global Perspective: Negotiating Ideologies of Kinship, Self and Politics. Abingdon: Routledge, 101–115.

Jenkins, H. (1992). Textual Poachers. London: Routledge.

Jenkins, H. (2006). An occasional paper on digital media and learning. Confronting the challenges of participatory culture: Media education for the 21st century. https://www.macfound.org/media/article_pdfs/jenkins_white_paper.pdf.

Jenkins, H., Ito, M., & Boyd, D. (2016). Participatory Culture in a Networked era: A Conversation on Youth, Learning, Commerce, and Politics. Cambridge: Polity Press.

Jenkins, H., Shresthova, S., Gamber-Thompson, L., Kligler-Vilenchik, N., & Zimmerman, A. (2016). By any Media Necessary: The New Youth Activism. New York: New York University Press.

Jensen, T. (2013). "Mumsnetiquette": Online affect within parenting culture. In C. Maxwell & P. Aggleton (eds.), Privilege, Agency and Affect. London: Palgrave Macmillan, 127–145.

Jensen, T. (2016). Against resilience. In R. Garrett, T. L. Jensen, & A. Voela (eds.), We Need to Talk about Family: Essays on Neoliberalism, the Family and Popular Culture. Newcastle upon Tyne: Cambridge Scholars Publishing,

76–94.

Jessop, B. (2002). The Future of the Capitalist State. Cambridge: Polity Press.

Jones, G., O' Sullivan, A., & Rouse, J. (2007). Young adults, partners and parents: Individual agency and the problems of support. Journal of Youth Studies, 9(4), 375–392.

Jordan, L. S. (2016). Writing for the mighty, for my son and with my son. https://www.washingtonpost.com/news/parenting/ wp/2016/01/06/writing-for-the-mighty-for-my-son-and-with-my-son/.

Joshi, K. D., Trauth, E., Kvansy, L., Morgan, A., & Payton, F. (2017). Making black lives matter in the information technology profession: Issues, perspectives, and a call for action. ACM SIGMIS Database: The DATABASE for Advances in Information Systems, 48(2), 2–34.

Kahf, U. (2007). Arabic hip hop: Claims of authenticity and identity of a new genre. Journal of Popular Music Studies, 19(4), 359–385.

Kamenetz, A. (2018). The Art of Screen Time: How Your Family Can Balance Digital Media and Real Life. New York: Public Affairs.

Kapp, S., Gillespie-Lynch, K., Sherman, L., & Hutman, T. (2012). Deficit, difference, or both? Autism and neurodiversity. Developmental Psychology, 49(1), 59–71.

Katz, J. E., Rice, R. E., & Aspden, P. (2001). Access, civic involvement, and social interaction. American Behavioral Scientist, 45(3), 405–419.

Katz, V. S. (2014). Kids in the Middle: How Children of Immigrants Negotiate Community Interactions for Their Families. New Brunswick: Rutgers University Press.

Katz, V. S., Gonzalez, C., & Clark, K. (2017). Digital inequality and developmental trajectories of low-income, immigrant, and minority children. Pediatrics, 140(s2), s132– s136.

Katz, V. S., & Levine, M. H. (2015). Connecting to learn: Promoting digital equity for America's Hispanic families. https://joanganzcooneycenter.org/wp-content/uploads/2015/03/jgcc_connectingtolearn.pdf.

Katz, V. S., Moran, M. B., & Gonzalez, C. (2018). Connecting with technology in lowerincome US families. New Media & Society, 20(7), 2509–2533.

Kehler, M. (2015). Please don't call me a warrior mom. https://the-art-of-autism.com/please-dont-call-me-a-warrior-mom/.

Kendall, L., & Taylor, E. (2014). "We can't make him fit into the system": Parental reflections on the reasons why home education is the only option for their child who has special educational needs. International Journal of Primary, Elementary and Early Years Education, 44(3), 297–310.

Kerr, A. (2011). The culture of gamework. In M. Deuze (ed.), Managing Media Work. Thousand Oaks: Sage, 225–236.

Kligler-Vilenchik, N. (2013). "Decreasing world suck": Fan communities, mechanisms of translation, and participatory politics. https://ypp.dmlcentral.net/publications/164.html.

Kohn, A. (2016). The Myth of the Spoiled Child: Coddled Kids, Helicopter Parents, and Other Phony Crises. Boston: Beacon Press.

Konzack, L. (2006). Geek culture: The 3rd counter-culture. Preston: FNG 2006.

Koshy, S., McAlear, F., Martin, A., & Scott, A. (2018). Exploring predictors of computer science outcomes among underrepresented high school students of color. https://www.kaporcenter.org/ wp-content/uploads/2018/08/AERA-2018_-Exploring-Predictors-of-ComputerScience-Outcomes-among-Underrepresented-High-School-Students-of-ColorAlexis-Martin-1.pdf.

Krakowiak, P. , Goodlin-Jones, B., Hertz-Picciotto, I., Croen, L., & Hansen,

R. (2008). Sleep problems in children with autism spectrum disorders, developmental delays, and typical development: A population-based study. Journal of Sleep Research, 17(2), 197–206.

Kremer-Sadlik, T., Izquierdo, C., & Fatigante, M. (2010). Making meaning of everyday practices: Parents' attitudes toward children's extra-curricular activities in the United States and in Italy. Anthropology of Education Quarterly, 4(1), 35–54.

Kvande, E. (1999). 'In the Belly of the Beast': Constructing femininities in engineering organizations. European Journal of Women's Studies, 6(3), 305–328.

Kvansy, L., Joshi, K., & Trauth, E. (2015). Understanding black males' IT career choices. Newport Beach: iConference.

Lange, P. G. (2014). Kids on YouTube: Technical Identities and Digital Literacies. Walnut Creek: Routledge.

Lansbury, J. (2014). Elevating Child Care: A Guide to Respectful Parenting. Los Angeles: JLML Press.

Lansdown, G. (2014). 25 years of UNCRC: Lessons learned in children's participation. Canadian Journal of Children's Rights, 1(1), 172–190.

Lareau, A. (2011). Unequal Childhoods: Class, Race, and Family life. Los Angeles: University of California Press.

Lareau, A., Adia Evans, S., & Yee, A. (2016). The rules of the game and the uncertain transmission of advantage. Sociology of Education, 89(4), 279–299.

Lee, E., Bristow, J., Faircloth, C., & Macvarish, J. (2014). Parenting Culture Studies. London: Palgrave Macmillan.

Lee, E., Macvarish, J., & Bristow, J. (2010). Risk, health and parenting culture.

Health, Risk & Society, 12(4), 293–300.

Lee, S. J. (2012). Parental restrictive mediation of children's Internet use: Effective for what and for whom?. New Media & Society, 15(4), 466–481.

Lenhart, A., & Fox, S. (2006). Bloggers: A portrait of the Internet's new storytellers. http://www.pewinternet.org/internet/wp-content/uploads/sites/9/media/Files/Reports/2006/PIP-Bloggers-Report-July-19-2006.pdf.pdf.

Lester, J., & Paulus, T. (2012). Performative acts of autism. Discourse & Society, 23(3), 259–273.

Leurs, K., & Georgiou, M. (2016). Digital makings of the cosmopolitan city? Young people's urban imaginaries of London. International Journal of Communication, 10, 3689–3709.

LeVine, R., & LeVine, S. S. L. (2016). Do Parents Matter? Why Japanese Babies Sleep Soundly, Mexican Siblings Don't Fight, and Parents Should Just Relax. New York: Public Affairs.

Levitas, R. (2013). Utopia as Method: The Imaginary Reconstruction of Society. Basingstoke: Palgrave Macmillan.

Lewiecki-Wilson, C. (2003). Rethinking rhetoric through mental disabilities. Rhetoric Review, 22(2), 156–167.

Lieblich, A., Tuval-Mashiach, R., & Zilber, T. B. (1998). Narrative Research: Reading, Analysis and Interpretation (Vol. 47). Thousand Oaks: Sage.

Lievrouw, L., & Livingstone, S. (2009). Introduction. In L. Lievrouw & S. Livingstone (eds.), New Media. Sage Benchmarks in Communication. London: Sage, xx–xi.

Lim, S. S. (2018). Transcendent parenting in digitally connected families. When the technological meets the social. In Mascheroni, G., Ponte, C., & Jorge, A. (ed.), Digital Parenting: The Challenges for Families in the digital age. Göteborg: Nordicom, 31-39.

Linton, S. (2006). Reassigning meaning. In L. Davis (ed.), The Disability Studies Reader (2nd ed.). New York: Routledge,161-172.

Littler, J. (2013). The rise of the "Yummy Mummy": Popular conservatism and the neoliberal maternal in contemporary British culture. Communication, Culture & Critique, 6(2), 227–243.

Livingstone, S. (2002). Young People and New Media: Childhood and Changing Media Environment. London: Sage.

Livingstone, S. (2009). Children and the Internet: Great Expectations, Challenging Realities. Cambridge: Polity.

Livingstone, S. (2012). Critical reflections on the benefits of ICT in education. Oxford Review of Education, 38(1), 9–24.

Livingstone, S. (2013). Online risk, harm and vulnerability: Reflections on the evidence base for child internet safety policy. ZER: Journal of Communication Studies, 18: 13–28.

Livingstone, S. (2018). iGen: Why today's super-connected kids are growing up less rebellious, more tolerant, less happy—and completely unprepared for adulthood. Journal of Children and Media, 12(1), 118–123.

Livingstone, S., & Blum-Ross, A. (2018). Parenting for a digital future. Appendix A: Methodology. London: London School of Economics and Political Science.

Livingstone, S., & Blum-Ross, A. (2019). Imagining the future through the lens of the digital: Parents'narratives of generational change. In Z. Papacharissi (ed.), A Networked Self and Birth, Life, Death. New York: Routledge, 50–68.

Livingstone, S., Blum-Ross, A., Pavlick, J., & Ólafsson, K. (2018). In the digital home, how do parents support their children and who supports them? Parenting for a digital future: Survey report 1. http://www.lse.ac.uk/media-andcommunications/assets/documents/research/preparing-for-a-digital-future/P4DFSurvey-Report-1-In-the-digital-home.pdf.

Livingstone, S., Blum-Ross, A., & Zhang, D. (2018). What do parents think, and do, about their children's online privacy? Parenting for a digital future: Survey report 3. http://eprints.lse.ac.uk/87954/1/Livingstone_Parenting%20Digital%20 Survey%20Report%203_Published.pdf.

Livingstone, S., & Haddon, L. (2017). Risks, opportunities, and risky opportunities: How children make sense of the online environment. In F. Blumberg & P. Brooks (eds.), Cognitive Development in Digital Contexts. San Diego: Academic Press, 275–302.

Livingstone, S., Haddon, L., & Görzig, A. (2012). Children, Risk and Safety on the Internet: Research and Policy Challenges in Comparative Perspective. Bristol: Policy Press.

Livingstone, S., Hasebrink, U., & Görzig, A. (2012). A general model of determinants of risk and safety. In S. Livingstone, L. Haddon, & A. Görzig (eds.), Children, Risk and Safety on the Internet: Research and Policy Challenges in Comparative Perspective. Bristol: Policy Press, 323–337.

Livingstone, S., & Helsper, E. J. (2008). Parental mediation of children's Internet use. Journal of Broadcasting & Electronic Media, 52(4), 581–599.

Livingstone, S., & Helsper, E. J. (2012). Gradations in digital inclusion: Children, young people and the digital divide. In J. Hughes (ed.),

SAGE Internet Research Methods. London: Sage, 403–412.

Livingstone, S., & Lunt, P. (2013). Mediated frameworks for participation. In N. Pachler & M. Boeck (eds.), Transformation of Representation: Essays in Honour of Gunther Kress. New York: Routledge, 75–84

Livingstone, S., Marsh, J., Plowman, L., Ottovordemgentschenfelde, S., & FletcherWatson, B. (2014). Young children (0–8) and digital technology: A qualitative exploratory study. https://www.lse.ac.uk/business/consulting/assets/documents/Young-children-and-digital-technology.pdf.

Livingstone, S., Mascheroni, G., & Staksrud, E. (2018). European research on children's Internet use: Assessing the past and anticipating the future. New Media & Society, 20(3), 1103–1122.

Livingstone, S., & Ólafsson, K. (2018). When do parents think their child is ready to use the Internet independently? Parenting for a digital future: Survey report 2. http://eprints.lse.ac.uk/87953/1/Livingstone_Parenting%20Digital%20Survey%20 Report%202_Published.pdf.

Livingstone, S., Ólafsson, K., Helsper, E. J., Lupiáñez-Villanueva, F., Veltri, G. A., & Folkvord, F. (2017). Maximizing opportunities and minimizing risks for children online: The role of digital skills in emerging strategies of parental mediation. Journal of Communication, 67(1), 82–105.

Livingstone, S., & Palmer, T. (2012). Identifying vulnerable children online and what strategies can help them. Report of the seminar arranged by the UKCCIS Evidence Group. http://core.ac.uk/download/pdf/8792184.pdf.

Livingstone, S., & Sefton-Green, J. (2016). The Class: Living and Learning in the Digital Age. New York: New York University Press.

Livingstone, S., & Third, A. (2017). Children and young people's rights in the digital age: An emerging agenda. New Media & Society, 19(5), 657–670.

Lomas, N. (2018). AI will create new jobs but skills must shift, say tech giants. https://techcrunch.com/2018/02/28/ai-will-create-new-jobsbut-skills-must-shift-say-tech-giants.

Lopez, L. K. (2009). The radical act of "mommy blogging": Redefining motherhood through the blogosphere. New Media & Society, 11(5), 729–747.

Lopez, M. H., Gonzalez-Barrera, A., & Patten, E. (2013). Closing the digital divide: Latinos and technology adoption. http://www.pewhispanic.org/files/2013/03/ Latinos_Social_Media_and_Mobile_Tech_03-2013_final.pdf.

Loveless, A., & Williamson, B. (2013). Learning Identities in a Digital Age: rethinking Creativity, Education and Technology. Milton Park: Routledge.

Luckin, R. (2018). Enhancing Learning and Teaching with Technology: What the Research Says. London: Institute for Education Press.

Luckman, S., & Thomas, N. (2018). Craft Economies. London and New York: Bloomsbury Academic.

Lundby, K. (ed.). (2009). Mediatization: Concept, Changes, Consequences. New York: Peter Lang.

MacArthur Foundation. (2014). Digital media & learning. http://www.macfound.org/programs/learning/.

MacLeod, J. (2005). Ain't No Makin' it: Aspirations and Attainment in a Low-income Neighborhood (2nd ed.). Boulder: Westview Press.

Macvarish, J. (2016). Neuroparenting: The Expert Invasion of Family Life. Basingstoke: Palgrave Macmillan.

Mako Hill, B. (2002). The geek shall inherit the earth: My story of unlearning. https://mako.cc/writing/unlearningstory/ StoryOfUnlearing.html.

Mallan, K. M., Singh, P. , & Giardina, N. (2010). The challenges of participatory research with "tech-savvy" youth. Journal of Youth Studies, 13(2), 255–272.

Mansell, R. (2012). Imagining the Internet: Communication, Innovation, and Governance. Oxford: Oxford University Press.

Mansell, R., & Silverstone, R. (eds.). (1996). Communication by Design: The Politics of Information and Communication Technologies. Oxford: Oxford University Press.

Mares, M. L., Stephenson, L., Martins, N., & Nathanson, A. I. (2018). A house divided: Parental disparity and conflict over media rules predict children's outcomes. Computers in Human Behavior, 81, 177–188.

Marsh, J., Kumpulainen, K., Nisha, B., Velicu, A., Blum-Ross, A., Hyatt, D., & Thorsteinsson, G. (2017). Makerspaces in the early years: A literature review. http://makeyproject.eu/wp-content/uploads/2017/02/Makey_Literature_Review.pdf.

Marsh, J., Plowman, L., Yamada-Rice, D., Bishop, J. C., Lahmar, J., Scott, F., & Winter, P. (2015). Exploring play and creativity in pre-schoolers' use of apps: Final project report. http://techandplay.org/tap-media-pack.pdf.

Martin, A. (2003). The impact of free entry to museums. http://www.culturehive.co.uk/wp-content/uploads/2013/04/Impact-of-free-entry-to-museumsMORI.pdf.

Marvin, C. (1988). When Old Technologies Were New: Thinking About Electric Communication in the Late Nineteenth Century. New York and Oxford: Oxford University Press.

Mascheroni, G., & Ólafsson, K. (2015). The mobile Internet: Access, use, opportunities and divides among European children. New Media & Society, 18(8), 1657–1679.

Mayall, B. (2015). Understanding inter-generational relations: The case of health maintenance by children. Sociology of Health & Illness, 37(2), 312–324.

Mayo, A., & Siraj, I. (2015). Parenting practices and children's academic success in low-SES families. Oxford Review of Education, 41(1), 47–63.

Mays, N., & Pope, C. (1995). Rigour and qualitative research. BMJ, 311(6997), 109–112.

Mazurek, M. O., & Engelhardt, C. R. (2013). Video game use in boys with autism spectrum disorder, ADHD, or typical development. Pediatrics, 132(2), 260–266.

Mazurek, M. O., Shattuck, P. T., Wagner, M., & Cooper, B. P. (2012). Prevalence and correlates of screen-based media use among youths with autism spectrum disorders. Journal of Autism and Developmental Disorders, 42(8), 1757–1767.

McCarthy, J. (2008).Mother Warriors. New York: Penguin Group.

McClelland, K., & Karen, D. (2009). Analysis. In J. MacLeod (ed.), Ain't No Makin' it: Aspirations And attainment in a Low-income Neighborhood. Boulder: Westview Press, 409–463

Mckenzie, L. (2015). Getting by: Estates, Class and Culture in Austerity Britain. Bristol: Policy Press.

McRobbie, A. (2015). Be Creative: Making a Living in the New Culture Industries. Cambridge: Polity Press.

Miller, D. (2009). Stuff. Cambridge: Polity Press.

Miller, D. (2011). Tales from Facebook. Cambridge: Polity Press.

Miller, D., Costa, E., Haynes, N., McDonald, T., Nicolescu, R., Jolynna, S., & Wang, X. (2016). How the World Changed Social Media. London: UCL Press.

Miller, T. (2005). Making Sense of Motherhood: A Narrative Approach.

Cambridge: Cambridge University Press.

Millwood H. A., & Livingstone, S. (2009). Harm and Offence in Media Content: A Review of the Empirical Literature (2nd ed.). Bristol: Intellect Press.

Miltner, K. (2018). Girls who coded: Gender in twentieth century U.K. and U.S. computing. Science, Technology, & Human Values, 44(1), 161–176.

Morgan, D. L. (2008). Snowball Sampling. The SAGE Encyclopedia of Qualitative Research Methods (Vol. 2). Thousand Oaks: Sage Publications.

Morgan, G., Wood, J., & Nelligan, P. (2013). Beyond the vocational fragments: Creative work, precarious labour and the idea of "Flexploitation". Economic and Labour Relations Review, 24(3), 397–415.

Nadesan, M. (2005). Constructing Autism—Unravelling the "Truth" and Understanding the Social. New York: Routledge.

Nathanson, A. I. (1999). Identifying and explaining the relationship between parental mediation and children's aggression. Communication Research, 26(2), 124–143.

Nathanson, A. I. (2002). The unintended effects of parental mediation of television on adolescents. Media Psychology, 4(3), 207–230.

Nathanson, A. I. (2015). Media and the family: Reflections and future directions. Journal of Children and Media, 9(1), 133–139.

Nathanson, A. I., & Yang, M. S. (2003). The effects of mediation content and form on children's responses to violent television. Human Communication Research, 29(1), 111–134.

National Audit Office (NAO). (2018). Financial Sustainability of Local Authorities 2018. London: Ministry of Housing, Communities & Local Government.

Nature Canada. (2018). The health impacts of too much screen time. https://naturecanada.ca/wp-content/uploads/2018/12/NOV-23-FINAL-ContactInfo-Nature-Canada-report-Screen-Time-vs-Green-Time.pdf.

Nelson, M. K. (2010). Parenting Out of Control: Anxious Parents in Uncertain times. New York: New York University Press.

Nemorin, S., & Selwyn, N. (2016). Making the best of it? Exploring the realities of 3D printing in school. Research Papers in Education, 32(5), 578–595.

Neri, D. (2018). The need for nuance in the tech use debate: A conversation with Amy Orben. http://behavioralscientist.org/ need-nuance-conversation-amy-orben/.

Nesta. (2017). Guidance for developing a theory of change for your programme. https://www.nesta.org.uk/sites/default/files/theory_of_change_guidance_for_ applicants_.pdf.

Nesta. (2019). Precarious to prepared A manifesto for supporting the six million most at risk of losing their jobs in the next decade. https://media.nesta.org. uk/documents/Precarious_to_prepared._A_manifesto_for_supporting_the_six_million_most_at_risk_of_losing_their_jobs_in_the_next_decade_v5.pdf.

Newell, A. (2003). Inclusive design or assistive technology. In J. Clarkson, S. Coleman, S. Keates, & C. Lebbon (eds.), Inclusive Design—Design for the Whole Population. London: Springer, 172–181.

Newman, J. (2017). To Siri with Love. New York: Harper.

Nikken, P. , & Jansz, J. (2006). Parental mediation of children's videogame playing: A comparison of the reports by parents and children. Learning, Media and Technology, 31(2), 181–202.

Nikken, P. , & Schols, M. (2015). How and why parents guide the media use of young children. Journal of Child and Family Studies, 24(11), 3423–3435.

Nutt, D. J., Lingford-Huges, A., Erritzoe, D., & Stokes, P. (2015). The dopamine theory of addiction: 40 years of highs and lows. Nature Reviews Neuroscience, 16(5), 305.

Ochs, E., & Kremer-Sadlik, T. (eds.). (2013). Fast-forward family: Home, Work, and Relationships in Middle-class America. Berkeley: University of California Press.

Ochs, E., & Kremer-Sadlik, T. (2015). How postindustrial families talk. Annual Review of Anthropology, 44, 87–103.

Ochs, E., & Shohet, M. (2006). The cultural structuring of mealtime socialization. New Directions for Child and Adolescent Development, 111, 35–49.

Ofcom. (2017). Children and Parents: Media Use and Attitudes Report. London: Office of Communications.

Office for National Statistics. (2011). Migration by ethnic group. https://www.nomisweb.co.uk/query/construct/components/simpleapicomponent.aspx?menuopt=15040&subcomp=.

Office for National Statistics. (2016). Population of the UK by country of birth and nationality: 2016. https://www.ons.gov.uk/peoplepopulationandcommunity/populationandmigration/internationalmigration/bulletins/ukpopulationbycountryofbirthandnationality/2016#london-has-the-highest-proportion-of-nonbritish-nationals.

Office for National Statistics. (2017a). Household disposable income and inequality in the UK: Financial year ending 2017. https://www.ons.gov.uk/peoplepopulationandcommunity/personalandhouseholdfinances/incomeandwealth/ bulletins/ householddisposableincomeandinequality/

financialyearending2017.

Office for National Statistics. (2017b). Internet users in the UK: 2017. https://www.ons.gov.uk/businessindustryandtrade/itandinternetindustry/bulletins/internetusers/2017.

Ogata, A. (2013). Designing the Creative Child: Playthings and Places in Midcentury America. Minneapolis: University of Minnesota Press.

Oldenziel, R. (1999). Making Technology Masculine: Men, Women and Modern Machines in America, 1870–1945. Amsterdam: Amsterdam University Press.

Oliver, M., & Barnes, C. (2012). The New Politics of Disablement (2nd ed.). New York: Palgrave Macmillan.

Orgad, S. (2019). Heading Home: Motherhood, Work, and the Failed Promise of Equality. New York: Columbia University Press.

Organisation for Economic Co-operation and Development (OECD). (2018). The future of education and skills. https://www.oecd.org/education/2030/E2030%20Position%20Paper%20(05.04.2018).pdf.

Ortega, F. (2009). The cerebral subject and the challenge of neurodiversity. BioSocieties, 4(4), 425–445.

Osteen, M. (ed.).(2008). Autism and Representation. New York: Routledge.

Oster, E. (2019). Cribsheet: A Data-driven Guide to Better, More Relaxed Parenting, from Birth to Preschool. New York: Penguin Press.

Palys, T. (2008). Purposive sampling. In L. M. Given (ed.), The Sage Encyclopedia of Qualitative Research Methods (Vol. 2). Los Angeles: Sage, 697–698.

Parker, K., & Livingston, G. (2018). 7 facts about American dads. http://www.pewresearch.org/fact-tank/2018/06/13/fathers-day-facts/

Patton, M. Q. (1990). Qualitative Evaluation and Research Methods (2nd ed.). Thousand Oaks: Sage Publications.

Pedersen, S. (2016). The good, the bad and the "good enough" mother on the UK parenting forum Mumsnet. Women's Studies International Forum, 59, 32–38.

Pedersen, S., & Lupton, D. (2018). "What are you feeling right now?" communities of maternal feeling on Mumsnet. Emotion, Space and Society, 26, 57–63.

Pelletier, C., Burn, A., & Buckingham, D. (2010). Game design as textual poaching: Media literacy, creativity and game-making. E-learning and Digital Media, 7(1), 90–107.

Penuel, W., & O'Connor, K. (2018). From designing to organizing new social futures: Multiliteracies pedagogies for today. Theory into Practice, 57(1), 64–71.

Peppler, K. (2013). New opportunities for interest-driven arts learning in a digital age. http://www.wallacefoundation.org/knowledge-center/arts-education/key-research/Documents/New-Opportunities-for-Interest-Driven-Arts-Learning-ina-Digital-Age.pdf.

Perrier, M. (2012). Middle-class mothers' moralities and "concerted cultivation": Class others, ambivalence and excess. Sociology, 47(4), 655–670.

Phillips, N., & Broderick, A. (2014). Has Mumsnet changed me? SNS influence on identity adaptation and consumption. Journal of Marketing Management, 30(9–10), 1039–1057.

Pinchevski, A., & Peters, J. D. (2016). Autism and new media: Disability between technology and society. New Media & Society, 18(11), 2507–2523.

Pink, S., & Leder M. K. (2013). Saturated and situated: Expanding the meaning of media in the routines of everyday life. Media, Culture & Society, 35(6), 677–691.

Polkinghome, D. (2007). Validity issues in narrative research. Qualitative Inquiry, 13(4), 471–486.

Postill, J. (2010). Introduction: Theorising media and practice. In B. Bräuchler & J. Postill (eds.), Theorising Media and Practice. Oxford and New York: Berghahn.

Prensky, M. (2001). Digital natives, digital immigrants. On the Horizon, 9(5), 1–2.

Prensky, M. R. (2010). Teaching Digital Natives: Partnering for Real Learning. Thousand Oaks: Corwin.

Prince' s Trust. (2018). The Prince's Trust Macquarie youth index 2018. https://www.macquarie.com/au/en/about/community/our-stories/the-prince-s-trust-macquarie-youth-index-2018.html.

Przybylski, A. K., & Weinstein, N. (2017). A large-scale test of the goldilocks hypothesis: Quantifying the relations between digital-screen use and the mental well-being of adolescents. Psychological Science, 28(2), 204–215.

Pugh, A. J. (2009). Longing and Belonging: Parents, Children, and Consumer Culture. Berkeley: University of California Press.

Putnam, L. L., & Fairhurst, G. T. (2015). Revisiting "organizations as discursive constructions": 10 years later. Communication Theory, 25(4), 375–392.

Putnam, R. (2000). Bowling Alone: The Collapse and Revival of American Community. New York: Simon & Schuster.

Putnam, R. D. (2015). Our Kids: The American Dream in Crisis. New York: Simon & Schuster.

Qualtrough, E. (2018). CIOs facing skills and recruitment challenges to drive transformation, 2018 CIO 100 reveals: But CIOs looking to insource and increase headcount to develop in-house capability. https://www.cio.com/article/195478/cios-facing-skills-and-recruitment-challenges-to-drive-transformation-2018-cio-100-reveals-but-cios.html.

Radesky, J. S., & Christakis, D. (2016a). Increased screen time: Implications for early childhood development and behavior. Pediatric Clinics of North America, 63(5), 827– 839.

Radesky, J., & Christakis, D. (2016b). Media and young minds. American Academy of Pediatrics, 138(5), 1–6.

Radesky, J. S., Kistin, C., Eisenberg, S., Gross, J., Block, G., Zuckerman, B., & Silverstein, M. (2016). Parent perspectives on their mobile technology use: The excitement and exhaustion of parenting while connected. Journal of Developmental & Behavioral Pediatrics, 37(9), 694–701.

Rafalow, M. (2020). Digital Divisions: How Schools Create Inequality in the Tech Era. Chicago: University of Chicago Press.

Ramaekers, S., & Suissa, J. (2012). The Claims of Parenting: Reasons, Responsibility and Society. London: Springer.

Raphael, R. (2017). Netflix CEO Reed Hastings: Sleep is our competition. https://www.fastcompany.com/40491939/netflix-ceo-reed-hastingssleep-is-our-competition.

Reay, D. (2004). Gendering Bourdieu' s concepts of capitals? Emotional capital, women and social class. Sociological Review, 52(s2), 57–74.

Reay, D. (2017). Miseducation: Inequality, Education and the Working Classes. Bristol: Policy Press.

Reece, H. (2013). The pitfalls of positive parenting. Ethics and Education, 8(1), 42–54.

Reese, H. W., & Lipsitt, L. P. (1978). Child discipline and the pursuit of self: An historical interpretation. In H. W. Reese & L. P. Lipsitt (eds.), Advances in Child Development and Behavior (Vol. 12). New York: Academic Press, 231–261.

Reeves, A. (2014). Neither class nor status: Arts participation and the social strata. Sociology, 49(4), 624–642.

Reich, J., & Ito, M. (2017). From good intentions to real outcomes: Equity by design in learning technologies. https://clalliance.org/wp-content/uploads/2017/11/GIROreport_1031.pdf.

Reiser, R. A., Williamson, N., & Suzuki, K. (1988). Using Sesame Street to facilitate children's recognition of letters and numbers. Educational Communication and Technology Journal, 36(1), 15–21.

Renninger, K. A., & Hidi, S. (2011). Revisiting the conceptualization, measurement, and generation of interest. Educational Psychologist, 46(3), 168–184.

Resch, A., Mireles, G., Benz, M., Grenwelge, C., Peterson, C., & Zhang, D. (2010). Giving parents a voice: A qualitative study of the challenges experienced by parents of children with disabilities. Rehabilitation Psychology, 55(2), 139–150.

Resnick, M., Maloney, J., Monroy-Hernandez, A., Rusk, N., Eastmmond, E., Brennan, K.,& Kafai, Y. (2009). Scratch: Programming for all. Communications of the ACM, 52(11), 60–67.

Ribbens McCarthy, J., & Edwards, R. (2011). Key Concepts in Family Studies. London and Los Angeles: Sage.

Ribbens McCarthy, J., Gillies, V., & Hooper, C.-A. (2013). Family Troubles? Exploring Changes and Challenges in Family Lives of Children and Young

People. Bristol: Policy Press.

Richdale, A., & Schreck, K. (2009). Sleep problems in autism spectrum disorders: Prevalence, nature, & possible biopsychosocial aetiologies. Sleep Medicine Reviews, 13(6), 403–411.

Rideout, V., & Katz, V. S. (2016). Opportunity for all? Technology and learning in lowerincome families. http://www.joanganzcooneycenter.org/wp-content/uploads/2016/01/jgcc_opportunityforall.pdf.

Rienzo, C., & Vargas-Silva, C. (2017). Briefing: Migrants in the UK: An overview. https://migrationobservatory.ox.ac.uk/wp-content/uploads/2017/02/ Briefing-Migrants_UK_Overview.pdf.

Ringland, K., Wolf, C., Faucett, H., Dombrowski, L., & Hayes, G. (2016). "Will I always be not social?": Re-conceptualizing sociality in the context of a Minecraft community for autism. San Jose: ACM CHI Conference on Human Factors in Computing Systems.

Robbins, A. (2011). The Geeks Shall Inherit the Earth: Popularity, Quirk Theory, and Why Outsiders Thrive After High School. New York: Hyperion.

Robinson, L., Cotten, S. R., Schulz, J., Hale, T. M., & Williams, A. (2015). Communication and Information Technologies Annual: Digital Distinctions and Inequalities. Bingley: Emerald Publishing.

Robison, J. (2017). Autism parent memoirs: Illuminating or exploitive?. https://www.psychologytoday.com/us/blog/my-life-aspergers/201712/autism-parentmemoirs-illuminating-or-exploitive.

Roeder, M. (2014). Unnatural Selection: Why the Geeks Will Inherit the Earth. New York: Arcade Publishing.

Roy, K., Zvonkovic, A., Goldberg, A., Sharp, E., & LaRossa, R. (2015). Sampling richness and qualitative integrity: Challenges for research with families. Journal of Marriage and Family, 77(1), 243–260.

Royal Society. (2017). After the reboot: Computing education in UK schools. https://royalsociety.org/~/media/policy/projects/computing-education/computingeducation-report.pdf.

Rutkin, A. (2016). How Minecraft is helping children with autism make new friends. https://www.newscientist.com/article/mg23030713-100-howis-helping-children-with-autism-make-new-friends/.

Saldaña, J. (2009). The Coding Manual for Qualitative Researchers. London: Sage.

Sassen, S. (1991). The Global City: New York, London, Tokyo. Princeton: Princeton University Press.

Savage, M. (2015a). Introduction to elites from the "problematic of the proletariat" to a class analysis of "wealth elites". Sociological Review, 63(2), 223–239.

Savage, M. (2015b). Social Class in the 21st Century. London: Penguin Books.

Scabini, E., Marta, E., & Lanz, M. (2006). The Transition to Adulthood and Family Relations: An Intergenerational Perspective. Hove: Psychology Press.

Schleicher, A. (2011). The case for 21st-century learning. OECD Observer, (1) 42–43.

Schor, J. (1991). The Overworked American: The Unexpected Decline of Leisure. New York: Basic Books.

Schor, J. B. (2004). Born to buy: The commercialized child and the new consumer culture. New York: Scribner.

Scott, J. (1985). Weapons of the Weak: Everyday Forms of Peasant Resistance. New Haven: Yale University Press.

Sefton, J. (2008). The Roots of Open-world Games. https://www.gamesradar. com/the-roots-of-open-world-games/.

Sefton-Green, J. (2013a). Learning at Not School: A Review of Study, Theory, and Advocacy for Education in Non-formal Settings. Cambridge: MIT Press.

Sefton-Green, J. (2013b). What (and where) is the "learning" when we talk about learning in the home?. http://eprints.lse.ac.uk/54793/.

Sefton-Green, J., & Erstad, O. (2016). Researching "learning lives": A new agenda for learning, media and technology. Learning, Media and Technology, 42(2), 246–250.

Sefton-Green, J., & Erstad, O. (eds.). (2019). Learning Beyond the School: International Perspectives on the Schooled Society. New York: Routledge.

Sefton-Green, J., Watkins, C., & Kirshner, B. (2020). Young People's Journeys into Creative Work: Challenges and Transitions into the Workforce. New York: Routledge.

Seiter, E. (2005). The Internet Playground: Children's Access, Entertainment, and Miseducation. New York: Peter Lang.

Selby-Boothroyd, A. (2018). The challenges of charting regional inequality. https://medium.economist.com/the-challenges-of-charting-regionalinequality-a9376718348.

Selwyn, N. (2014). Distrusting Educational Technology: Critical Conversations for Changing Times. Abingdon and New York: Routledge.

Selwyn, N., & Facer, K. (2007). Beyond the Digital Divide: Rethinking Digital Inclusion for the 21st Century. Bristol: Futurelab.

Sennett, R., & Cobb, J. (1993). The Hidden Injuries of Class. New York: W. W. Norton & Company.

Shakespeare, T. (2010). The social model of disability. In L. J. Davis (ed.), The Disability Studies Reader. New York: Routledge, 266–273.

Shane, H. C., & Albert, P. D. (2008). Electronic screen media for persons with autism spectrum disorders: Results of a survey. Journal of Autism and Developmental Disorders, 38(8), 1499–1508.

Share, M., Williams, C., & Kerrins, L. (2017). Displaying and performing: Polish transnational families in Ireland Skyping grandparents in Poland. New Media & Society 18(10), 1–18.

Sheffer, E. (2018). The problem with Asperger's. https://blogs.scientificamerican.com/observations/the-problem-with-aspergers/.

Siebers, T. (2008). Disability Theory. Ann Arbo: University of Michigan.

Silander, M., Grindal, T., Hupert, N., Garcia, E., Anderson, K., Vahey, P. , & Pasnik, S. (2018). What parents talk about when they talk about learning. http://www.edc.org/sites/default/files/uploads/EDC_SRI_What_Parents_Talk_About.pdf.

Silberman, S. (2001). The geek syndrome. https://www.wired.com/2001/12/aspergers/.

Silverstone, R. (2006). Domesticating domestication: Reflections on the life of a concept. In T. Berker, M. Hartmann, Y. Punie, & K. J. Ward (eds.), The Domestication of Media and Technology. Maidenhead: Open University Press, 229–248.

Silverstone, R., & Hirsch, E. (1992). Consuming Technologies: Media and Information in Domestic Spaces. London: Routledge.

Skeggs, B. (2004). Class, Self, Culture. London: Routledge.

Skeggs, B. (2015). Introduction: Stratification or exploitation, domination, dispossession and devaluation?. Sociological Review, 63(2), 205–222.

Skinner, J. (2012). The Interview: An Ethnographic Approach. London: Berg.

Smale, H. (2015). Geek Girl. New York: HarperTeen.

Smith, J. (2015). Breck Bednar murder: How Lewis Daynes manipulated his victim. https://www.bbc.com/news/uk-england-essex-30730807.

Social Mobility Commission. (2017). State of the nation 2017: Social mobility in Great Britain. https://www.gov.uk/government/uploads/system/uploads/ attachment_data/file/662744/State_of_the_Nation_2017_-_Social_ Mobility_in_Great_ Britain.pdf.

Social Mobility Commission. (2018). Social Mobility Barometer. London: Crown Copyright.

Sousa, A. (2011). From refrigerator mothers to warrior-heroes: The cultural identity transformation of mothers raising children with intellectual disabilities. Symbolic Interaction, 34(2), 220–243.

Sparrow, M. (2017). Why to Siri with love is a wrecking ball of a book. In S. Des Rochas Rosa, J. Byde Myers, L. Ditz, E. Willingham, & C. Greenburg (eds.), Thinking Person' s Guide to Autism (Vol. 12). Redwood City: Deadwood City Publishing.

Spector, J. M. (2016). Foundations of Educational Technology: Integrative Approaches and Interdisciplinary Perspectives (2nd ed.). New York and Abingdon: Routledge.

Spigel, L. (1992). Make Room for TV: Television and the Family Ideal in Postwar America. Chicago and London: University of Chicago Press.

Spradley, J. (1979). The Ethnographic Interview. Long Grove: Waveland Press.

Steiner, L., & Bronstein, C. (2017). Leave a comment: Mommyblogs and the everyday struggle to reclaim parenthood. Feminist Media Studies, 17(1), 59–76.

Steyer, J. P. (2002). The Other Parent: the Inside Story of the Media's Effect on Our Children. New York: Atria Books.

Stiglic, N., & Viner, R. M. (2019). Effects of screentime on the health and well-being of children and adolescents: A systematic review of reviews. BMJ Open, 9(1), 1–15.

Stuart, K. (2016). A Boy Made of Blocks. New York: St. Martin's Press.

Sugg, Z. (2016). Girl Online: On Tour: The First Novel by Zoella. New York: Atria/ Keywords Press.

Sutton Trust. (2017). The state of social mobility in the UK. https://www.suttontrust.com/our-research/social-mobility-2017-summit-research/.

Swartz, M., & Crowley, K. (2004). Parent beliefs about teaching and learning in a children's museum. Visitor Studies, 7(2), 1–16.

Takeuchi, L., & Stevens, R. (2011). The new coviewing: Designing for learning through joint media engagement. https://www.researchgate.net/publication/216841562_The_new_coviewing_Designing_for_learning_through_joint_media_engagement.

Tavory, I., & Eliasoph, N. (2009). Coordinating futures: Toward a theory of anticipation. American Journal of Sociology, 118(4), 908–942.

Taylor, C. (2003). Modern Social Imaginaries. Durham: Duke University Press.

Taylor, S. (2004). The right not to work: Power and disability. Monthly Review, 55.

Te Riele, K. (2006). Youth "at risk": Further marginalizing the marginalized?. Journal of Education Policy, 21(2), 129–145.

Tech Nation. (2018). The state of the UK tech nation. https://technation.io/wp-content/uploads/2018/05/Tech-Nation-Report-2018-WEB-180514.pdf.

TechUK. (2019). Preparing for change: How tech parents view education and the future of work. https://www.techuk.org/resource/techuk-report-how-tech-parents-view-education-and-the-future-of-work.html.

The Children's Society. (2019). The Good Childhood Report 2019. London: Author.

Therrien, A., & Wakefield, J. (2019). Worry less about children's screen use, parents told. https://www.bbc.com/news/health-46749232.

Thomas, C. (2013). Disability and impairment. In J. Swain, S. French, C. Barnes, & C. Thomas (eds.), Disabling Barriers: Enabling Environments (3rd ed.). London: Sage Publications, 9-16.

Thompson, C. (2017). The next big blue-collar job is coding. https://www.wired.com/2017/02/programming-is-the-new-blue-collar-job/.

Thomson, R. (2011). Unfolding Lives: Youth, Gender and Change. Bristol: Policy Press.

Thorton, S. (1996). Club Cultures: Music, Media and Subcultural Capital. Hanover: Wesleyan University Press.

Threadgold, S., & Nilan, P. (2009). Reflexivity of contemporary youth, risk and cultural capital. Current Sociology, 57(1), 47–68.

Tilly, C., & Carré, F. J. (2017). Where Bad Jobs are Better: Retail Jobs across Countries and Companies. New York: Russell Sage Foundation.

Tirraoro, T. (2015). SEN figures show 2.5% drop in children with special educational needs in England. https://www.specialneedsjungle.com/ sen-figures-show-2-5-drop-in-children-with-special-educational-needs-in-england/.

Titchkosky, T. (2001). Disability: A rose by any other name? "People-first" language in Canadian society. Canadian Review of Sociology, 38(2), 125–140.

Tkachuk, A. (2018). Engender creativity in young children to maximise their potential. https://www.thersa.org/blog/2018/02/engender-creativity-in-children-to-function-in-todays-world.

Togni, L. (2015). The creative industries in London. https://www.london.gov.uk/sites/default/files/creative-industries-in-london.pdf.

Tolstoy, L. (1886). Anna Karenina. Oxford: Oxford University Press.

Trienekens, S. (2002). "Colourful" distinction: The role of ethnicity and ethnic orientation in cultural consumption. Poetics, 30(4), 281–298.

Tripp, L. (2011). "The computer is not for you to be looking around, it is for schoolwork": Challenges for digital inclusion as Latino immigrant families negotiate children' s access to the Internet. New Media & Society, 13(4), 552–567.

Turkle, S. (2011). Alone Together: Why We Expect More from Technology and Less from Each Other. New York: Basic Books.

Turkle, S. (2015). Reclaiming Conversation: The Power of Talk in a Digital Age. New York: Penguin Press.

Turner, F. (2006). From Counterculture to Cyberculture: Steward Brand, the Whole Earth Network and the Rise of Digital Utopianism. London: University of ChicagoPress.

Twenge, J. M. (2017). iGen: Why Today' s Super-connected Kids Are Growing Up Less Rebellious, More Tolerant, Less Happy and Completely Unprepared for Adulthood (and What This Means for the Rest of Us). New York: Atria Books.

UK Digital Skills Taskforce. (2014). Digital skills for tomorrow' s world. http://www.ukdigitalskills.com/wp-content/uploads/2014/07/Binder-9-reduced.pdf.

UK Government. (2017). Looked-after children. https://www.gov.uk/ topic/ schools-colleges-childrens-services/looked-after-children.

UNESCO. (2015). Leveraging information and communication technologies to achieve the post-2015 education goal. Report of the international conference on ICT and post-2015 education. https://unesdoc.unesco.org/ark:/48223/ pf0000243076.

Valkenburg, P. M., Piotrowski, J. T., Hermanns, J., & de Leeuw, R. (2013). Development and validation of the perceived parental mediation scale: A self-determination perspective. Human Communication Research, 39(4), 445–469.

Van Dijk, J. (2005). The Deepening Divide: Inequality in the Information Society. London: Sage.

Victor, D. (2015). The Ashley Madison data dump, explained. https://www. nytimes.com/2015/08/20/technology/the-ashleymadison-data-dump-explained.html.

Villalobos, A. (2010). Mothering in fear: How living in an insecure-feeling world affects parenting. In A. O' Reilly (ed.), Twenty-first-century Motherhood: Experience, Identity, Policy, Agency. New York: Columbia University Press, 57-71.

Villalobos, A. (2014). Motherload: Making It all Better in Uncertain Times. Los Angeles: University of California Press.

Vittadini, N., Siibak, A., Reifovà, I., & Bilandzic, H. (2013). Generations and media: The social construction of generational identity and differences. In N. Carpentier, K. C. Schrøder, & L. Hallet (eds.), Audience Transformations: Shifting Audience Positions in Late Modernity. New York: Routledge, 65–88.

Vygotsky, L. (1934/1986). Thought and Language. Cambridge: MIT Press.

Wajcman, J. (2004). TechnoFeminism. Cambridge and Malden: Polity.

Wajcman, J., Bittman, M., & Brown, J. E. (2008). Families without borders: Mobile phones, connectedness and work-home divisions. Sociology, 42(4), 635–652.

Wallis, R., & Buckingham, D. (2016). Media literacy: The UK's undead cultural policy. International Journal of Cultural Policy, 25(2): 1–16.

Ward, M. R. M. (2014). "I'm a geek I am": Academic achievement and the performance of a studious working-class masculinity. Gender and Education, 26(7), 709–725.

Warner, J. (2006). Perfect Madness: Motherhood in the Age of Anxiety. New York: Riverhead Books.

Warschauer, M., & Matuchniak, T. (2010). New technology and digital worlds: Analyzing evidence of equity in access, use, and outcomes. Review of Research in Education, 34(1), 179–225.

Wartella, E., Rideout, V., Lauricella, A. R., & Connell, S. L. (2013). Parenting in the age of digital technology: A national survey. https://cmhd.northwestern.edu/wp-content/uploads/2015/06/ParentingAgeDigitalTechnology.REVISED.FINAL_.2014.pdf.

Watkins, S. C. (2009). The Young & the Digital: What the Migration to Social-Network Sites, Games and Anytime, anywhere Media Means for our Future. Boston: Beacon Press.

Watkins, S. C. (2012). Digital divide: Navigating the digital edge. International Journal of Learning and Media, 3(2), 1–12.

Watkins, S. C. (2019). Don't Knock the Hustle: Young Creatives, Tech Ingenuity, and the Making of a New Innovation Economy. Boston: Beacon Press.

Webb, P. (2011). Family values, social capital and contradictions of American modernity. Theory, Culture & Society, 28(4), 96–123.

Weinstein, N., & Przybylski, A. (2019). The impacts of motivational framing of technology restrictions on adolescent concealment: Evidence from a preregistered experimental study. Computers in Human Behavior, 90, 170–180.

Wenger, E. (1999). Communities of practice: Learning, meaning, and identity, Cambridge: Cambridge University Press.

Wessendorf, S. (2014). Commonplace Diversity: Social Relations in a Super-diverse Context. Basingstoke: Palgrave Macmillan.

Westman, K. E. (2007). Beauty and the geek: Changing gender stereotypes on the Gilmore Girls. In S. A. Inness (ed.), Geek Chic: Women in Popular Culture. New York: Palgrave Macmillan, 11–30.

Williamson, B. (2010). Policy utopias, sci-fi dystopias, and contemporary contests over childhood in education reform in the UK. Journal of Children and Media, 4(2), 206–222.

Williamson, B. (2013). The Future of the Curriculum: School Knowledge in the Digital Age. Cambridge and London: MIT Press.

Williamson, B., Rensfeldt, A., Player-Koro, C., & Selwyn, N. (2018). Education recoded: Policy mobilities in the international "learning to code" agenda. Journal of Education Policy, 34(5), 705–725.

Williamson, E., Goodenough, T., Kent, J., & Ashcroft, R. (2005). Conducting research with children: The limits of confidentiality and child protection protocols. Children and Society, 19(5), 397–409.

Willis, P. (1977). Learning to Labour. London: Gower.

Wing, J. (2008). Computational thinking and thinking about computing. Philosophical Transactions of the Royal Society of London A: Mathematical,

Physical and Engineering Sciences, 366(1881), 3717–3725.

Wood, D., Bruner, J., & Ross, G. (1976). The role of tutoring in problem solving. Journal of Child Psychology and Psychiatry, 17, 89–100.

Woodman, D. (2009). The mysterious case of the pervasive choice biography: Ulrich Beck, structure/agency, and the middling state of theory in the sociology of youth. Journal of Youth Studies, 12(3), 243–256.

Wooldridge, A. (2016). The rise of the superstars. https:// www.economist.com/ special-report/2016/09/15/the-rise-of-the-superstars.

World Health Organization. (2019). Guidelines on physical activity, sedentary behaviour and sleep for children under 5 years of age. https://www.who.int/ publications/i/item/9789241550536.

Wortham, S. (2006). Learning Identity: The Joint Emergence of Social Identification and Academic Learning. Cambridge: Cambridge University Press.

Wright, C., Diener, M., Dunn, L., Wright, S., Linnell, L., Newbold, K.,&Rafferty, D. (2011). SketchUp™: A technology tool to facilitate intergenerational family relationships for children with autism spectrum disorders (ASD). Family & Consumer Sciences, 40(2), 135–149.

Yelland, N. J. (2018). A pedagogy of multiliteracies: Young children and multimodal learning with tablets. British Journal of Educational Technology, 49(5), 847–858.

Yergeau, M. (2018). Authoring Autism: On Rhetoric and Neurological Queerness. Durham: Duke University Press.

Zelizer, V. A. (1985). Pricing the Priceless Child: The Changing Social Value of Children. Princeton: Princeton University Press.

Zhang, D., & Livingstone, S. (2019). Inequalities in how parents support their children's development with digital technologies. Parenting for a digital future: Survey report 4. http://www.lse.ac.uk/media-and-communications/ assets/documents/ research/preparing-for-a-digital-future/P4DF-Report-4. pdf.

附　录
研究方法

我们的路径

本书是由社会科学中的几个学科传统支持的。从所受的训练而言，索尼娅是一名社会心理学家，艾丽西亚是一名社会文化人类学家。这项研究是在媒体与传播学系进行的，主要由约翰·D. 和凯瑟·T. 麦克阿瑟基金会资助的连接性学习研究网络提供资金，其吸引了来自社会学、人类学、心理学、教育研究、学习科学、残疾研究、信息学、人机互动、科学和技术研究等领域的研究人员。这种多学科的组合使我们进行了深入的定性研究，并辅之以对英国父母的全国问卷定量调查。

连接性学习研究网络是在对青少年的数字和创造性实践进行深入研究的基础上发展起来的，探索了新兴的"参与流派"，聚焦于青少年应用数字媒体和技术的研究（Ito，2009；Ito et al.，2010；Livingstone & Lunt，2013）。在其 2013 年的成立声明中，连接性学习研究网络将连接性学习定义为"社会嵌入的，利益驱动的，以教育、经济或政治机会为导向的"：

当一个青少年能够在朋友和关心他的成年人的支持下追求个人兴趣或激情，并且反过来能够将这种兴趣与学术成就、职业成功或公民参与联系起来时，他就实现了连接性学习（Ito et al.，2013）。[1]

近年来，连接性学习研究网络研究了正在进行的各种努力，以构建有利的学习途径，使儿童能够过渡到成年，包括进入工作世界（无论是否具有创造性），从而确定数字技术何时以及为何能够以公平和具有包容性的方式拓展这些有利的学习途径。在一系列相互交叉的项目中，该网络资助了索尼娅与朱利安·塞夫顿－格林之前的研究，产生了《班级：数字时代的生活和学习》（Livingstone & Sefton-Green，2016）一书，该书研究了伦敦一个 13—14 岁青少年班级 1 年的生活，其中一些人在本书的研究中被重新访问。我们从中借鉴了连接性学习的理念，探索在青少年生活的不同场所（家庭、学校、课外或由兴趣驱动的学习空间以及与同伴共处的空间）发生了什么，这些场所是如何连接或断开的（Ito et al.，2020；MacArthur Foundation，2014；Reich & Ito，2017）。

在本书中，我们以三个核心原则为指导，整合了理论和方法上的考虑。

第一，我们邀请父母分享他们的"自我的故事"，包括他们努力理解"日常生活中看起来偶然的接触如何仍能构成某种结构，将个人限定在某种人生道路中"（Burkitt，2008；Goffman，1963）。在叙事研究传统的启发下，我们将父母的故事视为"战略性地构建和表达的叙事"，因此它们既是个人的，又由更广泛的社会和文化进程构成（Miller，2005；Giddens，1991；Goffman，1963；Gubrium & Holstein，2009；Jackson et al.，2009；Lieblich et al.，1998；Polkinghome，2007；Gillies，2011；Duggan et al.，2015；Andrews，2014）。我们关注的是父母对数字技术、养育子女以及在现在和未来关于数字技术在育儿过程中的作用的公众讨论的反应方式，毫无疑问这些讨论非常热烈，而我们不试图确定这些叙述的真实性或虚

---

[1] 另见：Ito et al.（2018，2020）；Jenkins et al.（2016）；Watkins（2019）。

构性。

第二，我们在这些叙述中寻找关于未来的话题。这不仅符合我们对当前实践的兴趣，也符合我们对未来的幻想、担忧和想象如何塑造这些实践的兴趣。尽管我们对未来的概念感兴趣，但父母往往发现讨论未来与现在或过去的关系更容易。因此，我们在访谈中倾听明确或隐含的未来取向，以露丝·莱维塔斯（Ruth Levitas）所说的"考古学模式"来挖掘"碎片和片段"，并将其组合成一个有凝聚力的对未来的描述（Levitas，2013）。[①]

第三，我们选择研究父母本身，并反思他们自己的经验、希望和担忧，包括但不限于他们对孩子的期望。在我们主要的媒体和传播领域，父母主要是作为了解儿童生活的渠道被研究的。在青少年文化研究中，我们发现了大量关于青少年参与数字技术的研究，但他们的父母往往是模糊的人物或完全不在场。通过优先考虑父母的意见和经验，我们不仅认识到父母的共性，也认识到父母的差异性，希望抵制在父母缺席的情况下谈论他们，并在关于家庭或儿童和数字技术的学术与政策辩论中承认父母的经验。

挑选家庭

我们采取了两种互补的方法来选择家庭。一方面，我们寻求多样性，招募不同年龄、社会群体和生活环境的父母。我们在本书中讨论的 73 个使用技术的家庭包括富人、穷人和中产阶级，来自不同行业和不同族裔。我们采访了异性恋和同性恋的父母，与前伴侣、祖父母和有偿照料者共同照顾孩子的父母，有各种宗教信仰的父母和无宗教信仰的父母，快乐、悲

---

① 另见：Alper（2019）。

伤和忧虑的父母。

另一方面，我们有目的地寻找那些可能对数字媒体和技术在他们自己或他们孩子的生活中的作用有些特别看法的人（Palys，2008；Roy et al.，2015）。我们寻找那些能让我们洞察参与新兴或变化中的技术、环境和社会相关实践的家庭，以及我们认为在目前的文献中没有得到充分探讨的问题和群体。[①] 我们选择了优先考虑具有以下特征的父母作为我们的受访者：

第一，在编程俱乐部、应用程序开发、数字设计、新媒体制作等方面参与数字学习的儿童和青少年的父母。我们发现，在研究文献和业界的文献中，关于青少年的数字兴趣从何而来，以及父母在维持或破坏这些兴趣方面的作用的信息相对缺乏。因此，我们对那些在某种意义上"用脚投票"、积极把握数字机会的家庭感兴趣，不管这些行为是由青少年还是父母发起的。

第二，把家庭生活写在博客上、大量参与社交媒体并将其作为养育子女的一部分的父母（Lenhart & Fox，2006）。我们想了解具备较强数字技能的父母的做法，以探索父母作为"数字移民"（Prensky，2010）的流行刻板印象（本书驳斥了这种刻板印象），并了解儿童和父母的网络身份认同之间的交集。这使我们能够探索父母在自己的生活中使用数字技术的经验和技能与他们为孩子构想数字世界之间的相互作用。

第三，有特殊教育需要和残疾儿童的父母。有特殊教育需要的儿童和父母与数字媒体的关系，以及使用数字媒体方式和经历，往往在只关注健全家庭的研究中被忽略了（Alper，2014；Cranmer，2017；de Wolfe，2014；Rutkin，2016）。然而，正如我们所发现的那样，有特殊需要的父母和孩子经常在数字技术及其相关的学习机会上投入大量的情感与经济资源，从而产生了特殊的障碍和风险，但也产生了新的变通方法和途径。

---

① 有时被称为系统非概率（systematic nonprobalistic）样本，其目的是"确定特定的人群，他们要么具有特征，要么生活在与所研究的社会现象相关的环境中"（Mays & Pope，1995）。

第四，可以反思"未来"在他们孩子的生活中已经或正在产生的影响的父母。为了做到这一点，我们利用这个机会对以前《班级：数字时代的生活和学习》一书的一部分接受过采访的儿童和家长进行了纵向跟进采访（longitudinal follow-up interview）。4 年后重新联系这些家庭，让我们有了一个独特的视角，了解到家庭与数字技术的接触是如何随着时间的推移而改变的。

有些家庭不只具有上述某一种特征，不是所有的家庭都能具有上述特征之一。我们一直关注着多样性，所以一些因前往数字学习场所而被招募的家庭最终因为拥有资源（或没有资源）而变成耐人寻味的样本，或者因为他们是残疾儿童的父母，并曾在博客上讲述过他们的经历而变得与众不同。

我们的研究选址在伦敦，这带来了优势和局限。我们的参与者是生活在全球性和超级多元化城市里的人，他们的收入不平等程度很高，文化和族裔也相当多元化。伦敦是移民和创意产业的中心——我们发现，我们的父母是移民和 / 或在数字或者创意领域有稳定或边缘就业的人数高于平均水平。[①] 尽管我们积极努力地在数字学习场所寻找低收入家庭，但是我们很难找到可以被描述为"白人工人阶级"的家庭。这很可能是因为伦敦的低收入家庭主要来自移民或少数族裔群体，我们采访的许多低收入白人家庭文化资本较高，而经济资本相对较低，这反映了我们在招募创意和数字家庭方面的努力。

鉴于我们的访谈是在 1 年的时间里进行的，当我们进行最后一次访谈时，我们已经开始了分析。在那一刻，我们意识到我们已经发现了自己能够把握和撰写的内容的极限，"数据饱和"意味着新的访谈倾向于为已经确

---

① 创意产业联盟（The Creative Industries Federation）引用了英国政府对创意产业的定义："那些源于个人创造力、技能和才能，并有可能通过创造和利用知识产权创造财富与就业机会的行业。"根据其统计数据，创意产业创造了英国经济增加值（GVA）的 6%，雇用了 200 多万人，这一数字于 2010—2019 年增长了 33%（https://www.weare crective/champian/statistics/）。

定的主题和编码提供进一步的证据，而不是新话题。[1]

招　募

我们通过各种方式招募家庭。最初，我们接触了几个学习场所，进行了一次或多次初步的"守门人"（gatekeeper）访谈。在访谈中，我们详细介绍了我们的研究，向校长、项目经理或其他有关权威提供了关于我们研究的书面信息。我们解释说，在理想的情况下，我们希望对父母进行上门访谈，但如果他们和家长同意，也可以在他们的学习场所采访家长。这些场所包括（所有名字均为化名）：

蓝铃小学，一所位于伦敦南部的多族裔小学（主要是加勒比黑人、非洲人和英国黑人），服务于一个高度贫困的社区，学习英语作为额外语言的学生人数高于平均水平，三分之二的学生有资格获得补贴——这一标准让人感受到这些学生的高度贫困，其中一些学生是"被照顾的儿童"[2]。我们对课后编程俱乐部进行了六次访问，每次两到三个小时，还采访了管理该俱乐部的家长志愿者。在家长委员会成员或教师的协助下，我们在家长会上招募家长，并在学校和编程俱乐部的接送时间里接触家长。我们观察了一期蓝铃小学员工的网络安全培训，并在学校新的数字家庭作业平台的信息发布活动中与家长见面。我们访问了附属的儿童中心，该中心为家长提供各种课程，包括主要由穆斯林妇女参加的晨间活动。[3]作为交换，我们应要求给蓝铃小学的家长们做一场关于网络安全的讲座。

---

[1]　关于数据饱和度，参见：Bowen（2008）；Fusch & Lawrence（2015）。
[2]　"被照顾的儿童"（looked-after children）是英国政府（1989年的《儿童法》）对法院颁发照顾令的儿童的称呼，包括寄养或生活在当地权威机构经营的看护中心的儿童（UK Government，2017）。
[3]　作为政府政策的一部分，儿童中心可以隶属于小学，为低收入家庭提供额外的支持。

伦敦青年艺术协会，一个面向青少年和社区的学习场所，其资金主要来自公共和一些第三部门的资助。伦敦青年艺术协会为5—26岁的儿童和青少年提供一系列免费或非常低价的表演和基于媒体的艺术课程。参加伦敦青年艺术协会课程的家庭是高度混合的：该场地位于富裕地区，但吸引了来自整个伦敦北部的家庭，其中高文化资本的父母占多数，其中一些父母自己在童年时就曾参加过伦敦青年艺术协会的课程，或者他们由于缺乏大量经济资源，热衷于参与低成本的活动。我们参观了周六上午的音乐制作和数字动画课程，以及为有特殊教育需求的青少年开设的数字媒体制作课程，这些课程每周开一次，持续几个月。我们在工作人员的引荐下，在周六和晚间课程家长们等待孩子或接送孩子的时候，与他们接触。在几个月中，我们分别和一起访问了伦敦青年艺术协会约16次，还正式和非正式地采访了一些教育工作者。在研究结束时，我们应邀为有特殊教育需求小组的工作人员提供一份非正式的报告——在他们的允许下，我们也为我们的研究记录了这个环节。

数字营，一个收费的夏令营，强调为9—17岁的青少年提供高科技的数字机会，在伦敦市中心的一个创客空间和一所精英大学里举办。这个夏令营主要吸引那些能够负担得起高昂费用（按伦敦夏令营标准）的家庭，但也为那些没有能力支付费用的学生提供奖学金，尽管获奖学金的学员只占参加者的一小部分。我们在夏季课程的几个星期里访问了这个营地，分别访问了7次，同时观察了快速原型设计和Python（一种高级编程语言）的课程。我们采访了营地的创始人，并与一些教育工作者进行了交谈。我们在家长接送孩子的过程中与他们直接接触，营地创始人在营地简报中介绍我们的研究，并根据我们的要求直接向少数家庭发送电子邮件推荐我们的研究，包括参与营地运营的家长和那些孩子获得奖学金的家长，这些工作为我们的研究提供了便利。

为了纳入一些不太关注数字技术的家庭，我们用方便抽样和滚雪球抽样的方式补充了我们的招募工作。首先，我们纳入了 4 个家庭，这些家庭之前是通过一项欧洲试点研究招募的，研究内容是正在抚养青少年的家庭的数字素养。[①] 其次，如前所述，我们还重新访问了《班级：数字时代的生活和学习》一书中的一些家庭。在某些情况下，我们采访过的家长推荐了一些朋友，我们也会争取他们的参与，尽管每个家庭不超过一个这样的"滚雪球"推荐；这有助于纳入那些对数字技术不感兴趣的家庭（Morgan，2008）。最后，为了接触父母博主，我们联系了妈妈网（博客网站）的编辑。这是一个（当时）由近 8000 个关于育儿和相关问题的博客组成的网络，是最受欢迎的家长在线论坛之一（Henderson，2011；Mumsnet，2016；Pedersen，2016）。我们介绍了这个项目，并询问编辑是否愿意将我们项目的细节转发给伦敦的博主，然后我们直接联系了他们。为了补充样本，我们通过滚雪球抽样，在网上搜索"伦敦妈妈 / 爸爸博客"，并通过参加全国性的家长博客会议采访了几位爸爸博主。

当然，并不是所有通过这些方式找到的家长都有兴趣参与。一旦我们与家长们取得初步联系，我们就通过电子邮件、短信或电话进行跟进，有时会尝试与他们进行 1 次以上的联系，但不会超过 3 次。在那些与我们简短交谈的家长中，大约有三分之一到一半的家长提供了他们的详细资料，供我们跟进，其中大约有一半到三分之二的家长实际接受了采访。在被"俘虏"的受访者中，在伦敦青年艺术协会闲逛等着孩子们上完课的家长的比例略高一些。

我们的招募方法有优点也有缺点。尽管我们努力接近各式各样的家庭，但我们的参与者往往是认为他们对育儿和 / 或儿童与技术有话要说的

---

① 这项研究是欧洲七国研究的一部分（Chaudron，2015）。它由欧洲委员会公民保护和安全研究所数字公民安全部（Digital Citizen Security Unit Institute for the Protection and Security of the Citizen）资助和协调。另见：Livingstone et al.（2014）。本研究的抽样包括联系被认定为"普通"的学校，并邀请家长自愿参与研究项目。他们被纳入研究是为了帮助平衡更注重数字技术的招募形式。

人，或者对介绍我们给他们的人感到有社会义务的人，或者对研究有了解或对我们的主题感兴趣的人，或者对我们提供的代金券感兴趣的人。尽管这在人类学研究中并不是标准的做法，但我们还是扩大了预算以为受访者提供这些代金券，我们认为（正如我们的访谈所证实的那样）这可能有助于我们接触到那些可能不认为访谈是"为他们而设"的父母。

田野调查

在开始这项研究之前，我们寻求并获得了伦敦经济学院研究伦理委员会的批准，我们每个人都接受了官方的犯罪记录核查。访谈在 2015 年 4 月至 2016 年 10 月期间进行。我们虽然没有进行传统的长期人类学研究，但在学习场所进行了参与式观察。我们的主要研究资料包括在参与者熟悉的场所进行的"人类学访谈"（Skinner，2012；Spradley，1979），通过采取灵活和非正式的访谈方式建立融洽的关系，并倾听父母关切的问题，即使他们的关切不在我们的研究问题里。毕竟，我们不是在检验假设，尽管我们从一开始就对我们要调查的一些领域有了认识，并从文献回顾和我们以前的研究中得到了信息（Agar，2008；Ito et al.，2013；Livingstone，2009；Livingstone et al.，2012；Livingstone & Helsper，2008）。

我们的访谈大纲是半结构化的，允许我们对家长在讨论中提出的话题做出回应（Doucet & Mauthner，2008；Patton，1990）。如果家长提出了特别有趣的讨论，我们往往会偏离访谈大纲。在后来的访谈中，我们有时会询问或探讨我们分析中出现的一些新的主题，与家长交叉检验我们的见解。参与式观察是在学习场所进行的，有的在几周内密集进行，有的在几个月内零星进行。① 我们在这些地方做了大量的现场记录，进入了课堂，有时从旁观察，有时加入到活动和讨论中。

对于一些家长，我们在他们等待孩子的时候，在学习场所现场找到一个安静的角落或去附近的咖啡馆进行了采访。还有一些父母特别要求我们在另一个地方见面，可能是为了方便，也可能是出于不向我们透露他们家庭场景的愿望。然而，大多数（三分之二）的访谈是在家中进行的。有时我们在白天访问，孩子们正在上学，或者在家的父母正在照顾婴儿或幼儿。有时我们在晚上拜访，这时候孩子们在床上或在隔壁房间看电视或者玩游戏。有时我们会在周末全家都在的时候去拜访。采访都是随机安排的，因为很明显，家庭时间很宝贵，我们采访的大多数家庭（跨越社会阶层）的生活都很充实，他们会走亲访友，参加宗教活动，穿梭于各个学习班之间，或者抽出时间游泳、骑车和看电影等。

对家庭的访问让我们亲眼看到了数字设备在家庭生活中的大量涌现——有时是整齐地堆放着，等待着被许可使用，有时是随意地出现在脚下或触手可及的地方。一些家长已经为我们的来访收拾好了房间，并在我们到达时向我们表达歉意，他们把"太多"生活消费品和媒体产品的证据挪到一边，就像为其他客人收拾房间一样，自我评判的声音一直存在于他们的脑海中。有些人认为不需要整理，也不需要道歉——也许他们对自己的做法很有信心，或者不关心给我们留下什么印象，而其他人似乎长期生活在整洁之中。我们很容易认为，有一些事情是前者没有告诉我们的，限制了我们可以了解到的东西。但实际上，我们发现他们的道歉很有吸引力，几乎是在邀请我们进行温和的调查，以揭开隐藏在公众形象背后的混乱的复杂性。

在安排采访时，我们灵活地应对每个家庭的情况。有时，如果父母愿

---

① 参与式观察是指观察者参与正在进行的活动并记录他们的观察结果（Atkinson & Hammersley，1994）。

意，我们会让整个家庭一起接受采访。有时，我们采访父母时，脚下有年幼的孩子，因此我们的记录包括关于拼图的插话或对电视节目的评论。也许具有讽刺意味的是，在有年幼子女在场的情况下，当我们谈话时，父母往往会让孩子在电视或平板电脑上看节目或者玩游戏，以占用他们的注意力来尽量减少干扰。同样，很能说明问题的是父母经常向我们解释这种做法是多么"不寻常"，是我们的来访使其成为必要。在大多数家庭中，我们采访了父母中的一方，尽管在 11 个案例中，我们能够获得父母双方的观点。17 个家庭由单亲家长主导，其中 3 人是单身父亲。

虽然父母是我们研究的重点，但我们尽可能地寻求儿童的观点。年龄较大的孩子直接接受了采访（父母在场或不在场都可以，采访是他们所喜欢的，通常安排在一个开放的区域或开着门的卧室里）。对于年龄较小的儿童，我们围绕媒体设备的图片进行了一个参与性的纸牌游戏（Chaudron，2015；Mallan et al. 2010），同时还开展了一些活动，以帮助我们深入了解他们最喜欢的消遣方式，并让他们开口。在某些情况下，当我们事先知道孩子们会在现场时，我们以两个人的研究小组进行访问，其中一个人将采访父母，另一个人将单独采访孩子（们）。我们（索尼娅和艾丽西亚）亲自访谈了所有的家长。在 7 个家庭中，我们中的一人或另一人由研究助理斯文尼亚·奥托沃－德姆根切特费尔德陪同，研究助理使用参与性的纸牌游戏采访了在场的儿童，并邀请孩子们选择并谈论他们最喜欢的（技术和非技术创新的）活动。通常在访谈中或访谈后，我们要求父母或孩子带我们参观房间，向我们展示他们的设备，并告诉我们他们在哪里以及如何作为家庭成员一起或独自度过时光。

有些家庭我们已经相当熟悉了，我们在数字学习场所观察这些家庭的孩子们，时间长达几个星期或几个月。这也意味着我们有时会多次遇到他们的父母，在一些情况下，我们不止一次地采访他们，更多的情况是在我们的田野调查中与他们进行非正式交谈，并将这些谈话的观察结果纳入我们的田野记录。对于超过一半的家庭（73 个家庭中的 45 个），我们能够在采访他们父母的同时，也对孩子进行了采访或观察，并且与其他孩子的父母和教育工作者进行了观察与交谈，这些都纳入了我们田野调查的结果。

访谈开始时，我们通常一边喝茶，一边解释我们的研究和研究伦理程序。同时，我们会征得所有受访者的同意，提醒他们可以在任何时候退出，所有的信息都会对其他参与者保密，并且只以匿名和安全的形式储存访谈记录，不会向研究小组以外的人透露任何身份信息。受访者，包括儿童，可以选择录音，并同意我们拍照（主要是作为分析过程中的辅助记忆和项目介绍）。我们会提供 40 英镑的代金券。一些家长直接接受了这些代金券；一些家长则把代金券给了他们的孩子；家长还可以将代金券捐赠给我们与他们见面的那个相关的学习场所——少数人做出了这个选择。有一次，一位家长愿意受访，但不希望被录音，所以我们在采访中做了大量的笔记。

我们还在三个田野调查的场所采访了教育工作者，以了解他们和儿童相关的工作以及他们与家长的关系（见第六章）。我们采用了与采访家长相同的程序——解释我们的项目，向他们提供有关信息，并要求他们签署同意书。对于教育工作者，我们没有提供代金券，我们之间是一种研究与实践的伙伴关系，在田野调查中讨论双方的共同兴趣，并在结束时分享彼此的见解（Coburn & Penuel，2016）。[1]

我们最短的访谈（在伦敦青年艺术协会的现场）大约是 30 分钟；我们最长的访问，对一些要求我们留下来吃午饭、与孩子玩耍或与伴侣交谈的家庭，持续了几个小时。大多数的访谈持续了大约一个半小时到两个小时。每次访谈后，我们立即写了一页或多页的现场记录，以作为访谈记录的补充，包括我们对寓所的视觉印象以及我们对访谈中出现的轶事或访谈

---

[1] 对教育工作者的访谈在伦敦青年艺术协会做得最正式，这些教育工作者对我们的研究投入很大；我们准备了一份报告，伦敦青年艺术协会可以将其提交给它自己的资助者。

开展得顺利（或不顺利）的初步反应。

我们最初对许多访谈中的情感深度感到惊讶。我们的访谈问题揭示出父母的希望和担忧是多么容易浮出表面。此外，一些父母很少有机会谈论他们抚养孩子的经验。一些家长在访谈结束时，或在后来的电子邮件中告诉我们，这次访问"就像治疗一样"。虽然所有的定性研究都有可能引发情绪，但我们发现，对许多家长来说，谈论他们的育儿问题是很敏感的。这需要我们这些研究人员进行特殊形式的"情感工作"，激发并要求我们对受访父母产生共鸣。我们都是母亲，这影响了我们在访谈中建立融洽关系的方式，例如同情某个特定的困境，或者有时分享一下我们自己的生活和孩子（当时艾丽西亚的双胞胎还在蹒跚学步，而索尼娅的孩子已经20多岁了）（Dickson-Swift et al.，2009；Duncombe & Jessop，2012）。

我们虽然没有想到我们的研究会讨论到特别"敏感"或"困难"的问题，但意识到了我们的道德问题。在许多访谈中，父母哭了，偶尔我们也会哭，这提醒我们，主体间性和脆弱性是人类学接触的一部分。有时，这意味着暂停讨论和录音，以便受访者能够镇定；如果出现了一个几乎不相关但艰难的话题（例如家人生病），我们会转移话题，或在稍后的采访中在合适的情境下，从不同的角度切入，重新讨论一个话题（Behar，1996；Demarrais，2002）。我们常常会思考，父母对同样的问题可能会有不同的看法，这取决于他们的价值观和经历。例如，当我们问到关于技术使用规则的问题时，一些家长认为我们在批评他们过于宽松，而另一些家长则断定我们认为他们过于严厉。

家长们不可避免地受到我们自身的突出特征的影响——我们都是白人女性，从我们的职业、衣着和谈吐方式上很容易被识别为中产阶级；索尼娅来自英格兰南部，艾丽西亚来自美国加利福尼亚。我们的口音、年龄，以及我们孩子的年龄，对一些父母来说，影响了他们与我们以及我们与他们的互动方式。一些家长深陷于养育青少年的艰难任务中，而索尼娅已经经历过了，一些人会向她征求建议。艾丽西亚经常被问及关于屏幕时间的问题，以及她允许或不允许自己年幼的孩子做什么。我们经常被问及父母应该做什么或不应该做什么。我们不希望越俎代庖，我们试图推迟回答，尽管许多家长在采访结束时催促我们，比如说：

> 艾丽西亚：我马上让你走，但我只想让你再做一件实际的事情，如果可以的话（询问一些关于人口统计问卷的细节）。
>
> 哈比巴：是的。我也想让你给我建议，你现在能不能给我建议，在这个年龄，10 岁以下，10 岁，你如何处理 iPad 和 iPhone，我要如何处置它们？

访谈中的情感深度和父母对建议的渴求向我们强调，当父母需要支持来对付一个艰难的困境，或需要建议以找到积极的机会时，他们的渠道是多么不足。这促使我们探讨，当父母面临数字或非数字育儿的困境时，该去哪里寻求支持（Livingstone et al.，2018）。

在这本书中，我们重点介绍了我们更了解的家庭、我们对从他们那里获悉的东西更有信心的家庭，以及那些最能凸显数字技术话题的家庭。不过，出于篇幅的原因，我们不得不放弃一些能够说明已经提出的观点的家庭，这是很艰难的决定。采访时间更短的家庭更多地被当作生动的例子，或在支持、补充说明或反驳我们的论点时被援引。在每次采访结束时，我们都要求家长填写一份简短的人口统计问卷，内容涉及家庭的族裔、收入、父母的职业、孩子是否有特殊教育需要，以及他们大约有多少台设备和花多少时间上网。在对家庭的描述中，为了保护隐私，我们省略了一些可识别的细节。我们在引用父母的话时，采用了接近原始记录的风格，但为了便于阅读，我们对其进行了轻微的编辑（例如，删除像"你知道的"这样的间歇性短语，偶尔压缩措辞而不是使用括号）。

问卷调查

2017 年底，我们对英国父母进行了一项具有全国代表性的问卷调查，以检验我们的定性结论，并在育儿压力和期望的背景下，与父母及其子女生活中数字技术的更广泛经历进行对比。它的设计参考了最近其他关于父母和子女使用数字设备的调查（Livingstone et al.，2012；Ofcom，2017；Wartella et al.，2013），并增加了从我们的定性研究中得出的新主题和问题。特别的是，我们没有像中介化育儿调查中常见的那样只关注父母对子女使用数字技术的描述，而是优先向父母提出关于他们自己的数字技能、实践和价值观的问题。

我们委托了一家专业的市场研究公司来实施问卷调查，结果得到 2032 名父母的样本（其孩子的年龄从婴儿到 17 岁），在整个英国的地区、族裔背景、社会经济地位和性别中具有代表性，并包括了低频率使用或不使用互联网的父母。这些数据是在 2017 年 10 月 3—23 日期间收集的。出于效率和成本效益的考虑，我们使用了线上成年人样本库（主要样本）。使用线上成年人样本库的明显局限性是，就其性质而言，它无法触及不使用互联网的父母。因此，我们选择包括一个由低频率使用至不使用互联网的受访者组成的补充样本，并进行面对面的访谈。[①]

我们向主要样本提供了有关研究的信息，告知他们的回答是匿名的，并要求他们在参与前提供知情同意书。样本的招募、研究伦理和同意程序都是按照欧洲民意与市场研究学会指南（ESOMAR，2016）进行的。线上问卷的组织者在调查完成后为参与研究的人们提供奖励。在我们 12 分钟

[①] 这项任务很复杂，因为即使咨询了相关专家，我们也无法找到英国父母使用互联网频率的可靠的最新信息。根据英国国家统计局和欧盟统计局新闻办公室的数据（Office for National Statistics，2017b；Eurostat Press Office，2016），我们判断 100 名父母（占总样本的 5%）代表低频率使用互联网用户或非互联网用户的父母。

的问卷调查中，这些奖励包括一定数额的现金和注册奖励程序中的忠诚度积分。我们收集了受访者的邮编信息，以生成总体的贫困指数。补充样本中的受访者获得了 10 英镑的普通商业街商店的代金券。线上成年人样本库利用人口统计学和行为及态度分析完成了样本配额，随机发送电子邮件进行邀请以减少偏差。我们产生了具有代表性的配额样本，并剔除了超过配额标准的答复。[①]

分　析

　　田野调查完成后，所有的访谈记录都被转录，然后转录本和田野笔记被匿名化，并由研究助理上传到定性分析软件数据库（Nvivo）。然后，结合了归纳的主题和理论引导的主题，主题编码框架不断迭代发展。在田野工作的早期，我们邀请了三位同事阅读两份完整的记录稿，然后开会讨论，将记录稿作为发展主题和问题的基础来指导分析。我们创建了一个编码表草稿，使它包括较少但更全面和可能重叠的类别，以便进行包容性编码。接着我们对另一份记录稿进行第二次和第三次编码，使用编码表草稿作为参考（Bauer & Gaskell，2000 ; Saldaña，2009）。然后，我们对编码表进行了优化，整理了许多生成的编码，为家长访谈确定了六个元编码：

　　　　家庭——家庭获得资源的机会、日常习惯和关系。

　　　　父母——父母的身份认同、价值观、压力或育儿理念。

　　　　儿童——儿童的发展、兴趣、学习和身份认同。

　　　　数字技术——数字兴趣、技能和实践，中介化育儿，希望和

---

① 有关调查方法的更多细节，请参见 Livingstone & Blum-Ross（2018）。

担忧。

未来——社会的未来、父母的未来（包括与父母自己的童年进行比较）、数字化的未来。

杂项——对方法的反思、出现的主题和家庭特征、"极好的引言"。

我们和研究助理随后对访谈与笔录进行了编码。一开始时我们进行了双重编码，并在雇用新的研究助理时再次进行编码，以确保对编码的统一解释。然而，出于时间的原因，且知道我们以后会重返整体的访谈材料，我们没有对所有的材料进行双重编码。一旦一个家庭所有的访谈记录和现场笔记都被编码了，负责编码的人接着必须写一页该家庭的"肖像"，简要地描述他们，并提出最突出的问题，以便以后可以重新审视。研究助理都是来自伦敦政治经济学院媒体与传播系的研究生（硕士或博士生），因此作为他们学习的一部分，他们接受了方法和研究伦理的培训，包括人类学研究、话语分析和内容分析。

到了分析材料的时候，我们回到了 Nvivo 中的编码和原始采访的转录稿。因此，例如，当我们开始写关于社会和经济资本的第三章时，我们按照"家庭/资本""家庭/资源""父母/压力"和"社会/资本"等节点进行搜索。这有助于确定一些突出的问题和需要关注的家庭，但我们通过重读整个原始采访稿和现场笔记来补充这种节点搜索，以确保我们没有错过重要的背景。因此，在研究人员与数据之间的"密集的对话"中，我们的解释过程要多次回到对原始文本的仔细阅读（Ely et al., 1991）。

在本书中，每当我们向大家介绍某些家长的经历时，我们都会自问：该如何构建他们的经历呢？他们的经历是广泛共享的还是有趣独特的，是否适合于更大的经验群体，或与任何吸引人的人口统计图谱相矛盾？我们的问题得到了不同的答案，这取决于父母的情况、价值观和经验以及特定孩子的特殊需求。所有这些都强调，没有简单的方法来描述"正常"的家庭生活，没有单一的父母的呼声，即使是在同一个家庭中。此外，不像我们这个领域的一些重要研究，这些研究集中在具有相似人口统计特征的家庭①，或者研究人员花更多时间探索较少的家庭，我们努力平衡深度和广度。

毫无疑问，我们的数据有局限性；因此，在解释我们的研究结果时，我们参考了多种资料，努力考虑它们在多大程度上得到这一领域其他人的支持或与之形成对比。在本书的写作过程中，我们还对问卷调查结果进行了分析（Livingstone et al.，2018；Livingstone & Ólafsson，2018；Zhang & Livingstone，2019）。这使我们在解释定性研究结果时，能够根据我们默认的假设或明确的主张来检查在各个家庭中，什么是常见的，什么是不寻常的，以及人口统计学分类中什么是相似的或不同的。本书的分析和写作是反复进行的：我们一起勾勒出各章节的内容，每个作者写出初稿，然后各章节来回传递——大多数情况下，要经过八轮以上的修改，包括文字编辑的反馈。因此，这本书是我们共同分析的真实反映。

人口统计学分类

家庭收入

我们要求家长说明他们家庭的大致年总收入，从 1.5 万英镑或以下、1.5 万（不含）—2.5 万英镑、2.5 万（不含）—4 万英镑、4 万（不含）—

---

① 相比之下，我们想到的是之前对硅谷中产阶级家庭、拉丁裔工薪阶级家庭或单亲家庭的研究。许多研究都聚焦于中产阶级家庭（Barron et al.，2009）；然而，一些研究已经做出了纠正措施，包括：Domoff et al.（2017）；Hays（1998）；Katz et al.（2018）；Lareau（2011）；Rideout & Katz（2016）。

6 万英镑、6 万英镑以上中选择。最后一个类别包括一些非常富有的家庭，我们根据他们就业领域的平均工资，重新审视了那些年收入超过 10 万英镑的家庭。尽管这些类别内部和之间有许多细微的差别，我们对家庭进行了松散的分类，具体如下：

低收入家庭的收入少于或等于 2.5 万镑 / 年。

中等收入家庭的收入为 2.5 万（不含）—10 万英镑 / 年。

高收入家庭的收入超过 10 万英镑 / 年。

请注意，2016 年（我们的田野调查期间）的国家统计数据显示，英国家庭可支配收入（household disposal income）中位数为 2.63 万英镑，2016 年的贫困水平定义为家庭收入低于家庭总收入（gross household income）中位数的 60%。[①]

族裔

由于伦敦在其几代移民的比例和多样性方面有独特之处[②]，我们要求家长使用最近（2011 年）英国人口普查的类别（Office for National Statistics，2011）对他们的孩子进行分类。该人口普查显示，在伦敦的 8173941 人中，59.8% 是白人，18.5% 是亚裔 / 亚裔英国人，13.3% 是黑人 / 非裔 / 加

[①] 儿童贫困行动小组排除了住房成本，其将贫困标准定为带两个孩子的夫妇年收入为 20852 英镑，带两个孩子的单亲家长年收入为 15444 英镑（Child Poverty Action Group，2018）。英国国家统计局（Office for National Statistics）衡量不平等的方法的批评者指出，它关注的是收入而不是财富，尽管财富是不平等的一个关键来源（Corlett，2017）。

[②] 英国国家统计局的数据显示，与英国全国的移民人口比例相比，伦敦移民人口比例显著更高（移民占伦敦总人口的 23%，占英国全国人口的 9%；伦敦移民婴儿出生率为 58%，英国全国移民婴儿出生率为 27%）（Office for National Statistics，2016）。

勒比裔 / 黑人英国人，5.0% 来自混合 / 多个族裔群体，3.4% 来自其他族裔群体。

为简单起见，我们根据英国人口普查的分类（和大写惯例），使用"白人""黑人""亚裔"和"混合 / 多元族裔群体"等术语，并根据需要进一步增加背景。除非另有说明，否则父母和子女都在英国出生。如表 1 所示，在这 73 个家庭中，家庭收入和族裔是相互关联的。这部分反映了伦敦人口中这些因素之间的关系，尽管它也反映了我们招募的重点和局限性。

表1

族裔	低收入家庭	中等收入家庭	高收入家庭
白人	1 号、2 号、15 号、19 号、28 号、30 号、36 号、40 号、44 号、49 号	3 号、4 号、6 号、7 号、20 号、27 号、31 号、32 号、33 号、37 号、38 号、48 号、51 号、56 号、60 号、61 号、63 号、64 号、65 号、67号、70 号	21 号、39 号、42号、45 号、52 号、53 号、55 号、57号、59 号、68 号、71 号、73 号
黑人	12 号、14 号、25 号、29 号、34 号、35 号、36 号	13 号、22 号、24 号、26 号	
亚裔 / 混合 / 多元及其他族裔	5 号、10 号、16 号、46 号、62 号、66 号	8 号、9 号、11 号、17 号、18 号、23 号、41 号、43 号、47 号、50 号、58 号、72 号	54 号

特殊教育需求

特殊教育需求的范围很广，从有深度和多重残疾的青少年到有轻微学习困难、身体残疾或沟通支持需求的人。英国政府 2017 年的统计数据显示，约七分之一的儿童（14.4% 的在校学生）有特殊教育需要，2.8% 的儿童有残疾儿童的评估报告或参与教育、卫生和保健（EHC）支持计划，其中规定了根据正式评估他们应该得到的额外帮助或供给。自闭症谱系障碍是最常见的需要评估或 EHC 支持计划的类型（Department for Education,

2017）。

就业状况

鉴于我们对寻求数字兴趣和相关创意机会的父母特别感兴趣，并认识到我们采访的许多人是主要的（通常是留在家里的）照料者，我们将父母分类如下。

照料者：从事无报酬的照顾儿童的工作，例如，全职父母（通常是母亲，但不全是）。

医疗保健行业从业者：从事与健康有关的职业，包括医生、护士、牙医、家庭保健助理和护理人员。

创意产业从业者：在媒体和创意行业就业（稳定或不稳定），包括艺术家、设计师、手工艺人 / 工匠和电影制片人。

小企业主：小企业主或个体经营者。

专业人士：需要高级学位的职业，包括高级行政管理者、法律从业者、金融业从业者和政府部门官员。

行政人员：行政职位，包括秘书和低层次的信息技术（IT）或销售职位，不需要高级学位。

教育工作者：在正规和非正规教育领域就业（全职或兼职），包括教师、行政人员、学者、托儿所工作人员和保育员。

不稳定就业：按小时计酬的临时工作或不稳定的工作（没有固定的时间表 / 预期收入），例如，在零售行业工作，小型汽车 / 出租车司机或保安人员。

家庭描述

　　这里我们提供了本书采访的 73 个家庭中每个家庭的基本信息。我们还勾画了一些小细节，抓住了每个家庭令人难忘的东西，并列出了这些家庭所在的章（不是每个家庭都在书中被点名讨论，因此不是所有家庭都有，但所有家庭都被考虑到了，并为我们的分析提供了参考）。

　　1 号家庭：低收入，照料者，白人

　　艾丽斯·谢尔登，来自苏格兰，和她的女儿索菲娅（15 岁）住在一起。儿子丹尼斯（Dennis）（27 岁）不住在家。艾丽斯目前是一名家庭主妇，她曾经拥有咖啡馆和面包店。索菲娅的父亲和她们没有联系。索菲娅在伦敦青年艺术协会上课，喜欢跳舞，有中度的特殊教育需要（唐氏综合征）。第七章。

　　2 号家庭：低收入，照料者，白人

　　珍·皮尔逊与她的女儿泰根（14 岁）和夏洛特（11 岁）住在一起。珍与孩子们的父亲分开了，但孩子的父亲经常看望她们。她拥有艺术方面的高级学位，是一位全职妈妈，在家里照顾女儿们。夏洛特参加了伦敦青年艺术协会的课程，有轻度到中度的特殊教育需要（多重学习困难）。第四和五章。

　　3 号家庭：中等收入，小企业主和照料者，白人

　　罗伯特·康斯坦丝和伊莱恩·科斯塔斯有两个儿子，杰克（15 岁）和多米尼克（12 岁）。罗伯特是一位小企业主，伊莱恩是一位全职妈妈。杰克和多米尼克一起玩电子游戏。杰克在伦敦青年艺术协会上课，有轻度到中度的特殊教育需要（自闭症）。第二和五章。

4 号家庭：中等收入，创意产业从业者和医疗保健行业从业者，白人

瑞恩和艾米·坎贝尔有一个儿子凯尔（13 岁），女儿皮娅（20 岁）正在上大学，但经常回家探望。瑞恩来自美国，是一名电影制片人；艾米来自秘鲁，从事替代医学（alternative medicine）的工作。凯尔喜欢平面设计，他在伦敦青年艺术协会上课，有重度的特殊教育需要（自闭症）。第五章。

5 号家庭：低收入，照料者，混合/多族裔

迈尔斯·泰勒是 13 岁的杰米的单亲父亲，是一位全职的照料者。杰米参加了伦敦青年艺术协会的课程，他活泼好动，容易交朋友，在特殊学校上学，有中度到重度的特殊教育需要（自闭症、身体残疾/医疗问题）。第二和七章。

6 号家庭：中等收入，教育工作者和创意产业从业者，白人

莉娜·乌邦和艾弗里·达尔有一个女儿米丽娅姆（12 岁）、一个儿子马尔科（8 岁）。莉娜来自荷兰，曾是一名学者，现在是教师、作家和博主；艾弗里来自澳大利亚，在媒体工作。莉娜和艾弗里在孩子们应该接触多少技术的问题上意见不一。第一和七章。

7 号家庭：中等收入，小企业主和专业人士，白人

贝丝和汤姆·沃森有两个孩子，怀亚特（4 岁）和哈泽尔（2 岁）。贝丝经营一家小企业，是一名博主；汤姆从事金融工作。一家人喜欢在厨房里开 YouTube 舞蹈派对。第七章。

8 号家庭：中等收入，专业人士，混合/多族裔

斯韦塔和比尔·弗莱彻正在抚养儿子尼基尔（4 岁）与桑杰

（1岁）。斯韦塔最近回到了高等教育部门工作，并经营着一个博客；比尔也是一位专业人士。斯韦塔对自己花在手机上的时间感到担忧。第二章。

9号家庭：中等收入，创意产业从业者和照料者，其他（阿拉伯人）

阿里和赫蒂彻·卡德尔来自伊拉克，有女儿萨娜（16岁）和儿子艾哈迈德（12岁）。阿里是一名建筑师；赫蒂彻在家照顾孩子，有时也是工匠。萨娜喜欢《暮光之城》，参加伦敦青年艺术协会的课程，有中度至重度的特殊教育需要（自闭症和其他学习困难）。第五和七章。

10号家庭：低收入，照料者，亚裔

达亚·塔库尔是一位单身母亲，抚养卡瓦（14岁）、泽菲拉（12岁）、基娅（10岁）和卡什（7岁）。达亚目前正在努力进行再培训，以从事教育工作。孩子们与他们的父亲有联系，但不和他住在一起。父母试图就孩子们的屏幕时间规则达成一致。基娅喜欢 YouTube 上的美发教程。第二和三章。

11号家庭：中等收入，照料者和专业人士，混合/多族裔

阿里亚姆和帕特里克·帕克斯育有女儿艾伦（9岁）、汉恩（8岁）与莎拉（2岁）。阿里亚姆来自厄立特里亚，是位家庭主妇，也是一位学校董事，曾接受过人力资源工作的再培训；帕特里克在媒体工作。艾伦在蓝铃小学上学，是学校里的"数字领袖"。第二和六章。

12号家庭：低收入，创意产业从业者，黑人

文比·卡扎迪正在抚养他的儿子宾图（10岁）和女儿马尼（5岁），

他们在蓝铃小学上学。文比是一名来自刚果民主共和国的难民，正在学习和工作，是一名电影制片人。孩子们的母亲仍然生活在他们的祖国；他们通过视频聊天和短信与母亲联系。第二和六章。

13 号家庭：中等收入，小企业主和行政人员，黑人

萨曼莎·温斯顿和奥卢·大同有一个儿子布雷顿（9岁）与一个女儿杰德（2岁）。奥卢来自尼日利亚，是一名信息技术支持人员；萨曼莎是一名清洁工，并试图创办一个小型清洁公司。他们一家人喜欢看电影和玩游戏机。布雷顿参加了蓝铃小学的编程俱乐部。第二和六章。

14 号家庭：低收入，照料者，黑人

贝瑟妮·卡森是一位单身母亲，育有两个儿子，迪克森（9岁）和丹尼尔（5岁）。这两个孩子与他们的父亲有联系，但不和他住在一起；他们喜欢《少年骇客》（*Ben 10*），迪克森参加了蓝铃小学的编程俱乐部。第六章。

15 号家庭：低收入，照料者，白人

路易莎·特雷维西正在抚养她的女儿洛雷娜（15岁）和乔凡娜（13岁）。路易莎从意大利搬来（女儿的父亲还在那里），因为她看到女儿在伦敦的机会。乔凡娜在伦敦青年艺术协会上课，目前是她的动画创作班里唯一的女孩。第四和六章。

16 号家庭：低收入，不稳定就业和医疗保健行业从业者，混合/多族裔

克劳迪娅和费利佩·费雷拉来分别自葡萄牙与巴西，他们正在抚养玛丽安娜（9岁）和泽维尔（9岁）。玛丽安娜就读于蓝铃小学。费

利佩是一家医院的清洁工；克劳迪娅则是一名医生助理。母亲和女儿正在从 YouTube 频道学习编织衣物，还会收听葡萄牙语广播。第三章。

17 号家庭：中等收入，医疗保健行业从业者，混合 / 多族裔

珍妮特·戴利和埃蒙·谢恩育有儿子赖安（8 岁），他在蓝铃小学上学。埃蒙的女儿凯蒂（15 岁）与她的母亲住在别处。珍妮特和埃蒙都是护士；埃蒙来自爱尔兰。这个家庭喜欢周末的时候一起骑自行车。第二章。

18 号家庭：中等收入，教育工作者和创意产业从业者，混合 / 多族裔

斯蒂芬和玛丽·阿伦森有三个孩子，莉莉安（11 岁）、詹姆斯（7 岁）和维维（4 岁）。这三个孩子都在伦敦青年艺术协会上课，斯蒂芬小时候也是如此。斯蒂芬在小学教书；玛丽（出生于肯尼亚）做手工艺品，是主要的家庭照料者；两人都深深地扎根于他们的邻里社区。第三章。

19 号家庭：低收入，创意产业从业者，白人

安布尔和弗朗西斯·布恩有一个女儿玛吉（5 岁）。弗朗西斯是一名音乐家，安布尔是一名作家。玛吉参加了伦敦青年艺术协会戏剧班。父母特意尽量避免使用数字设备，因为担心商业主义、刻板印象、隐私和失去沟通。第七章。

20 号家庭：中等收入，创意产业从业者和教育工作者，白人

蕾切尔·埃利和艾琳·雷诺兹有个女儿米娅（8 岁），她在蓝铃小学上学 。艾琳是一名教师；蕾切尔是一名兼职园丁和艺术家，也是主要

的家庭照料者。米娅是学校的"数字领袖"，蕾切尔对未来米娅从事数字职业充满希望。第七章。

21 号家庭：高收入，照料者和专业人士，白人

杰斯和劳伦斯·里德育有两个儿子：亚历克斯（15 岁）和理查德（13 岁）。女儿奥利维亚（20 岁）虽然不住在家里，但经常回家看望。杰斯是一名训练有素的律师，但暂停工作来帮助亚历克斯提升学习成绩；劳伦斯也是一名律师。亚历克斯参加伦敦青年艺术协会的课程和一个足球俱乐部，喜欢去健身房。他有中度的特殊教育需要（唐氏综合征）。第二章。

22 号家庭：中等收入，行政人员，黑人

安娜·迈克尔斯是一位单身母亲，与儿子德里克（13 岁）和女儿迪翁（10 岁）生活在一起。迪翁在蓝铃小学上学。孩子的父亲经常与孩子联系，但没有抚养权。他们一家住在市政公寓里，安娜最近开始从事销售工作。德里克擅长修补物品，并参加了一个军事俱乐部。第一和二章。

23 号家庭：中等收入，教育工作者和小企业主，混合／多族裔群体

霍莉和卡尔登·赞巴育有一个女儿卓玛（8 岁）与一个儿子梅托克（5 岁），他们都在蓝铃小学上学。卡尔登来自西藏，在一家小公司工作，霍莉是一名儿童保育员。卓玛和梅托克都很想用平板电脑，霍莉牢牢控制着它们。孩子们可以在《我的世界》和乐高之间自由转换。第二章。

24 号家庭：中等收入，不稳定就业，黑人

阿福阿·奥塞和夸梅·塔福尔来自加纳，有两个儿子奈杰尔（11岁）和阿德里安（6岁），还有一个女儿，萨马塔（8岁）。阿福阿是蓝铃小学儿童中心的兼职助理，夸梅在运营一辆小型出租车。宗教在他们的家庭生活中扮演着重要的角色，包括耶和华见证会应用程序。第三章。

25 号家庭：低收入，教育工作者和不稳定就业，黑人

哈比芭·贝克莱和斯蒂芬·奥古斯汀育有两个儿子，费利（10岁）和德杰内（4岁），以及两个女儿，达维特（9岁）和迪利亚（6岁）。哈比芭来自埃塞俄比亚，斯蒂芬来自圣卢西亚。他们是虔诚的穆斯林，使用数字媒体对孩子们进行宗教教育，并与家人保持联系。哈比芭是一名儿童保育员，斯蒂芬是一名保安。费利喜欢做饭，达维特喜欢画画。哈比芭参加了蓝铃小学儿童中心一次免预约的活动。第二和三章。

26 号家庭：中等收入，专业人士，黑人

杰伊和卡拉·保尔森育有女儿伊芙（12岁）、儿子菲利克斯（8岁）与埃里克（6岁）。杰伊是一名律师，卡拉在科技行业工作。埃里克和他的父亲一样在伦敦青年艺术协会上课。菲利克斯患有中度至重度唐氏综合征，他在家里和学校都使用辅助技术以获得帮助。第七章。

27 号家庭：中等收入，专业人士，白人

佐伊·安德鲁斯（Zoe Andrews）正在抚养一对 11 岁的双胞胎，艾尔莎（Elsa）和鲁本（Reuben）。佐伊是一位专业人士，重视伦敦青年艺术协会为孩子们提供的"创造性途径"。两个孩子都在上舞蹈和音乐技术课程。艾尔莎在学萨克斯，鲁本在学吉他。佐伊并不特别鼓励他

们在家里开展这些课外活动。

28 号家庭家庭：低收入，创意产业从业者，白人

露西·西亚（Lucy Cyan）是克里斯（Chris）（12 岁）的单身母亲。露西是一名艺术家和护理人员，而克里斯是一名充满激情的演员，他参加了伦敦青年艺术协会的课程。他们的创造力和共同的艺术身份认同对母子俩很重要，但数字技术是母子俩冲突的根源，因为露西觉得克里斯在数字技术上投入了太多时间。

29 号家庭：低收入，创意产业从业者，黑人

迈克尔·哈里斯（Michael Harris）是一名音乐节目主持人（DJ），和儿子库尔特（Kurt）（9 岁）住在一起。库尔特和迈克尔小时候一样，也在伦敦青年艺术协会上课。库尔特在 YouTube 上看《我的世界》视频，并正在上戏剧课。迈克尔自学了他工作所需的数字技术，并发现它"很烦人"，但库尔特却很自然地接受了数字技术。

30 号家庭：低收入，医疗保健行业从业者，白人

雅各布和黛西·巴尔德姆育有儿子马修（8 岁）、迪克兰（6 岁）与尼科（3 岁）。雅各布曾经是一名摄影师，现在是一名辅助医务人员；黛西来自威尔士，接受过珠宝设计培训，现在是一名家庭主妇。迪克兰从他的兄弟那里学到了一些基本的互联网技能。他们的父母喜欢策划他们的游戏玩法。通过欧盟委员会资助的研究（Chaudron et al., 2015）招募。第二、三和四章。

31 号家庭：中等收入，教育工作者和照料者，白人

本和莉齐·科里亚米育有女儿埃米莉（6 岁）与儿子托比（5 岁）。

本来自德国，是一名学者；莉齐来自南非，最近回国工作，教英语。他们很担心孩子们在数字技能方面跟不上同龄人，但放手让孩子的学校来教他们。通过欧盟委员会资助的研究招募。第一章。

32 号家庭：中等收入，创意产业从业者和教育工作者，白人

埃琳娜和亨利·斯托达德育有刘易斯（16 岁）、雨果（13 岁）与布莱尼（6 岁）三个孩子，他俩都曾在创意产业工作。亨利出身于工人阶级，曾是一名音乐制作人，现在有一个小型的网页设计公司。埃琳娜曾在电视台工作，现在是一名儿童保育员。通过欧盟委员会资助的研究招募。第七章。

33 号家庭：中等收入，行政人员和创意产业从业者，白人

帕维尔和拉拉·马祖尔育有一个儿子托马斯（6 岁）。拉拉来自巴西，是一名秘书。帕维尔来自波兰，是一名厨师。他们在托马斯的媒体使用方面存在一些分歧。通过欧盟委员会资助的研究招募。第一和二章。

34 号家庭：低收入，不稳定就业，黑人

塞西莉·阿帕乌是一位来自加纳的单身母亲，抚养艾斯（12 岁）、尤金（8 岁）和埃里克（4 岁）。全家都是基督徒。塞西莉在一家杂货店当收银员，没有得到孩子父亲的帮助。尤金参加了蓝铃小学的编程俱乐部。第二、三和六章。

35 号家庭：低收入，医疗保健行业从业者，黑人

利拉·穆罕默德有两个女儿，纳琳（10 岁）和萨菲亚（8 岁）。利拉是穆斯林，来自埃塞俄比亚；她做兼职，是一名保健助理。纳琳善

于使用电脑，会修理电脑。利拉是通过哈比芭·贝克莱（25号家庭）被招募的。第二、三和七章。

36号家庭：低收入，不稳定就业和行政人员，白人

伊丽莎白·杰克逊（Elizabeth Jackson）和安德鲁·特拉弗斯（Andrew Travers）育有两个女儿，萨拉（7岁）和阿米娜（6岁），以及一个儿子尼奥（1岁），伊丽莎白已经怀孕。萨拉和阿米娜在蓝铃小学上学。伊丽莎白和安德鲁都在伦敦南部的工人区长大，最近皈依了伊斯兰教。伊丽莎白为邻居们烤蛋糕，安德鲁在一家就业中心工作。全家都热衷于数字技术。

37号家庭：中等收入，创意产业从业者，白人

妮科尔和杰夫·桑德斯育有女儿埃洛伊塞（3岁）与科拉（6个月）。妮科尔经营着一个成功的育儿博客，并担任社交媒体经理；杰夫从事公共关系方面的工作。埃洛伊塞喜欢《咕噜牛》（*The Gruffalo*），并和她的爸爸一起看《星球大战》。第二章。

38号家庭：中等收入，创意产业从业者和专业人士，白人

梅丽莎和迈克·贝尔育有儿子米洛（4岁）与女儿艾拉（3岁）。梅丽莎经营着一个博客，并与各品牌的社交媒体合作；迈克在电信公司工作。梅丽莎喜欢带米洛和艾拉去户外探险或在花园里蹦床。第四和七章。

39号家庭：高收入，专业人士和照料者，白人

莉莉·哈斯－斯特里克兰（Lily Haas-Strickland）和罗杰·斯特里克兰（Roger Strickland）育有三个女儿，茉莉（Jasmine）（13岁）、

特丽（Terri）（11 岁）和艾玛（Emma）（8 岁），以及一个儿子亚伦（Aaron）（4 岁）。罗杰来自奥地利，是一名企业董事长。莉莉拥有艺术和人文科学博士学位，目前是一位家庭主妇。他们会参加教会活动，并鼓励孩子们学习乐器。通过 15 号家庭招募。

40 号家庭：低收入，小企业主，白人

利亚·克劳斯是三个儿子——里斯（12 岁）、查理（9 岁）和威尔（7 岁）——的单身母亲，来自德国。当作为亲子教练建立自己的公司时，她对金钱感到焦虑。她和里斯因为他玩电子游戏而发生冲突，双方都感到沮丧。她年幼的孩子们在伦敦青年艺术协会上课。第二章。

41 号家庭：中等收入，小企业主，亚裔

阿尼莎·库马尔是 3 岁的罗哈的单身母亲。她和她的父母住在一起，他们共同照顾罗哈。阿尼莎是亚洲人，但出生在利比里亚，拥有一个博客，为她家族的进口生意工作。她在脸书上建立了一个成功的育儿小组。第二章。

42 号家庭：高收入，创意产业从业者和专业人士，白人

弗洛伦斯（Florence）和亨利·刘易斯（Henry Lewis）育有儿子托尼（Tony）（9 岁）和女儿凯特琳（Caitlin）（6 岁）。弗洛伦斯经营博客，从事公共关系方面的工作；亨利在银行工作。托尼喜欢《我的世界》，有轻度到中度的特殊教育需要（自闭症）。

43 号家庭：中等收入，专业人士和照料者，混合 / 多族裔

苏普娜（Supna）和马特·比尔（Matt Beale）育有女儿薇洛（Willow）（7 岁）与儿子亚瑟（Arthur）（3 岁）。苏普娜来自美国，经

营着一个博客，是一名家庭主妇；马特是一名律师。

44号家庭：低收入，教育工作者和不稳定就业，白人
阿尼（Arnie）和佩奇·特雷洛尔（Paige Treloar）育有一个儿子利亚姆（Liam）（12岁）。佩奇在学习了艺术和插图之后，正在做助教；阿尼长期休病假。利亚姆在伦敦青年艺术协会的动画班学习，有轻度的特殊教育需要（阅读障碍）。

45号家庭：高收入，专业人士和医疗保健行业从业者，白人
利（12岁）和埃文（17岁）是彼得与艾米·斯泰尔斯的儿子。彼得是IT经理，艾米是营养师。埃文和利都在伦敦青年艺术协会上课，开始时学习音乐和舞蹈，现在学习平面设计和动画；埃文还担任助教。埃文有轻度的特殊教育需要（注意力缺失多动症），一直在伦敦青年艺术协会上课，现在在学习电影制作。第六和七章。

46号家庭：低收入，照料者，混合/多族裔
劳拉·安德鲁是扎卡里（17岁）的单身母亲。扎卡里参加了伦敦青年艺术协会的课程，有重度的特殊教育需要（唐氏综合征和身体残疾）。母子俩相当孤僻，但喜欢一起看电视和照顾他们的狗。第五章。

47号家庭：中等收入，行政人员，混合/多族裔
丽贝卡·考克斯抚养着14岁的儿子欧文和5岁的女儿米娅。丽贝卡最近和孩子的父亲分开了，尽管他仍然参与抚养孩子的过程。欧文参加了伦敦青年艺术协会的课程，并认为自己是一个刚起步的企业家。丽贝卡在音乐行业担任行政人员。第六章。

48 号家庭：中等收入，专业人士，白人

卡梅伦和艾莉森·卡特赖特育有两个年幼的孩子，迪伦（2 岁）和麦迪逊（1 岁）。卡梅伦是一个数字技术爱好者、铁路工程师和爸爸博主。第七章。

49 号家庭：低收入，教育工作者，白人

哈维·西蒙（Harvey Simon）正在抚养他的两个儿子，阿奇（6 岁）和奥斯卡（Oscar）（4 岁）。哈维曾是一名教师，但现在全职教育他的儿子并经营一个博客。他和他的伴侣分居了，但有共同的监护权。哈维是基督徒，身体有中等程度的残疾。

50 号家庭：中等收入，专业人士和照料者，混血 / 多族裔群体

杰克和菲奥娜·利育有三个孩子，儿子乔丹（7 岁）和伊桑（5 岁），以及女儿莉亚（3 岁）。杰克从事市场营销工作，开博客，自称极客。第四章。

51 号家庭：中等收入，教育工作者和照料者，白人

丹尼斯（Dennis）和凯瑟琳·帕里什（Catherine Parrish）育有儿子哈里森（Harrison）（10 个月）。丹尼斯的两个大孩子麦克斯（Max）（10 岁）和菲比（Phoebe）（3 岁）与他的前伴侣生活在一起。丹尼斯是一名教师，成功地经营着一个博客，其中一篇文章最近在网上走红。

52 号家庭：高收入，专业人士和照料者，白人

凯莉·杰克逊和基特·史密森育有儿子奥利弗（12 岁）与双胞胎女儿，阿纳斯塔西娅和贾丝明（8 岁）。凯莉和基特在出版业工作时认识，基特仍在工作，凯莉则照顾家庭。奥利弗喜欢玩游戏，但不得不在电

脑前玩，他戴着母亲买的 Fitbit，这用来鼓励他多运动和多睡觉。第二、六和第七章。

53 号家庭：高收入，专业人士，白人

安妮·雷诺兹和戴夫·斯克尔顿育有女儿埃斯梅（12岁）。夫妻俩都是高级管理人员，安妮的工作是市场调查，戴夫从事电信业的工作。埃斯梅参加数字营并打网球。这对夫妇都喜欢和埃斯梅一起使用媒体；戴夫给埃斯梅推荐女性主义电影，安妮则加入了照片墙。埃斯梅有轻度的特殊教育需要（阅读障碍）。第二、四、五和六章。

54 号家庭：高收入，照料者和专业人士，混合/多族裔

维姬（Vick）和杰克·马歇尔（Jack Marshal）育有艾丽斯（Alice）（12岁）与杰森（Jason）（10岁）两个孩子。维姬来自波兰，是一名家庭主妇；杰克是一名技术企业家。杰森参加了数字营的学习，杰克分享他的数字兴趣，但夫妻俩也关心他们孩子的体育活动。

55 号家庭：高收入，照料者和专业人士，白人

朱利安·斯切特－伍兹（Julian Street-Woods）和乔安娜·哈灵顿（Joanna Harrington）育有艾米利亚（Amelia）（14岁）、本杰明（Benjamin）（12岁）与克洛伊（Chloe）（9岁）三个孩子。朱利安曾是一名律师，现在是一名全职父亲；乔安娜是一名律师。朱利安对科技尤其持积极态度，但并不总是像他的孩子们那样喜欢流行文化。

56 号家庭：中等收入，专业人士，白人

达尼·赛克斯抚养着她的两个儿子乔希（12岁）和迈克（9岁）。乔希参加了数字营，尽管这两个男孩主要和他们的另一个母亲生活在

一起（达尼和另一位母亲分开了）。达尼在互联网安全领域工作，和乔希分享对所有极客事物的热爱。第四和七章。

57号家庭：高收入，专业人士和照料者，白人

米歇尔和约瑟芬·蒂埃博育有两个儿子，皮埃尔（18岁）和马克（13岁）。米歇尔是一名电信公司的高管，约瑟芬是家庭主妇。两个儿子都参加了数字营的课程和类似的集训，包括麻省理工学院（MIT）和斯坦福大学的课程。第三、五和六章。

58号家庭：中等收入，专业人士和医疗保健行业从业者，亚裔

西拉什和德维卡·拉詹育有一个女儿普拉尼塔（12岁）。德维卡在制药行业工作；西拉什是一名牙医。普拉尼塔参加了数字营，并成为了一名演员，她的演艺事业正在蓬勃发展。她有轻度的特殊教育需要（生理残疾）。第四章。

59号家庭：高收入，专业人士，白人

苏珊·斯科特和斯文·奥尔森有儿子尼奥尔（16岁）、乔治（14岁）与肖恩（10岁）。斯文是一名企业高管；苏珊兼职经营一个文学组织。乔治和肖恩参加了数字营。这三个男孩都知道如何编程，并有轻度的特殊教育需要（注意力缺失症）。第二、三和四章。

60号家庭：中等收入，创意产业从业者，白人

彼得（Peter）和特蕾西·兰德尔（Tracy Randall）育有两个女儿，利亚纳（Liane）（13岁）和米利（Milly）（9岁）。彼得是一名自由撰稿人和博主；特蕾西从事健身和艺术创作的工作。彼得认为他的博客是对自己的记录，并与女儿们分享。

61 号家庭：中等收入，创意产业从业者，白人

娜塔莎·梅森在最近丈夫去世后独自抚养儿子贾斯珀（12 岁）。她来自波斯尼亚，是一名建筑师。贾斯珀参加了数字营，并对自己的数字技能感到自豪，尽管这导致了他与母亲的一些冲突。第四和六章。

62 号家庭：低收入，创意产业从业者和医疗保健行业从业者，混合/多族裔群体

桑德拉和朱诺·斯塔布斯育有儿子卢卡斯（9 岁），与桑德拉的祖父母一起生活。虽然桑德拉和朱诺分居了，但出于经济原因，他们继续生活在一起。桑德拉是一名儿童艺人；朱诺是一名精神健康护士，但他正在休病假。卢卡斯拿着奖学金参加了数字夏令营，他有中度的特殊教育需要（自闭症）。第四、五和六章。

63 号家庭：中等收入，专业人士和照料者，白人

明娜·尼兰德（Minna Nylund）和埃里克·诺里斯（Eric Norris）育有女儿伊嘉（Eja）（2 岁）。明娜来自芬兰，是一名公务员和博主；埃里克是一名全职爸爸。明娜喜欢数字技术的创意和表达潜力。

64 号家庭：中等收入，创意产业从业者和专业人士，白人

安德里亚和大卫·福斯特养育有三个孩子，艾尔西（6 岁）、莱拉（3 岁）和奥利（18 个月）。安德里亚是一名食品和家庭博主与作家；大卫从事市场营销工作。艾尔西最近被诊断为有中度的特殊教育需要（自闭症），安德里亚正在考虑让她在家接受教育。第五和七章。

65 号家庭：中等收入，照料者和专业人士，白人

尼娜和克里斯·罗宾斯育有 7 岁的女儿艾里斯。尼娜曾工作过，

但现在是艾里斯的全职看护人，艾里斯在家里接受教育；克里斯在一家公司工作。尼娜开了一个博客，最近很火，她也帮助艾里斯开了一个博客。母女俩玩《我的世界》是家庭教育的一部分。艾里斯有中度的特殊教育需要（自闭症和感觉统合失调）。第二和五章。

66 号家庭：低收入，创意产业从业者和小企业主，混合 / 多族裔

普雷舍和乔纳森·亚当斯育有女儿艾比（18 岁）与她的姐姐埃斯（19 岁），以及两个不再住在家里的大女儿。乔纳森是一名市场小贩；普雷舍来自尼日利亚，正在写一本小说。他们把自己定义为虔诚的基督徒。通过《班级：数字时代的生活和学习》一书招募。第七章。

67 号家庭：中等收入，教育工作者，白人

来自西班牙的纳雷兹（Nalez）和艾坦·萨拉戈萨（Eitan Zaragoza）夫妇正在抚养阿德里安娜（Adriana）（18 岁）与她的弟弟，而她的姐姐夏洛特（Charlotte）（20 岁）已经上大学了。阿德里安娜有轻度的特殊教育需要（阅读障碍 / 运动障碍）。通过《班级：数字时代的生活和学习》一书招募。

68 号家庭：高收入，专业人士，白人

玛丽亚和西奥·坎特雷尔的女儿艾丽斯（18 岁）住在家里，而艾莉（21 岁）在上大学。艾丽斯希望像她的母亲一样在大学学习心理学，她有成熟的政治评论能力，并伴有轻度的特殊教育需要（阅读障碍）。通过《班级：数字时代的生活和学习》一书招募。第七章。

69 号家庭：低收入，行政人员，黑人

杰西卡·奥通德（Jessica Otunde）育有四个女儿，我们采访的迪

鲁巴（Dilruba）（18岁）是其中的第三个。杰西卡来自毛里求斯，现在是一名社区援助警官（community support officer）。她在很大程度上是独立于她们的父亲来抚养女儿的，并没有过多地参与女儿的学校教育，尽管她担心数字媒体会导致社交能力的丧失。通过《班级：数字时代的生活和学习》一书招募。

70号家庭：中等收入，创意产业从业者，白人

帕特里夏·埃利斯（Patricia Ellis）和鲁珀特·迪克森（Rupert Dixon）已经分居，但仍然是邻居，共同抚养吉赛尔（Giselle）（18岁）和她的弟弟西奥（Theo）（14岁）。帕特里夏经营一家小型工艺品公司，鲁珀特拥有一家网页设计公司。吉赛尔参与了许多不同的创意活动，并希望学习艺术。通过《班级：数字时代的生活和学习》一书招募。

71号家庭：高收入，专业人士，白人

伊莎贝尔·布卢斯通和蒂姆·索拉诺育有两个女儿，罗莎（23岁）和梅根（18岁）。罗莎（23岁）在大学毕业后刚回到家住。夫妻俩都在市场营销领域工作，并培养出了两个善于使用数字技术的女儿。罗莎在社交媒体工作，梅根开了一个博客。女孩们通过手机上的地理定位功能保持联系。通过《班级：数字时代的生活和学习》一书招募。第二章。

72号家庭：中等收入，专业人士和教育工作者，混合/多族裔

米拉·乔哈尔（Mira Johar）和布莱恩·法纳姆（Brian Farnham）育有两个女儿，萨拉（Sara）（18岁）和塔巴莎（Tabatha）（16岁）。米拉来自印度，她是一名会计师；布莱恩是一名小学教师。萨拉成绩优异，明年要去牛津或剑桥大学（Oxbridge）读书。米拉和萨拉母女

俩对英国的政治气候（political climate）感到担忧。通过《班级：数字时代的生活和学习》一书招募。

73号家庭：高收入，小企业主和专业人士，白人

黛比和凯文·库珀有一个儿子塞巴斯蒂安，被称为塞布（18岁）。黛比拥有一家组织专业活动的公司；凯文是一名律师。塞布已经在一家媒体工作室担任助理，他想去电影学院读书。通过《班级：数字时代的生活和学习》一书招募。第七章。

译后记

　　索尼娅·利文斯通（Sonia Livingstone）是我在英国伦敦政治经济学院（London School of Economics and Political Science，LSE）攻读博士学位期间印象最深刻的教授之一。作为 LSE 媒体与传播学系的标杆性人物，她是当代传播学领域最知名的学者之一。她早期的研究兴趣集中在受众对电视节目的解读、受众与公共领域，近年来主要聚焦于媒介素养和数字环境中人们，尤其是儿童面临的风险和机遇。迄今她已在上述领域出版著作 20 本，发表学术论文和报告 400 多篇，其中包括近期备受关注的《班级：数字时代的生活和学习》与《喜忧参半的未来：数字技术与儿童成长》。①

　　利文斯通出生于澳大利亚的阿德莱德，4 岁时随家人移居英格兰。1982 年，她以优等学位毕业于伦敦大学学院（Univeristy College London，UCL）心理学系。5 年后，27 岁的她获得了牛津大学心理学专业的博士学

---

① 关于索尼娅·利文斯通教授的学术经历、发表情况和所获荣誉，请参见：https://www.lse.ac.uk/media-and-communications/people/academic-staff/sonia-livingstone。

位，博士学位论文研究的议题为电视观众对肥皂剧的解读心理。在其 40 余年的研究生涯中，虽然研究主题与时俱进，但作为社会心理学家和媒体学者，其研究取向受到社会科学和文化研究的熏陶，采用比较的、批判的和情景化的路径，观照变化的中介化条件如何重塑人们日常生活实践的可能性。她曾在不少论文和演讲中提到杰伊·布鲁姆勒（Jay Blumler）和斯图亚特·霍尔（Stuat Hall）对她的影响。[①] 前者被誉为是英国传媒研究的创始人，在 20 世纪 60 年代将美国的传播学研究引入英国，并设立了利兹大学的传播研究所，致力于采用社会科学的方法修正有限效果论，也是"使用与满足"理论的积极倡导者。[②] 后者为伯明翰大学当代文化研究中心的杰出代表人物，在 20 世纪 70 年代发表了经典论文《电视话语中的编码和解码》[③]，开创了电视节目受众接受研究的理论先河。两位巨擘虽然在学术背景、理论兴趣和方法论上大相径庭，却都在一定程度上调和了大众传媒的威力和受众的能力之间的争端，换言之，既重视传媒的影响力，又热衷于揭示受众的积极主动性。因此，在她的多项研究中，利文斯通着力于跨越实证研究和批判研究、文本研究和受众研究、定性研究和定量研究的藩篱，把日常生活中微观的个人媒介经历嵌入到更为宏大的社会历史变迁中。在本书中，她不仅通过人类学的田野调查比较了英国伦敦不同阶层、

---

① Livingstone, S.（2015）. Audiences and publics: Reflections on the growing importance of mediated participation. In: M. Coleman & K. Parry（eds.）, Can the Media Serve Democracy? Essays in Honour of Jay G. Blumler. Basingstoke: Palgrave Macmillan, 132-140；Livingstone, S.（2019）. Audiences in an age of datafication: Critical questions for media research. Television and New Media, 20（2）, 170-183.

② Curran, J.（2015）. A founding father of British media studies. In M. Coleman & K. Parry（eds.）, Can the Media Serve Democracy? Essays in Honour of Jay G. Blumler. Basingsoke: Palgrave Macmillan, 197-209.

③ Hall，S.（1973）. Enciding and Decoding in the television discourse. Discussion Paper Birmingham: University of Birmrgham.

族裔和需求的家庭应对数字时代的育儿①挑战的方式，还辅之以全国性的问卷调查佐证，在此基础上呈现了晚期现代社会推动育儿变化的结构性原因。

作为当代传播学界引用率最高的学者之一，由于其广泛的学术影响力，利文斯通曾担任过国际传播学会（International Communication Association，ICA）的主席（2007—2013 年）。由于长年关注媒介对儿童的赋权和数字安全等问题，她主持和参与了多项全球及欧盟的相关项目，曾为英国政府、欧盟委员会、欧洲议会、联合国儿童权利委员会、经济合作与发展组织、国际电信联盟和联合国儿童基金会等机构就数字环境中的儿童互联网安全与权利提供建议。她还肩负着公共事务的重担，包括担任英国上议院通信特别委员会的特别顾问、欧洲委员会的专家顾问、英国儿童互联网安全委员会执行委员会成员等。由于其在儿童互联网安全和权利方面的卓越贡献，2014 年，利文斯通还获得了英帝国官佐勋衔（Officer of the Order of the British Empire，OBE）。

除了潜心学术和建言献策，利文斯通还是一位杰出的导师，她指导过多位博士生，其中不少已成为知名学者。她对学生有很强的责任感，在进行学术指导前总会精心准备，在指导过程中更是循循善诱，会提出许多切中要害又富有建设性的问题。此外，她还在 LSE 媒体与传播学系讲授数门传播学理论和方法的研究生课程，包括备受学生欢迎的"媒介与传播中的受众"（"The Audience in Media and Communication"）。生活中，利文斯通平易近人，虽然由于事务繁多，经常行色匆匆，但每逢相遇总是面带微笑，三言两语中体现出对学生的关心。她还喜欢烹饪、园艺、阅读和音乐，并培养了一双出色的儿女。闲暇时光里，她会邀请同事和学生到家

---

① "parenting"一般翻译为"育儿"，指的是父母抚养儿女的过程。但作者在本书第一章中指出，本书不仅关注数字时代抚养子女的经验，更以批判性的视角观照其背后的社会文化结构，呼吁以一种连接家庭、学校和社会机构等不同学习场所的视角看待育儿过程，所以理想情况下，本书中的"育儿"应该打上引号。

中做客聊天，大家都亲切地叫她索尼娅。我时常想，一个人要有多少的热情、智慧和毅力，才能如此投入于工作和生活。

作为我的导师组成员，利文斯通对我的启发很多，她尤其重视研究中的田野调查和经验材料。对于新的观点和理论，她既敏锐开放，又保持审慎批判的态度。我的博士学位论文探讨的是国家在电视全球化中的作用，我当时对围绕全球化的各种理论概念颇感兴趣，她提醒我要充分认识理论概念提出时的情境，建议采用比较的视角，收集更翔实的材料，在不同的情境里对理论概念进行检验。为了考察中国电视在全球化语境下的变迁如何受到国家政策与其他治理主体，以及经济、技术和文化动力之间互动博弈的影响，我采用了案例分析的方法，去了三家不同级别的电视台，开展了为期半年多的田野调查。在这个过程中，我深刻感受到受众偏好对电视节目内容生产的影响。但是囿于较为宏观的分析视角，我并未就受众接受电视节目的情境展开文化性分析，也是因为这个遗憾，毕业后我一直对受众接受研究（reception study）保持关注。

2021年的寒假，我在搜寻青少年媒介实践的相关文献时偶遇了这本书。刚开始，我抱着了解西方数字育儿理论前沿的心态阅读此书，但很快发现打动我的不仅是理论概念，更是本书作者对数字育儿过程中结构性因素造成的困境、不平等问题和弱势家庭的人文关怀。虽然本书呈现的是远在英国的父母们如何在日常育儿实践中采纳、抵抗或平衡数字技术，却让我这位中国母亲感同身受。其时正值新冠疫情肆虐期间，数字技术为儿童的学习及其与外部世界的联系提供了重要途径。我想，无论父母身处何方，也无论其教育程度和文化背景，大概都会对数字技术在日常生活中的嵌入产生困惑：如何才能让孩子们在日益数字化的世界里获益？该如何引导孩子们在不确定的未来规避数字技术的风险？因此我认为，本书不仅能启发国内学界深入研究数字技术带来的育儿实践变化及其背后的社会文化因素，对关心数字育儿的教育工作者和父母也大有裨益。我通过电子邮件联系了利文斯通，并说明了翻译此书的意向。利文斯通很愉快地答应了。我随后联系了浙江大学出版社，他们在 2021 年夏天从牛津大学购买了这本书的中文版权，并和我签约翻译。

　　本书受到连接性学习研究网络的资助，连接性学习也是贯穿本书的核心理论。连接性学习理论认为，当学习以兴趣主导、同伴支持、协作和生产为导向时，是最赋能的。[①] 为了满足这些条件，儿童的学习应该连接他们在不同场所的活动，包括家庭、学校和课外学习场所，以及线上和线下等不同的空间。换言之，和传统的"自上而下的传授"教学法不同，连接性学习鼓励成年人支持儿童发展兴趣爱好，并通过家校等不同学习场所的连接，将兴趣爱好转换为被社会认可的学术成就、职业发展和社会参与。虽然连接性学习并不必然涉及数字技术，但本书作者认为数字技术不仅极大地增加了连接性学习的可能，其本身也是连接性学习的关键内容。作者用鲜活的案例再现了数字技术如何促进父母和学校以及课外学习场所的联系，增进家庭共享的兴趣和价值观的建立，尤其是赋予弱势家庭和特殊教育需求家庭以未来的希望。从这个角度来看，作者似乎对数字技术在育儿实践中的潜能相当乐观，但作者也在书中明确反对技术决定论，犀利地指出数字技术充当了当代社会深层的社会困境和矛盾的避雷针，因此要实现以儿童为中心和更具平等价值的连接性学习，还需依托更合理的制度安排、媒体环境、媒介素养和社会共识。

　　连接性学习理论起源于欧美社会，受到西方批判教学法传统和"民主家庭"崛起的影响。该理论在教育体制和育儿理念不同的非西方社会是否具有适用性呢？我曾通过电子邮件咨询过利文斯通这个问题，她在中文版序中做了回应。她指出，即便在英国，连接性学习理论在实践中也是困难

---

① Ito, M., Gutiérrez, K., Livingstone, S., Penuel, B., Rhodes, J., Salen, K., & Watkins, S. C. （2013）. Connected learning: An agenda for research and design. http:// dmlhub.net/publications/ connected-learning-agenda-for-research-and-design/.

重重，因为创新学习形式增加了学校老师的负担，但她相信连接性学习理论能让中国儿童受益。近年来，至少在我所生活的国内城市里，中小学应用数字软件来实现家校联系的情况已经相当普遍，尽管大多数软件是为传统的考试科目服务的，但也逐步拓展到艺术和编程等课后兴趣培训。数字技术的使用能否提升中国儿童学习中的能动性、同伴支持和协作生产水平，其价值能否在更广泛的世界里得到体现，也许是未来研究值得关注的问题。

本书涉及的另一个核心概念为数字育儿或育儿中介化。所谓育儿中介化，指的是父母参与儿童媒介使用的实践。早期关于育儿中介化的研究主要关注父母对儿童的电视接触采取的不同策略[1]，随着数字技术在日常生活中的普及，数字育儿已成为当代育儿中介化的主要特征。本书作者认为，学界对育儿中介化探讨的存在误区。一是很大程度上将其定位为父母对儿童媒体使用的限制，比如对屏幕时间的管理，而对父母如何支持儿童积极使用数字技术置若罔闻。本书作者指出，过分关注数字技术带来的风险和数字育儿中的限制性策略是不利的，可能会牺牲数字媒体学习和创新的机会，甚至导致家庭冲突。二是大量研究借鉴了儿童发展心理学和媒介效果研究的思路，将媒介使用等同于伤害，狭隘地关注父母的监管策略对儿童数字经历的影响，而未采用社会学的路径去考察父母本身，包括他们的期望和担忧、家庭的实际情况等。因此，本书作者不仅展示了数字时代育儿中介化的多样性，也揭示了其多样性背后的阶层、族裔和性别等复杂的结构性因素。本书作者指出，育儿不仅是指抚养儿童的活动，更是一项指涉个人、文化和意识形态的"工程"。基于此，本书作者呼吁拓展对育儿中介

[1] Nathanson, A. I.（1999）. Identifying and explaining the relationship between parental mediation and children's aggression. Communication Research, 26（2）, 124-143;Valkenburg, P. M., Krcmar, M., Peeters, A. L., Marseille, N. M.（1999）. Developing a scale to assess three different styles of television mediation: 'Instructive mediation','restrictive mediation', and 'social coviewing'. Journal of Broadcasting and Electronic Media, 43（1）, 52-66.

化研究的视角，纳入社会文化研究路径，考察育儿过程的情境，包括媒体使用的不同时空、内容、人际关系和反应，重视该过程中儿童和父母的互相影响，倾听他们更复杂多元的心声，让父母成为共同学习者和资源提供者来，以最大化儿童在数字时代成长中的利益。

国内有研究认为，育儿中介化正在向育儿媒介化转向。[①] 诚然，数字技术在某种程度上重塑了当代的育儿实践，但本书主要关注的是数字技术如何连接（或更好地连接）父母、儿童、教育机构以及社会，强调的是数字技术的中介化作用，而非更为宏观层面的媒介化过程。利文斯通本人对媒介化（mediatization）和中介化（mediation）概念的辨析颇有心得，已发表相关论文 17 篇。她认为，媒介化是一个正在发生的历史进程，关注的是媒介在更为宏观的社会变迁中的影响，要使这个概念得以成立，必须有大量历时性的实证研究能够证明该进程在人类现代性中发挥了诸如全球化、个体化、理性化等类似元进程的作用，以及需要阐明媒介化的研究对分析现代性做出了有价值的、现有概念无法替代的贡献。因此，她虽然对儿童成长过程中逐渐显现的媒介逻辑保持密切关注，但对媒介化这个概念的应用仍然持保留的态度。[②] 由是，本书使用的是中介化而非媒介化的概念。

本书的议题涉及传播学、心理学、社会学、人类学、教育学、技术研究和公共政策等学科，所触及的文献浩如烟海。和"读书且平平读"不同，精读"为译事基本法门"。[③] 由于我对其中某些领域比较陌生，翻译过程中不得不阅读相关的重要文献，不断温故知新，导致整体翻译的速度缓慢，但这个过程也加深了我对数字时代育儿困境的理解。近年来，无论是学界

---

① 王继周：《媒介与育儿之间："媒介化育儿"的概念内涵、发生维度与研究进路》，《南京社会科学》2021 年第 12 期，第 154—161 页。

② Lunt, P., Livingstone, S.（2016）. Is 'mediatization' the new paradigm for our field? Media, Culture and Society, 38（3）, 462-470.

③ 傅雷：《论翻译书》，《读书》1979 年第 3 期，第 119 页。

关于育儿文献的急剧增加，还是公共话语中育儿焦虑的蔓延，某种程度上都体现了人们对不平等的社会和日益个体化的风险社会的担忧。而日新月异的数字技术在日常生活中的嵌入凸显了这种担忧。正如本书作者所言，育儿是面向未来的，某种意义上，书中的父母们显露的对技术的喜忧本质上折射的是他们对儿童面临的不确定的未来的期望和担忧。尽管本书作者展示了家庭应对数字挑战的多样性，但她们也忧心忡忡地指出，不同的父母或多或少都被风险社会中个体化的育儿文化所裹挟，其后果是固化社会再生产和不平等的社会结构。因此，本书作者呼吁推广一种更具连接性、赋权性和情境化的研究视角，更尊重父母们日益增长的数字技术素养、多元需求和价值观的育儿话语，以使儿童们从中受益。可以说，本书中的经验材料虽然来自英国，但揭示的数字育儿中交叉的阶层、性别、族裔和残疾等问题却是跨越国界的，这也是本书的价值所在。

随着数字技术的普及，国内学界围绕数字技术与儿童成长的研究逐步增多，研究议题也日趋丰富，包括数字技术在留守儿童亲子沟通和社会化中的作用[1]、数字育儿中的代际合作和冲突[2]，以及数字实践中家长博主的形象或话语构建等[3]。我也曾在邮件中和利文斯通探讨中西方在数字育儿领域研究议题的异同，以及如何开展跨国对话。从中文版序里看，她认为中国学者对数字时代留守儿童家庭的经验分析很有价值，似乎也指出了开展比较研究可能开拓有效的跨国学术对话。

在本书的翻译实践层面，由于本书作者的文笔偏向简洁明快，也考虑

---

[1]　胡春阳、毛荻秋：《看不见的父母与理想化的亲情：农村留守儿童亲子沟通与关系维护研究》，《新闻大学》2019年第6期；第57—70页；王清华、郑欣：《数字代偿：智能手机与留守儿童的情感社会化研究》，《新闻界》2022年第3期，第37—47页。

[2]　刘又嘉：《线上妈妈"VS"半线上妈妈"：代际合作育儿中新手妈妈的育儿线上社会化分化及影响因素探析》，《青年发展论坛》2022年第5期，第62—69页；袁同成：《隔代照料中的代际冲突与合作———基于"小木虫"论坛育儿版块的内容分析》，《北京科技大学学报（社会科学版）》2020年第5期，第50—57页。

[3]　吴璟薇、张雅迪：《数字实践中的"混合父职"建构：爸爸博主的在线自我呈现》，《妇女研究论丛》2022年第2期，第70—84页。

到本书的读者群可能会超越学术共同体，因此我在翻译过程中尽可能贴近原著风格进行直译，对书中涉及的学术理论和概念一般沿用中文文献中约定俗成的译法，对较新的词语或术语则通过翻阅各类辞典资料加以明确。书名的译法最伤脑筋。鉴于原著的书名较长，考虑到封面的美观，起初想将书名简译成《数字育儿：技术如何形塑儿童的生活》。该译名虽然能体现数字育儿的概念，以及本书所强调的父母视角，但似乎视野略狭隘，无法呈现本书想要探讨的结构性因素，而且有可能误导读者将其看成一本数字时代的育儿指南。感谢多位师友建言献策，最后确定了中文书名，《喜忧参半的未来：数字技术与儿童成长》，旨在突出本书想要探讨的数字时代儿童成长过程中所面临的机遇和风险，以及父母在面对数字化和个体化的未来时矛盾的心态与应对方式。应该还有更好的译法，欢迎各位专家和同行不吝赐教。由于我才疏学浅，能力有限，翻译过程中肯定还存在一些词不达意的地方，还请读者指正。

本译著的出版得到浙江大学传媒与国际文化学院和浙江大学数字沟通研究中心的资助，在此表示衷心感谢。特别感谢浙江大学数字沟通研究中心黄旦教授百忙之中拨冗与我探讨本书的意涵和译名，并提醒我"育儿"一词可能带来的歧义，也感谢研究中心吴红雨教授对翻译工作的支持。感谢学院媒介与社会思想所的同事们日常学术生活中对我的激励和启发，尤其感谢吴飞教授、李红涛教授（现为复旦大学新闻学院教授）、黄广生博士和汪凯副教授为本书的译名出谋划策。感谢浙江大学民盟西溪总支的盟友们对我的关心和支持，和你们在一起很开心。衷心感谢曾参与原著项目的助理研究员、荷兰乌得勒支大学（Utrecht University）张栋苗博士候选人在本书翻译过程中耐心地答疑解惑，感谢 LSE 媒体与传播学系的学妹王丽丽博士候选人积极协助我和利文斯通教授沟通。最后特别感谢浙江大学出版社的编辑陈思佳女士为本书在选题内容、翻译规范、体例编排、出版流程等方面提供了大量高度专业化的建议和帮助。

　　我还要感谢家人们数年来对我的支持和理解，让我能在繁忙的工作与生活之余得闲翻译此书，尤其感谢我刚就读初中的女儿在日常生活中和我分享的一切，包括她和同龄人的数字生活，让我得以切身地感受数字时代育儿的期望和担忧。"爱子心无尽"，即便孩子们只是弓箭手射出来的箭，最终只能独立地飞向不确定的未来，却无法断开父母一生对他们的关注。由是，我相信数字技术与儿童成长的议题也将成为数字沟通研究中的重要议题。因为，正如本书的作者在原著序言中所述：孩子们终将长大，但作为父母的身份认同却不会停止。

章　宏

2023 年 9 月

于浙江大学紫金港校区成均苑 1 栋